体験話法

―― ドイツ文解釈のために ――

鈴木 康志 著

東京 大学書林 発行

目　　次

はじめに
　―発言・思考再現のパターンと体験話法―　……………………………1
I　体験話法の魔力
　―体験話法が暴露した「過去克服」の脆さ？―　…………………9
II　体験話法が現れるテキストの広がり……………………………17
　2.1.　体験話法とはなにか……………………………………………17
　2.1.1.　3人称小説における体験話法………………………………17
　2.1.2.　体験話法と内的モノローグ…………………………………20
　2.2.　1人称小説における体験話法(時称のみ変換)………………21
　2.3.　現在形の体験話法(人称のみ変換)……………………………25
　2.4.　発言再現の体験話法と思考再現の間接話法…………………26
　2.4.1.　発言を再現する体験話法……………………………………26
　2.4.2.　発言再現の使い分け…………………………………………28
　2.4.3.　発言を再現する体験話法と
　　　　　思考を再現する導入文欠如間接話法………………………29
　2.5.　2人称小説における体験話法……………………………………31
　2.6.　戯曲における体験話法……………………………………………33
　2.7.　ノンフィクションにおける体験話法……………………………35
　2.7.1.　ハンブルガー理論とその反例…………………………………35
　2.7.2.　なぜノンフィクションにも体験話法が現れるのか…………37
　2.7.3.　伝記や歴史書における体験話法………………………………39
　2.8.　対面的コミュニケーションにおける体験話法…………………41
III　体験話法の形態(人称と時称の変換)……………………………43
　3.1.　人称の変換…………………………………………………………43
　3.1.1.　3人称小説の場合…………………………………………………47
　3.1.2.　1人称小説の場合…………………………………………………49
　3.1.2.1.　思考・発言が語り手に関係する場合………………………49
　3.1.2.2.　発言が語り手に関係しない場合……………………………51
　3.1.3.　2人称小説の場合…………………………………………………53
　3.1.4.　人称変換のまとめ…………………………………………………55

目　　次

 3.1.5.　人称変換のない代名詞(man, wir, mein Gott など) ……………57
 3.2.　　時称の変換……………………………………………………………59
 3.2.1.　現在形　　　→過去形……………………………………………60
 3.2.2.　現在完了　　→過去完了…………………………………………61
 3.2.3.　過去　　　　→過去完了ないし過去……………………………62
 3.2.4.　過去[完了]→過去[完了]………………………………………64
 3.2.5.　未来　　　　→ würde＋不定詞 …………………………………65
 3.2.5.1　ドイツ語における過去未来(futurum praeteriti) ………65
 3.2.5.2.　ゲーテの『親和力』における過去未来……………………67
 3.2.5.3.　英語・フランス語における過去未来………………………69
 3.2.5.4.　過去未来としての würde＋不定詞 …………………………71
 3.2.5.5.　現代ドイツ語における würde と sollte の使い分け ……72
 3.2.6.　命令形　　　→ sollte＋不定詞(あるいは不変換)………………73
 3.2.6.1.　sollte＋不定詞に変換された命令形…………………………73
 3.2.6.2.　不変換の命令形…………………………………………………76
 3.2.7.　接続法　　　→不変換あるいは接続法II式過去に変換…………80
 3.2.8.　格言的現在　→不変換あるいは過去形に変換……………………81
 3.2.9.　不定詞　　　→不変換………………………………………………83
 3.2.10.　時の副詞　　→不変換………………………………………………84
 3.2.10.1.　gestern＋過去完了，jetzt, heute, morgen＋過去形 ……84
 3.2.10.2.　„Morgen war Weihnachten"（あすはクリスマスだった）
     ―この „war" は日本語の助動詞「た」に対応するのだろうか？―…88
   1.　発言を再現する wollte の用法 …………………………97
   2.　疑惑・反語を表す sollte の用法 ………………………102

IV　体験話法の識別法 ………………………………………………………105
 4.1.　würde＋不定詞(E.Herdin のテーゼ)……………………………106
 4.2.　地の文にそのまま取り込まれた接続法II式現在 ………………108
 4.3.　直説法過去形の条件文(wenn＋…過去形)………………………109
 4.4.　ダイクシス(未来の副詞 morgen と過去形の結びつきなど) …111
 4.5.　統語的構造や語彙 …………………………………………………113
 4.6.　導入動詞やパレンテーゼ(挿入句)など …………………………115
 4.7.　過去形に変換された格言的表現(Gnomen) ……………………117
 4.8.　コンテキストからの識別 …………………………………………118

目　　次

	4.9. その他（strafe sie Gott など）	119
V	識別が困難な体験話法	123
	5.1. シグナルのない体験話法	123
	5.2. 因由文における思考・発言の再現	126
	5.2.1. denn に続く思考・発言の再現	126
	5.2.2. weil に続く思考・発言の再現	131
	5.3. 地の文と識別困難な体験話法	133
VI	特殊な体験話法	137
	6.1. エコー表現と体験話法	137
	6.2. 浮き彫りの体験話法（現在形の地の文に過去形群で現れる体験話法）	146
	6.3. 手話や読み取りを再現した体験話法	150
	6.4. vox populi（人々の声）を再現した体験話法	152
	6.5. 直接話法を再現した体験話法	155
	6.6. 新聞の見出し文の体験話法	157
	6.7. ピアニスト，ブレンデルの詩「オテロ」における体験話法	159
VII	体験話法と日本語	162
	7.1. 体験話法の日本語訳について	162
	7.2. 日本語における体験話法	166
	7.2.1. 主語省略や「自分」の使用	166
	7.2.2. 固有名詞への変換（文三，重松）	167
	7.2.3. 3人称への変換（彼）	170
	7.2.4. なぜ人称の変換が日本語における体験話法と言えるのか	172
	7.3. 日本文学のドイツ語訳における体験話法 ―『源氏物語』「浮舟」から―	175

付論　Duden 文法の体験話法記述について …………………………178

あとがき …………………………………………………………………186

使用テキスト ……………………………………………………………188
参考文献 …………………………………………………………………194
人名の索引 ………………………………………………………………207
事項の索引 ………………………………………………………………214

凡　　例

1． 作家などは本文中で日本語表記，研究者など参考文献(194〜206ページ)の著者は原語表記を基本としています．また，例えば本文中の Steinberg(1971：222)は，参考文献の Steinberg 1971年の著作の222ページを示しています．
2． 引用テキストの体験話法部は基本的にイタリックで，その日本語訳の体験話法部は下線を付してあります．また，体験話法との対比のため導入文のない間接話法部は点線を用いたり，記述の強調点は引用テキストや日本語訳に適宜太字など使用しています．
3． 引用テキストは（　）内に著者と作品名とページ数を記しました．例えば（Th. Mann : *Buddenbrooks*, S.98）は，使用テキスト(188〜193ページ)の Thomas Mann : *Buddenbrooks*, Frankfurt am Main(Fischer Taschenbuch Verlag)1989年の98ページから引用したことを示します．
4． 引用テキストの日本語訳は，邦訳をそのまま借用した場合は（　）内に訳者名と翻訳書(192〜193ページ)のページ数を記しました．それ以外は拙訳ですが，既存の邦訳がある場合は例文の日本語訳に際して参考にさせていただきました．
5． 引用テキストには，**(1)**から**(182)**まで番号を付してありますが，例えば**(4)**［4ページ下から1行目］のように，短かいテキストは説明文のなかに組み込まれているものもあります．

はじめに

―発言・思考再現のパターンと体験話法―

　発言や思考の再現，伝達は，私たちが日常頻繁に行なっている行為の一つです．もちろん，ある発言も，内容，構文，語彙，長さ，アクセント，イントネーションまで含め，まったく同じように再現，伝達することは不可能です．そこにはどんな場合も，再現，伝達する媒介者が入ることになり，**間接化**が生じます．ただしこの間接化の程度は実にさまざまです．実際にどのような再現の仕方があるのか，まず日常会話の例でみてみましょう．

　フランツと出会ったルーカスは，ある出来事についてハインツがどのように言っていたか尋ねます．
　(1)
フランツ：Hallo, Lukas. Gestern habe ich mich mit Heinz über den Unfall besprochen.
　　　　　（や，ルーカス．きのうハインツとあの事件について話したよ．）
ルーカス：Was hat er darüber gesagt?
　　　　　（彼はそのことについてなんて言ってた．）
フランツ：1. Er behauptete: „Ich habe eigentlich damit nichts zu tun."
　　　　　　　（彼は「自分はそれとは一切関係ない」と言ってたよ．）
　　　　　2. Ich habe eigentlich damit nichts zu tun.
　　　　　　　（自分はそれとは一切関係ない［って］．）
　　　　　3. Er behauptete, dass **er** damit nichts zu tun **habe**.
　　　　　　　（彼は，それとは一切関係ないと言ってたよ．）
　　　　　4. [Er behauptete], **er habe** damit nichts zu tun.
　　　　　　　（彼は，それと一切関係ない［と言ってたよ］．）
　　　　　5. ***Er*** hat eigentlich damit nichts zu tun.
　　　　　　　（彼（自分）はそれと一切関係ない［って言ってたがね］．）

体験話法

　ルーカスの問いに対するフランツの答え，つまりフランツによるハインツの発言の再現には，上記のようにいくつかのパターンが考えられます．1は文法でいう**直接話法**による再現です．2は直接話法から**導入文**（er behauptete）が省略されたもので，**自由直接話法**ないし**内的モノローグ**と呼ばれるものです．ハインツの発言をそのまま繰り返す形の再現になります．この二つは，内容や語彙などはできるだけそのまま再現されます．それに対して残りの三つは，文の構造や語彙にも変化が生じます．3は文法でいう**間接話法**で，フランツの視点から言い直されるため，人称の変換(ich → er)，接続法の使用(habe)，語順の変換，eigentlich の省略など明らかな間接化が生じ，伝達されるのは内容にかかわることが中心になります．4は**導入文が欠如した間接話法**ですが，接続法の使用によりハインツの発言であることがわかります．

　ところで，最後のものはどうでしょうか．人称は変換され間接化されていますが，接続法ではなく，直説法が用いられていますし，eigentlich も省略されず残っています．つまり**人称の変換**以外は直接話法の要素を備えています．このような再現はどのような場合になされるのでしょうか．直接話法ができるだけ発言をそのまま再現し，間接話法が話し手の視点から言い換えられ，発言内容を客観的に伝えようとするのに対して，最後のものはある特定のイントネーションをともなって，ハインツの発言に対する，伝達者フランツの態度，ここでは例えば「彼はそれと一切関係ないと言っているが，どうもあやしい」といったなんらかのニュアンスが加わると考えられます．ただし，誰の発言であるかを示す導入文がなく，直説法のため，明確なイントネーションがないとコンテキストによっては，ハインツの発言なのか，フランツの主張なのか曖昧になる可能性もあります．実はこれが「**体験話法**」といわれるもので，発言とその再現者の視点が興味深く交差した再現方法です．

　このように発言の再現には，導入文の有無，人称の(不)変換，直説法か接続法か，語の省略，構文の変化，さらにアクセントやイントネーションの使用により，無数の再現形態が可能といえます．それは，直接話法のように発言内容に近い形で再現されるものから，間接話法のように再現者の視点から書き換えられるもの，さらに発言が長い場合は，伝達者により要約され，きわめて間接的に再現されることもあります．ここでは，このような再現の間接化のスカラーの中で，導入文をともなわず，直説法でありながら，人称(時

称)の変換とイントネーションなどにより，伝達者がオリジナルな発言に深くかかわる再現方法，体験話法に焦点をあてていきます．実例をみてみます．

　印象深い潜水艦映画，ヴォルフガング・ペーターゼンの『Uボート』．夜，潜水艦内のベットの中で恋人の写真を見つめている若き乗組員ウルマンは，命令で乗船することになった報道部のヴェルナー中尉と語り合います．

(2)
Ullmann： Ich bin mit ihr verlobt. Heimlich natürlich.
Werner： Darf ich？ Sehr hübsch, wirklich. Ist was？
Ullmann： Sie ist schwanger.
Werner： Mensch Ullmann. Sie wissen doch, was das bedeutet. Wenn die vom Widerstand erfahren, dass sie … ein Kind von einem Deutschen hat.
Ullmann： Was soll ich denn machen？
　　　　　Sie will's unbedingt haben. [Sie sagt：„**Ich** will's unbedingt haben."]　　　(*Das Boot*, ein Film von Wolfgang Petersen)

ウルマン：彼女と婚約したんです．もちろん内緒だけど．
ヴェルナー：(写真)見せてくれる．かわいい子だね，ほんとうに．
　　　　　（うつむくウルマンを見て）何かあったの．
ウルマン：彼女，妊娠してるんです．
ヴェルナー：おいおい．それが何を意味するかわかっているだろう．レジスタンスがもし，彼女が…ドイツ人の男との間に子をもうけたことを知ったら．
ウルマン：僕はどうすればいいんでしょう．
　　　　　「**自分は**(彼女は)どうしても欲しい」って言うんです．

　1941年秋，ドイツ占領下のフランスの軍港ラ・ロシェル．ドイツのUボートの乗組員ウルマンは花屋で働くフランス人娘と恋仲になり，彼女は妊娠することになります．しかし占領者のドイツ人との間に子どもがいることがわかれば，裏切者としてレジスタンスから迫害されかねません．ここでは，それにもかかわらず「自分はあなたの子がどうしても欲しい」というフランス人娘の発言(**Ich** will's unbedingt haben. フランス語だったかもしれません

が)がウルマンによって再現されます．ここでも様々な再現が可能ですが，映画でウルマンによって選ばれた再現方法は，導入文なし，人称のみ変換された体験話法です．そこには恋人の発言の再現とともに，ジレンマに苦しむウルマンの心情も痛々しく再現されています．発言とともに再現者の心情がさらにはっきり表れている例をみます．

トーマス・マンの『ブデンブローク家の人々』において，ハンブルクの商人グリューンリヒは，ブデンブローク家に取り入るため，団欒する家族の前で自分を売り込みます．これがブデンブローク家の長女トーニには気に入りません．グリューンリヒが去ったあとトーニは，グリューンリヒの発言„**mein** Geschäft ist ein außerordentlich reges ... (S.94)"［私の商売はきわめて繁盛しています］を辛らつな皮肉をこめ，体験話法で再現します．

(3) »Ja, er macht sich allzu wichtig !« fing Tony wieder an. » Er sprach beständig von sich selbst ! *Sein* Geschäft ist rege, *er* liebt die Natur, *er* bevorzugt die und die Namen, *er* heißt Bendix ... Was geht uns das an, möchte ich wissen. ...«　　　　　　(Th. Mann : *Buddenbrooks*, S.98)

「そうよ，あの人自分をなんだと思っているの．」トーニがまた話し始めた．「ずっと自分のことばかり話していたわ！　自分(私)の商売は繁盛している，自分は自然を愛している，自分はあれこれの名前が好きだ，自分の名前はベンディクスだ…　そんなことがわたしたちに何の関係があるというのよ…」

トーマス・マンの原文でも変換された人称 „*sein*" „*er*" はイタリックで強調され，イントネーションをともなったトーニの発言であることがわかります．ここではグリューンリヒの発言の再現から，トーニのグリューンリヒに対する生理的な嫌悪感，容赦のない拒否感が示されています．グリューンリヒの発言は，まわりにいる家族にとってすでに既知のものですので，この場合伝達のためというより，トーニの心情を表すためだけの再現といえます．似たような例はトーマス・マンの『魔の山』第4章の「体温計」の中にもあります．「少し熱があるんです．わずか37度6分にすぎませんが」というハンス・カストルプの発言に対してシュテール夫人は(4) „*Tempus hat er, der*

Herr Besuch."(S.183)[あの参観の方(ハンス・カストルプさん)にも温度(熱)がおありですって]と述べます。ここには，付き添いでサナトリウムに来たハンスも，自分たちの仲間(病人)になったことに対するシュテール夫人のからかいと心地よい驚きがともに再現されています。

さらに，アルフレート・デーブリーンの『ベルリン・アレクサンダー広場』における会話部分をみてみます。

(5) (Ein junges Fräulein sagte:) »... Ich sollte zum Bäcker gehen, was holen, kenn ich das Fräulein und frag ihr, was sie macht, sagt sie mir, sie geht heut zum Bäckerball.［…］1)*Und **sie** hat noch ein Billett und will **mich** mitnehmen. Kost kein Pfennig....*«［…］»Aber da müssen Sie meine Eltern hören, meine Mutter. 2)***Ich** soll nicht gehen....*« (A. Döblin: *Berlin Alexanderplatz*, S.379, ( )は筆者)

(ある若い娘が言った。)「…パン屋へ行かなければならなかったの，ちょっとしたものを買いにね，そこの娘さんと知り合いで，これからどうするのってたずねてみたら，きょうはパン屋のダンス・パーティに出かけるっていうの．［…］で，もう一枚チケットをもっているから**あなた**(わたし)も連れていってあげるって，いうの．タダなのよ」［…］「でもわたしの両親の言うことを聞いてよ，おかあさんだけど．(あなたは)行っちゃいけませんって，いうのよ．」

ある若い娘の発言の中に，1)パン屋の娘の発言(「わたしもう一枚チケットもっているからあなたを連れていってあげるわ」）と2)母親の発言(「(あなたは)行っちゃいけません」)が再現されています。伝達文がなく，人称が変換され(1)ich → **sie**, dich → **mich**, 2)Du → **ich**)，直説法が用いられていますので，体験話法による再現です．

ここでも直接話法や間接話法を使って再現することもできますが，感情のこもったイントネーションを用い，体験話法で再現すると，とりわけ母親の発言の場合では，母親に対する強い非難のニュアンスがでます．しかもこの場合，自分に対して言われた発言を，自分自身で再現しているため1人称現在形の体験話法になっています．体験話法という再現方法のおもしろさが多少

理解いただけたでしょうか．
　ところで，これまでは単純な文の再現で，オリジナルな発言が一応存在すると想定できるものでした．ところがオリジナルな発言が想定しにくい発言・思考の再現もあります．

(6)　Frau Selicke. Ach Gott, nein！So ein Mann！Nicht ein bißchen Rücksicht！［…］Un der will nun 'n gebildeter Mann sein！．．．Nein, wie das bei uns noch werden soll？．．．*Und an allem bin* **ich** *Schuld：．．．****Ich verzieh die Kinder！Ich vernachlässige die Wirtschaft！*** Alles geht auf mich！．．．
　　　　（Holz/Schlaf：*Die Familie Selicke*, S.41f., Herdin 1905：59f. より）

　ゼーリッケ夫人：ああなんてことでしょう．そんな人なんです．わずかの思いやりもない．…自分では教養ある人間だなんていうんです．…いったいわたしたち，これからどうなってしまうんでしょう．…この私（おまえ）にすべて責任がある．…（私・おまえが）子供たちを甘やかし，家計をおろそかにしていた，［と（夫は）言うんですから．］なんでもかんでも私のせいにされてしまう．

　ホルツ／シュラーフの戯曲『ゼーリッケ一家』における，ゼーリッケ夫人の発言部分です．ここではゼーリッケ夫人が，夫の自分に対する発言（ないし考え）を，夫人の視点から 1 人称に変換し，第三者に強い皮肉をこめて伝えています．最初の ich［この私］の強調だけでも，悪いことはすべて妻の責任にしてしまう夫への非難が表されています．
　ところで，ここでのゼーリッケ夫人の発言は，必ずしも夫の発言通りの再現ではないかもしれません．ふだん夫との生活の中での，夫の発言や夫の考えを要約的に再現したもの，つまりゼーリッケ夫人が，夫の発言や態度をもとに作り出したものとも考えられます．実際の生活では，ある人の発言をそのまま述べるより，自分なりに加工して再現することはよくあることです．このようなことは直接話法や間接話法より，体験話法の方がうまく再現できます．その意味では体験話法は，単なる発言の再現だけでなく，ある発言や思考の典型やパターンの創造的な再現行為でもあるといえます．最後にもう

はじめに

一例カフカの『父への手紙』からみます．

> **(7)** [⋯] weiter Deine geistige Oberherrschaft. Du hattest Dich allein durch eigene Kraft so hoch hinaufgearbeitet, infolgedessen hattest Du unbeschränktes Vertrauen zu Deiner Meinung. [⋯] In Deinem Lehnstuhl regiertest Du die Welt. **Deine** *Meinung* **war** *richtig, jede andere war verrückt, überspannt, meschugge, nicht normal.*
> 　　　　　(F. Kafka: *Brief an den Vater*, S.13, Steinberg 1978より)

　[⋯]さらにあなた(父上)の精神的な支配があります．あなたは独力で高い地位を得てこられたため，自分の意見に絶対の信頼をもっていました．…あなたは，もたれ椅子にすわり，世界を支配していました．<u>自分の考えは正しく，どの意見も他は，ばかげていて，とっぴで，いかれていて，普通でない，とあなたは言うのです．</u>

　ここでは父親の発言ないし考えが，その子であるフランツ・カフカによって再現されています．もちろんカフカは，„Meine Meinung is richtig ...'' と直接話法で再現することも可能ですが，**Deine** Meinung と 2 人称に変換，強調することによって，父親の発言ないし考えに対して「お父さんは独善的すぎる」といった批判のニュアンスをともなった再現になります．ここでもカフカの父親が „Meine Meinung is richtig ...'' と実際に発言したとは考えにくいと思います．むしろ，父親の考え方の典型を，カフカがカフカなりに構成し，再現したといえます．このように発言・思考の再現とは，実際に発言されたものから，典型やパターンの創造的再現までさまざまです．また，カフカのテクストは過去形で書かれたものであるため，今までの例文のように人称だけでなく，時制(ist → war)も変換されています．このように体験話法は，現在形や過去形があり，人称も例文(1)〜(4)のように 3 人称，例文(**5**)(**6**)の 1 人称，ここでの 2 人称とあらゆる形態が可能です．

　さて，今までは導入的に日常言語における単純な体験話法による発言・思考の再現をみてきました．そこでは，発言・思考の再現とともに，疑惑，皮肉，批判といったニュアンスが生み出されていました．体験話法は，このよ

うなニュアンスを含んだ発言の再現の用法として生まれ，現在も日常生活の中で目立たなくとも用いられているはずです．しかし，このように単文で，単純な体験話法は，いつしか文学作品を中心に，書かれたテクストの中に入り込み，さまざまに進化，発展しました．そしてわたしたちが実際に出会い，格闘することになるのは，実に様々なテクストに現れる，洗練された，多彩で，複雑な体験話法です．それは，ときとしてとんでもない機能を発揮してしまうことがあります．

　これからこのような体験話法を詳しくみていきますが，まず，体験話法が引き起こした大きな事件から話しを始めることにします．

Ⅰ　体験話法の魔力

―体験話法が暴露した「過去克服」の脆さ？―

　大学を舞台としたディートリヒ・シュヴァニッツの小説『キャンパス』で，フランス文学教授ベルニーのもとに，研究テーマについて助言をもらいに女子学生が訪ねてきます．テーマリストに目を通したベルニーとその女子学生との間に次のようなやりとりがなされます．

「フロベールにおける体験話法，このテーマはまだだれもやっていません．」…「あなたは，それ，つまり体験話法というものが，どういうものだかわかりましたか．」
「ええ，なんとなくは…」
「それじゃ，そのテーマを取り扱ってみなさい．そのためにヴァグナーとシュタインベルクとヴァインリヒを読みなさい．それは文献リストにのっています．」
するとその女子学生は髪の毛を後ろになで上げ，ぐずぐずしながら言った．
「そうするかどうかわかりません．**体験話法はあまりに形式的で，あまりに内容がありません．そしてどういうか感情的なものがなにも感じられません**（das[Erlebte Rede] ist so formal. So wenig inhaltlich. So irgendwie nichts Gefühlsmäßiges.）」　　　(D. Schwanitz : *Der Campus*, S.191)

　けっきょくこの女子学生の研究テーマの話はゾラのドレフュス事件に移ることになりますが，体験話法は本当に so formal. So wenig inhaltlich. So irgendwie nichts Gefühlmäßiges. なのでしょうか．もしそうであるなら，演説における体験話法の使用が，聴衆の心をかき乱し，大きな反発を招き，ついには国際的なスキャンダルにまで発展したあの事件はどのように説明されるのでしょうか．
　1988年11月9日は，ナチスによる組織的なユダヤ人迫害の序曲となった「帝

国クリスタルの夜(Reichskristallnacht)」事件から50周年にあたり，9日のフランクフルトのシナゴークでの追悼式に続き，10日にはボンの連邦議会で記念式が行なわれました．この記念式では，当時の西ドイツ連邦議会議長フィリップ・イェニンガー(1932～)による記念演説が行なわれました．演説の基調は，歴史的な事実の直視を訴えたものでありながら，議会の緊張した雰囲気のなか，表現上の点，とりわけ**体験話法**が聴衆の反発を招き，多くの左派議員が演説中に退席，国際的なスキャンダルに発展，イェニンガー議長は翌日辞任することになりました．

　イェニンガー議長の演説は約45分でしたが，14～17分にかけて二度にわたり用いられ，事件の核心となった体験話法の一部を引用してみます．

(8)　Für die Deutschen, die die Weimarer Republik überwiegend als eine Abfolge außenpolitischer Demütigungen empfunden hatten, mußte dies alles wie ein Wunder erscheinen. Und nicht genug damit: aus Massenarbeitslosigkeit war Vollbeschäftigung, aus Massenelend so etwas wie Wohlstand für breiteste Schichten geworden. Statt Verzweiflung und Hoffnungslosigkeit herrschten Optimismus und Selbstvertrauen. *Machte nicht Hitler wahr, was Wilhelm II. nur versprochen hatte, nämlich die Deutschen herrlichen Zeiten entgegenzuführen? War er nicht wirklich von der Vorsehung auserwählt, ein Führer, wie er einem Volk nur einmal in tausend Jahren geschenkt wird? ......*

　Und was die Juden anging: *Hatten sie sich nicht in der Vergangenheit doch eine Rolle angemaßt — so hieß es damals —, die ihnen nicht zukam? Mußten sie nicht endlich einmal Einschränkungen in Kauf nehmen? Hatten sie es nicht vielleicht sogar verdient, in ihre Schranken gewiesen zu werden? Und vor allem: Entsprach die Propaganda — abgesehen von wilden, nicht ernstzunehmenden Übertreibungen — nicht doch in wesentlichen Punkten eigenen Mutmaßungen und Überzeugungen?*　(Ph. Jenninger: die Rede, in: *Die Zeit* 18. November 1988)

　ワイマール共和国を外交的屈辱の連続とみなしがちだったドイツ人にと

って，これらすべて［1933〜1938年までのヒトラーの成功］は奇跡と思われました．それだけではありません．大量失業は完全雇用になり，大衆の惨めな生活にも広範の層に一種の経済的な豊かさが生じてきました．絶望と希望のなさのかわりに楽観と自信が人々の心を支配するようになりました．ヴィルヘルム2世がただ口さきだけで約束したこと，つまりドイツ人を素晴らしい時代に導くという約束をヒトラーは実行してくれるのではないか．彼は摂理によって選ばれた，千年に一度ある民族に贈られるたぐいまれなる指導者なのではないか．……

そしてユダヤ人に関して言えば，彼らユダヤ人は―そう当時言われていましたが―これまで分不相応な役割を不遜にも果たしてきたのではないか．彼らユダヤ人はこの辺で押さえつけられなければならないのではないか．それどころか自制を求められて当然ではないか．とりわけナチのプロパガンダは―粗野でまじめにとるに値しない誇張は別として―本質的な点においてわれわれの推測と確信に一致しているのではないか．

緊張していた連邦議会を離れ，距離を置いて読めば，ここでは当時の人々のヒトラーやユダヤ人に対する声(vox populi)が再現されていると考えることができます．しかし，このような体験話法の言葉が述べられたとき，連邦議会の多くの議員が議会を退出し，スキャンダルの頂点になりました．なぜこの部分が当時それほど問題になったのでしょうか．

体験話法は，思考者や発言者を明示する「彼は…と考えた」「彼は…と言った」という導入文なしに，直説法で，人物の思考や発言を，語り手ないし話し手の視点から再現する文体手段です．そこで上記の体験話法を以下のような直接話法に直してみると，ここでは当時の人々の声が再現されていることがよくわかります．

(**8**)′　(Die Leute damals dachten:) „Haben sich die Juden nicht in der Vergangenheit doch eine Rolle angemaßt, die ihnen nicht zukam? Müssen sie nicht endlich einmal Einschränkungen in Kauf nehmen?" (Auch fragten sich die Leute:) „Haben sie es nicht vielleicht sogar verdient, in ihre Schranken gewiesen zu werden ... Und vor allem:

Entspricht die Propaganda — abgesehen von wilden, nicht ernstzunehmenden Übertreibungen — nicht doch in wesentlichen Punkten eigenen Mutmaßungen und Überzeugungen?"

「ユダヤ人は，これまで分不相応な役割を不遜にも果たしてきたのではないか．彼らユダヤ人はこの辺で押さえつけられなければならないのではないか．」と人々は当時考えました．そしてさらに「ひょっとすると彼らユダヤ人は自制を求めることすら値しないのではないか．…とりわけナチスのプロパガンダは―粗野でまじめにとるに値しない誇張は別としても―本質的な点においてわれわれの推測と確信に一致しているのではないか．」と人々は当時自問しました．

つまり体験話法では「～と人々は当時考えました」といった導入文が省略され，当時の人々の心的現在を表す直接話法内の現在形が，演説者の視点から過去形や過去完了に変換されて再現されます．そのことにより，誰の発言であるのか明白な直接話法に対して，イェニンガーの語り口のように，明確なイントネーションをともなわず，淡々と語られた体験話法では，当時の人々の声とそれを伝える演説者イェニンガーの声の境界が曖昧になります．そのことを憤慨して述べているのが，18日付けの『ツァイト』紙のマリオン・グレーフィン・デーンホフ女史の記事です．

　その際問題となるのは，イェニンガーが無条件でヒトラーの成功を数え上げる以下の文章です．「1933年から1938年までのヒトラーの政治的勝利の歩みは…魅惑を放つ一時期 (ein Faszinosum) でした．…」．それは誰の見解なのかわからない．イェニンガーかあるいは30年代の声を報告する観察者の見解なのか．そしてさらに次のユダヤ人に関する記述「そしてユダヤ人に関して言えば，彼らユダヤ人はこれまで分不相応な役割を不遜にも果たしてきたのではないか．（以下例文(**8**)後半参照）」にもう一度．誰がそのように考え，誰がそのことを言ったのか．
(M. G. Dönhoff : Ein verfehltes Kolleg, in : *Die Zeit*, 18. November 1988)

確かに体験話法部分のヒトラー称賛やユダヤ人侮辱が，当時の人々の声な

のか，演説者イェニンガーの考えなのか曖昧では大きな問題になります．そのため，ここが事件の核心であると考えられていますが，実はさらに問題だったのは，聴衆一人一人がその当時の人々の声へ引きずり込まれてしまったことです．体験話法は，演説者イェニンガーと当時の人々の距離を少なくするだけでなく，さらに聴衆をもその当時の人々との一体感に誘い込む機能があるのです．このように体験話法がその機能をフルに発揮したことが，なぜ問題になるのでしょうか．

　演説の途中で野次をとばし，退席した緑の党の議員との演説前のインタビューに次のようなものがありました．「今からイェニンガーは，また刑軽減となる素晴らしい演説をするだろう，つまりあのポグロム（略奪・殺人）を断罪し，自身善良な人間の印象を与えるだろう．」ここ［ポグロムの断罪＝善良な人間］からは，一般聴衆がイェニンガー演説に何を期待していたかがわかるだけでなく，聴衆たる自分たちは「断罪する側」にいるという意識が窺われます．つまりナチスの罪とは直接関係ない自分たちは，あくまでも弾劾者であり，その代表としてイェニンガーに，悪者であるナチスやそれを許容した当時の人々を断罪する演説を期待する．ところがその代表であるイェニンガーは，ナチス嫌悪の表明よりは，ナチスの狂気，そしてそれを許容した社会，人間の罪を呈示しました．

　そこには善者が悪者を断罪するという構図はなく，とりわけ体験話法の箇所においては，ヒトラーを称賛し，ユダヤ人迫害を許容した当時の人々の意識とイェニンガーの距離が単に少なくなっただけでなく（もしそれだけであったなら，聴衆はあのようなヒステリックな反応をしなかったかもしれません），聴衆である自分たちも当時の人々の意識に引きずり込み，一体化させられてしまったことです．つまり，善者であり，糾弾する側にあると思っていた聴衆は，いつの間にか自分が悪者に引きずりこまれたように感じた，糾弾する者が糾弾される側の意識に一瞬一体化されてしまったのです．そしてそれは一部の聴衆にとって反発せずにはいられないほどの挑発だったのです．先ほどのデーンホフ女史の言葉を借りれば「誰がそのように考え，誰がそのことを言ったのか？　30年代の人々か，イェニンガーか，…**私もか？**　（と，とんでもない）」ということです．

　デーンホフ女史のイェニンガー批判の力点が「自分を当時のナチズムと一緒にしてくれるな」という点にあったとすれば，彼女と，体験話法の箇所を

聞き退出した議員たちとの距離は，非常に近かったといえます．それは弾劾する立場からの「過去克服」，つまり自分自身を善という立場において，ナチスや当時の人々を糾弾することはできても，糾弾される立場に身をおくのにはわずかも耐えられないということを体験話法が暴露したと考えることもできます．

　体験話法がこのような力を発揮したのは，イェニンガー事件が初めてのことではありませんでした．1857年のフロベールの『ボヴァリー夫人』をめぐる訴訟のことを思い出してください．すでにこの事件は，文芸学の観点からH. R. Jauß (1970 : 203f.), F. Stanzel (1985 : 177f.) さらにこの事件との関連でP. Geyer［in : *Frankfurter Allgemeine Zeitung* (以下 *FAZ*), 5.12.1988］等によって触れられていますが，フランスの検事当局は，エンマ・ボヴァリーの考えを作者フロベールのものと捉え，フロベールを不道徳として告発しました．イェニンガーの場合と同様に，フロベールの場合も，問題は「医者の妻の姦通の物語」という筋にあるのではなく，その描写の仕方，つまり体験話法 (フランス語では自由間接話法［style indirect libre］) の使用にありました．ここでも重要なものは，Jauß の次のような指摘です．「すなわち法廷は，作家としてのフロベールを無罪にし，彼によって代表されていると考えられた文学一派，しかし事実はまだ着目されていなかった手法 (体験話法) を弾劾したのである．『…このような手法が，美術の制作と同様に，精神の作品に適用されるとすれば，…心に有害な作品の発生となり，公衆道徳および良俗への絶え間ない冒瀆をおかすことになるであろう (判決文)』(H. R. ヤウス『挑発としての文学史』(岩波書店) 轡田收訳 74ページ，(　)内は筆者)」．

　つまりボヴァリー夫人の意識と作者フロベールの意識の距離が少なくなるだけでなく，むしろそのことよりも大きな問題になったのは，この手法，つまり体験話法が読者に与えた機能であったということです．イェニンガーの場合と同じように考えれば，自分自身道徳的と考えていた検事 (読者) は，『ボヴァリー夫人』を読むことにより，自らが姦通するボヴァリー夫人の意識に引きずり込まれてしまったということです．

　もし Jauß の言うように，体験話法の使用が『ボヴァリー夫人』をめぐる事件の核心の一つであったとしたら，本章の冒頭にあげたシュヴァニッツの小説『キャンパス』の女子学生の言葉「(フロベールにおける) 体験話法はあま

りに形式的で，あまりに内容がありません」は偏見と言わなければならないでしょう．しかし，この女子学生の体験話法に対する偏見は，依然として体験話法に対する一般的な偏見ともいえます．

　イェニンガー事件は国際的なスキャンダルになったこともあり，わが国でも著名なジャーナリスト，現代ドイツ史の研究者などにより体験話法部分が取り上げられ，邦訳されることもありました．しかしジャーナリストたちの邦訳では，体験話法部分が過去形(た)で訳され，この部分がイェニンガーの見解であるような訳になっています．（詳しくは鈴木（1995：76f.）参照）つまり当時ジャーナリストや現代ドイツ史の研究者たちには体験話法の機能はもとより，この部分が当時の人々の声を再現した体験話法であることすら理解されませんでした．そしてそのことにより，ドイツにおける「過去克服」という問題も深く捉えきれなかったのではないかと思います．

　イェニンガー事件では，誤解されるような表現すら許さない，という当時の西ドイツの政治風土を評価するのが，わが国の一般的な見方でした．確かに記念式を「儀式化された反省というジェスチャー」の場であると考えるなら，このような体験話法の使用は不適切であったかもしれません．しかし，もしイェニンガーが自己批判のラジカルな方法として，ドイツ人に鏡を掲げる，つまり「ヒトラーを支持し，ユダヤ人迫害を許容した人々に感情移入することにより，今となっては不可解にしか見えないあのナチズムの熱狂的陶酔を聴衆に思い出としてつきつける」ために体験話法を用いたとすれば，体験話法は見事に使用され，その効果を充分に発揮したといえます．イェニンガーは，聴衆をも当時の人々の意識に引きずり込む体験話法のもつ魔力を巧みに使いこなしたとさえいえます．その魔力により，過去克服はドイツ人にとっても内面においてはいかに難しいかということが明らかになったと考えることもできます．

　そうであるとすれば，失敗の原因は，イェニンガーが体験話法を用いたことにではなく,「ナチの過去を自分たちのアイデンティティの一部として受け入れること（イェニンガーの主張）」がすでに反発となってしまう聴衆の内面にあったのではないかという見方もできます．そして体験話法が，過去の克服のできない聴衆の内面を暴露してしまったとすれば，体験話法は単なる形式的なものではなく，真剣に検討するに値する言語現象であるといえるでしょう．

体験話法

　本書では，このような体験話法に関して，その現れるテクストの広がりと文体的な機能，文法的な形態，識別法，さらに特殊なケース，日本語との比較の問題などについて例文を中心に具体的に述べていきます．

＊

　体験話法はフランス語で自由間接話法（Style indirect libre），英語で抽出話法（Represented Speech）あるいは自由間接話法（Free indirect Discourse）と呼ばれています．ドイツ語の体験話法（Erlebte Rede）という名称はLorck(1921)によります．ただLorckの「作家の追体験」といった定義をはなれ，さまざまに議論されながらやむをえず定着したものです．ここでRede（話法）とはフランス語や英語のstyle, discourseに対応するもので，発言だけでなく思考の再現を含んだものです．またerlebte（体験された）とは，演説者（語り手）によって，聴衆（読者）を巻き込みながら，当時の人々（作中人物）とともに「体験された」ものと考えると，機能的にはそれほど的を外した術語ではないかもしれません．［ドイツ語の命名の難しさについては2.1.2.参照］

　体験話法は，すでに中世の叙事詩に見出され，近世(16〜17世紀)のロマンス語の作家のなかには，ラ・フォンテーヌに代表されるように明らかに体験話法を文体手段としている作家がありました．しかし体験話法が，ヨーロッパの物語文学の一般的な手段として頻繁かつ意識的に用いられるようになったのは19世紀に入ってからです．

　このような背景には，19世紀から一般にみられるようになった小説技巧やテーマの変化，１．客観的な記述の要求，２．それに伴う「語り手の叙法」から「映し手の叙法」への移行，３．人間の意識・無意識の記述のテーマ化，４．文学言語の日常言語への接近など様々な理由があげられます．(Stanzel(1981 : 39f.), Steinberg(1971 : 56f.)また19世紀後半からの体験話法の飛躍的な普及には，この話法を頻繁に用いた作家，例えばここでのフロベールの他の作家への影響も考えられます（「映し手の叙法」に関しては2.7.2.参照）．

II 体験話法が現れるテキストの広がり

2.1. 体験話法とはなにか

2.1.1. 3人称小説における体験話法

　小説のなかの疑問文や感嘆文などで，それをそのまま訳すと前後の文脈にどうもしっくりしない文章に出会うことがあります．実はこれが体験話法であることが多いのですが，ここではまず3人称過去形の典型的な体験話法についてみてみます．

　カフカの長編小説『城』の主人公 K. は，城からの使者バルナバスと城への道を歩んでいるものとばかり思っています．ところがバルナバスが意外なところでたちどまるので，K. に疑念が生じます．それに続く文章です．

(9)　Da blieb Barnabas stehen. *Wo* **waren sie** (*Barnabas und K.*)? ***Ging*** *es nicht mehr weiter?* **Würde** *Barnabas* **K.** *verabschieden? Es* ***würde*** *ihm nicht gelingen.* K. hielt Barnabas' Arm fest, daß es ihn fast selbst schmerzte. *Oder* **sollte** *das Unglaubliche geschehen sein, und* **sie waren** *schon im Schloß oder vor seinen Toren? Aber* **sie waren** *ja, soweit* **K. wußte**, *gar nicht gestiegen. Oder* **hatte ihn** *Barnabas einen so unmerklich ansteigenden Weg geführt?* »Wo sind wir?« fragte K. leise, mehr sich als ihn.　　　　　(F. Kafka: *Das Schloß*, S.33)

　するとバルナバスが立ちどまった．私たちはどこにいるのだ．[彼らはどこにいたのか．] ここで行きどまりだというのか．バルナバスは私(K.)をおいてきぼりにでもするつもりなのだろうか．そうはさせないぞ．K. はバルナバスの腕を，自分自身痛みを覚えるほどしっかりとつかんだ．それとも

— 17 —

体験話法

<u>信じられぬことが起こり，バルナバスと私はもう城の中に，あるいは城の門の前にきているのだろうか．だが私(K.)の知る限り，自分たちは道をのぼってきた覚えはない．それとも，バルナバスは気がつかないほど緩やかな登り道を通って私を連れてきたのだろうか．</u>「私たちはどこにいるのだ．」とKは低い声で，バルナバスにというより，むしろ自問するかのように呟いた．

イタリック部のように，突然地の文の中で作中人物の思考が，思考者を明示するK. fragte sich（…とK.は自問した）という**導入文なしに**，**直説法**で，しかも語り手の視点から**人称**と**時称**が**変換**され再現されたものを**体験話法**（**Erlebte Rede**）といいます．この例文のイタリック部の過去形や3人称をそのまま訳すとやはり前後の文脈にしっくりしません．そこでこのような体験話法は，直接話法に直してみるとわかりやすくなります．下線を引いた最初の体験話法の文 Wo waren sie？を，やはり下線を引いた直接話法の文 »Wo sind wir？« fragte K. sich. と比較して考えてみます．

直接話法　＝　K. fragte sich： „Wo **sind** **wir** ?"
　　　　　　　　　　　　　　↕　　　↕　　↕
体験話法　＝　　　　　　　ø　　　Wo **waren** **sie** ?

この二つの文がここで同じ意味内容（訳文参照）をもつことから，体験話法は，直接話法から導入文（K. fragte sich）が省略され，直接話法の人称（wir）と時称（sind）が語り手の視点から3人称（sie）過去形（waren）に変換された形態であると考えるとわかりやすくなります．ドイツ語や英語では，ある人物の思考や発言を，間接的に再現する場合，時称と人称は語り手の視点から変換して伝えられます．日本語の場合このような変換が一般になされないため，ドイツ語の体験話法の文章を，そのまま日本語に移すと前後の文脈にしっくりしなくなります．（［彼らはどこにいたのか．］参照）この変換に関しては，後ほど詳しく触れることになりますが［III章］，地の文が3人称過去形の小説の場合以下のような変換を念頭においておくと，体験話法の文章が理解しやすいものになります．なお，ここでの直接話法の時称（現在形，現在完了，未来形）を**現在形群**，体験話法の時称（過去形，過去完了，würde＋不定詞）を**過

去形群と呼びます．これは Weinrich（1985：18）の時制群Ⅰと時制群Ⅱに対応します．

［直接話法の時称］　［体験話法の時称］［直接話法の人称］　［体験話法の人称］
　　現在形　　　→　　過去形　　　　1人称　　→　　　3人称
　　現在完了　　→　　過去完了　　　2人称　　→　　　3人称
　　未来　　　　→　würde＋不定詞　　3人称　　→　　　3人称

　上表に基づいて例文(**9**)の体験話法部分を直接話法に還元すると以下のようになります．ただし，時称と人称以外のもの（文構造，語彙，dieser, hier, heute, morgen など作中人物の視点からのダイクシス）はそのまま体験話法に取り込まれます．

　(**9**)′　(K. fragte sich：)　„Wo **sind wir**(Barnabas und K.)？ **Geht** es nicht mehr weiter？ **Wird** Barnabas **mich** verabschieden？ Es **wird** ihm nicht gelingen." (Weiter überlegte K.)：„Oder **soll** das Unglaubliche geschehen sein, und **wir sind** schon im Schloß oder vor seinen Toren？ Aber **wir sind** ja, soweit **ich weiß**, gar nicht gestiegen. Oder **hat mich** Barnabas einen so unmerklich ansteigenden Weg geführt？"

　ドイツ語の小説を読み始めたばかりで体験話法に出会った場合，その体験話法の基本的な意味を捉えるには，このように還元してみることが有益で，実は例文(**9**)の訳もこれに基づいて行なってあります．ただし体験話法の文体を考慮して翻訳する場合は，様々な工夫が必要になります．また，この話法の地の文からの識別は，まずそのまま訳すと日本語にしっくりこないことが一つの目安になりますが，それ以外にも様々なシグナルがあり，それについては改めて詳しくみることにします．［Ⅳ章］
　では，この話法はどのような文体的な機能を発揮するのでしょうか．この話法の特徴は語り手の声と作中人物の声の重層的な重なりであるといえます．このことによって体験話法は，単に語り手と作中人物の距離を縮めるのみならず，読者をも作中人物との一体感に誘い込みます．イェニンガーの場合と同様に，例文(**9**)でも語り手（または作者のカフカ）と作中人物K．との距

離がなくなるだけでなく，読者も K. の視点に引き込まれ，K. とともに疑念を感じるようになります．これが体験話法の文体的な力です．

　体験話法というとき，上記のように**文学作品**における **3 人称・過去形群**の形で現れる，作中人物の**思考**を再現したものが中心でした．しかし実際には様々なテキストに体験話法が現れます．次に体験話法研究の流れを踏まえつつ，実例をあげながら実際には 1 人称小説や 2 人称小説，さらに戯曲やノンフィクション，そして日常会話にも体験話法が現れること，また現在形の体験話法や発言を再現する体験話法もあることをみます．

　ただその前に，体験話法，自由間接話法，内的モノローグ，自由直接話法といった用語を上記の例文（K. fragte sich, »Wo sind wir?«）を参考に整理しておきたいと思います．

2.1.2. 体験話法と内的モノローグ

　内的モノローグ（**Innerer Monolog**）は，一般的には「意識の流れ（stream of consciousness）」を表わす形式を指します．この場合，導入文を欠いた1人称現在形の言語形式（自由直接話法）が用いられることが多いのですが，長大なテキストなどでは 3 人称や過去形の体験話法を含んだ場合も内的モノローグとみなされることがあります．そのため「意識の流れ」など文学的に用いられる用法とドイツ語圏での用法にズレが生じています．といいますのもドイツ語においては，内的モノローグは言語形式を表す名称として，しかも体験話法と対立させて用いられることが多いからです．英語と比較したドイツ語のモデルをみてみます．

	ドイツ語		英語	
モデル 1 直接話法	K. fragte sich : „Wo sind wir ?"		直接話法	K. asked himself, "Where are we ?"
モデル 2 間接話法	K. fragte sich, wo sie seien.		間接話法	K. asked himself, where they were.
モデル 3 内的モノローグ (=自由直接話法)	Wo sind wir ?		自由直接話法	Where are we ?

モデル4 導入文欠如間接話法　Wo seien wir？	ø
モデル5 体験話法　　　　Wo waren sie？ (=自由間接話法)	自由間接話法　Where were they？

　上記のモデルから明らかなように，ドイツ語では導入文（K. fragte sich）を欠いた言語形式（モデル3～5）を，英語のように自由（＝導入文から解放された）直接話法，自由間接話法と明確に命名しにくい事情があります．つまり，ドイツ語では，導入文から解放された自由間接話法という場合，動詞の法が直説法（waren）の体験話法（モデル5）と接続法（seien）の導入文欠如間接話法（モデル4）の二つの表現形式があるため，英語の自由間接話法に対して体験話法という名称が用いられてきました．そして自由間接話法に対する自由直接話法という表現は用いられることがなく，その代わりに内的モノローグという表現が用いられてきました．したがって，ドイツ語で内的モノローグという場合，自由直接話法（モデル3）という文法的な言語形式を意味することが多く，本書でもこの意味で用いています．

　ドイツ語の場合に問題をさらに複雑にしているのは，Duden文法などの文法書で「3人称→体験話法」，「1人称→内的モノローグ」といった安易な対応がなされていることです．これからみるように，体験話法は1人称においても可能です．体験話法と内的モノローグの相違はそのような人称の相違にあるわけではありません．例えばカフカの例でみれば，体験話法では作中人物K. の心的現在の思考（Wo　sind　wir？）が，語り手の視点から3人称過去形（Wo waren sie？）で再現され，そこに語り手が関与しているのに対して，内的モノローグでは語り手の関与（時称・人称の変換）はなく，1人称現在形（Wo sind wir？）でそのまま再現されます．

　体験話法とは，1）導入文なしに，2）直説法で再現され，3）直接話法から時称か人称の少なくとも一つが語り手の視点から変換されたものであることを念頭に置いて，さまざまなタイプの体験話法をみてみます．

2.2.　1人称小説における体験話法（時称のみ変換）

　英語やフランス語においては，この語法における3人称と1人称の区別は

あまり問題にならなかったようですが，ドイツ語の場合，1人称小説における体験話法を問題にしなければならない理由がありました．それは K. Hamburger(1957)や W. Hoffmeister(1965)に代表されるように，1人称小説には体験話法は現れないと主張した学者がいたからです．

　Hoffmeister は，1．1人称小説では語り手が作品の中に現れ，3人称小説の語り手のように無限定な視点をもちえないため，他の作中人物の心の中に語り手は入りこむことができない．2．確かに1人称小説の語り手は自分の心の中を知ることはできる．しかしそれを体験話法の形で再現することはできない．なぜなら，体験話法は常に語り手と作中人物のあいだの Distanz(距離)と Differenz(差異性)を前提とするが，それは1人称小説にはありえない，という二つの理由から，1人称小説における体験話法の使用を不可能と考えました．

　ところがすでに E. Lämmert(1955)や F.Stanzel(1964)には体験話法は3人称小説だけでなく，1人称小説においても現れることを実証するヒントが含まれていました．Lämmert は語り手が同時に作中人物でもある1人称小説では，語り手は「伝達者(Vermittler)」と「俳優(Akteur)」のいわば2重存在で，しかもこの両者の視点はめまぐるしく交代すると指摘し，また Stanzel はみせかけの1人称小説においては「語る私(das erzählende Ich)」と「体験する私(das erlebende Ich)」の区別があり，この体験する私の視点から語られる1人称小説は，語りが作中人物の視点から進められる3人称小説に近づくと指摘しました．これらの指摘は，1人称小説においても語り手と作中人物の間に「距離」があることを示唆するものでした．この Lämmert や Stanzel に基づいて1人称小説における体験話法を実証したのが D. Cohn(1969)です．

　Cohn によれば，確かに1人称小説では，語り手そのものが作中人物として小説の中に閉じ込められているため，語り手の「私」は他の作中人物の心の中に入っていくことはできない．しかし，語っている私ではなく，体験しつつある過去の私の思考の中に入っていくことができる．そしてそのような思考は直接話法や間接話法だけでなく，体験話法によって再現することも可能である．なぜなら1人称小説ではしばしば「語る私」と「体験する私」の間に時間的な距離があり，この「語る私」と「体験する私」の関係は，3人称小説における「語り手」と「作中人物」の関係に対応するからである．Cohn

はこのように１人称小説の体験話法を解明しました．その上で，様々な１人称小説の体験話法の実例をあげています．ここでは Cohn のあげる実例の一つをみます．

(10)　Da blieb Barnabas stehen. *Wo **waren** wir*（*Barnabas und K.*）*? **Ging** es nicht mehr weiter ? **Würde** Barnabas mich verabschieden ? Es würde ihm nicht gelingen.* Ich hielt Barnabas' Arm fest, daß es fast mich selbst schmerzte. *Oder **sollte** das Unglaubliche geschehen sein, und wir **waren** schon im Schloß oder vor seinen Toren ? Aber wir **waren** meines Wissens gar nicht gestiegen. Oder **hatte** mich Barnabas einen so unmerklich ansteigenden Weg geführt ?* »Wo sind wir?« fragte ich leise ...
（zitiert aus dem Manuskript von Kafkas *Schloß*, Hosaka 1978：23 より）

例文(9)とほとんど同じで驚かれたかもしれません．実はカフカは『城』を最初１人称で書き始めました．ところが途中から構想を変え３人称小説へと書き換えました．したがって現在私たちが読む３人称過去形の体験話法は，初稿では１人称体験話法であったのです．この初稿と決定稿の並存は１人称体験話法再発見の手がかりになりました．１人称小説では，語り手自身が作品の中に登場するため，３人称，つまり他の作中人物の思考の再現はなく，主人公の「私」の思考について，時称のみが過去形群に変換される（Wo **sind** wir？ → Wo **waren** wir？）１人称過去形群の体験話法が生ずることになります．訳は前例のものを参照してください．もう一つハインリヒ・ベルの『旅人よ，スパ…に至りなば』から１人称体験話法の実例をあげます．

(11)　»Wo sind wir?« fragte ich. »In Bendorf.« »Danke«, sagte ich und zog. Immerhin schien ich wirklich in Bendorf zu sein, *zu Hause also, und wenn ich nicht außergewöhnlich hohes Fieber **hatte**, **stand** wohl fest, daß ich in einem humanistischen Gymnasium **war** : eine Schule **war** es bestimmt. **Hatte** die Stimme unten nicht geschrien : »Die anderen in den Zeichensaal !«? Ich **war** ein anderer, ich **lebte** ; die **lebten**, **waren** offenbar die anderen. Der Zeichensaal **war** also da, und*

*wenn ich richtig **hörte**, warum **sollte** ich nicht richtig sehen, . . .*
　　　　　　（H. Böll : *Wanderer, kommst du nach Spa . . .* , S.38）

　「どこにいるのですか」と僕は尋ねた．「ベンドルフ」という答えに「ありがとう」と言い，僕はタバコを吸った．とにかく実際ベンドルフにいるように思われた．つまり故郷の町にいるんだ，もし僕が異常に高い熱があるのでないなら，僕が文科系ギムナジウムにいることもきっと確かだろう．学校であることは間違いない．下では声が「他の者は図画室へ運んでいけ」と叫ばなかったろうか．僕は他の者の一人，僕は生きている，生きている者は明らかに他の者なのだ，つまりここは図画室なのだ，僕の耳が確かであるなら，どうして僕の目も確かでないことがあろうか．

　ベルの短編は，一人の重傷兵(主人公の「私」)が，病院として使われている建物(実は 3 ヶ月前自分がいたギムナジウム)に運ばれてくるところから始まります．ここは，その「私」が文科系ギムナジウムにいることを確信する場面です．イタリック部から体験話法で，「体験する私」の思考が再現されています．後に触れるように wenn＋過去形，疑問文，感情的な口語表現が体験話法のシグナルになっています．原文では「語る私」の視点から過去形で語られていますが，ここで再現されている思考は，「体験する私」にとって現在のことです．そのため邦訳では現在形で訳さざるを得ません．主人公の「私」の心的現在の思考を，過去形の語りの流れをとめることなく再現することにより，「体験する私」と「語る私」の一体化した 1 人称体験話法が生じます．
　さて，今までの 1 人称体験話法の理論化の流れでは，1 人称小説における変換は時称だけで，語り手の「私」が他の人物の心に入っていけない以上，人称の変換はないことになります．しかし実際には 1 人称小説における体験話法にも人称変換の体験話法が現れます．なぜなら語り手の「私」は他の人物の思考は再現できなくても，表に現れる他の人物の発言は再現が可能だからです．その具体的な例文は人称変換のタイプの章(3.1.2.)で改めて詳しく論じる予定です．

2.3. 現在形の体験話法（人称のみ変換）

　１人称小説における体験話法のように，その存在が否定されてきたわけではありませんが，やはり体験話法は（３人称）過去形群に結び付けて考えられてきたといえます．それは少なくとも19世紀まで，小説の多くが過去形群で書かれてきたこととも関係します．しかし現代の物語文学において急激に広がっている現象に，「語りの時制」としての現在形の使用があります．物語全体を通して現在形が保たれている物語文学は今世紀の中頃からまず短編から始まり，その傾向は長編小説にも及ぶことになりました．このような小説には現在形の体験話法が現れることになります．47年グループの戦後作家には現在形で小説を書いている人が多くいますが，ここではその一人ジークフリート・レンツの作品から例をとってみます．

　(12)　Sie (Senta) steigt die Treppe zur Straße hinauf, die Sonne trifft ihr Gesicht. Was können Sie mir über die naturwissenschaftliche Begrifflichkeit in Büchners Werk sagen? *Wird **sie** gerufen?* Setz dich, Senta, sagt der Mann in der Reitstiefeln, er verschwindet im Reisebüro, ...　　（S. Lenz: *Das Examen* in: *Einstein überquert die Elbe*, S.13)

　ゼンタは階段を登り，道路にでる，太陽の光が彼女の顔にあたる．あなたは私にゲオルク・ビューヒナーの作品における自然科学的な概念についてなにか言っていただけますか（これは彼女が昨夜遅くまで行なった模擬試験問題）．**わたし**の名前が呼ばれたかしら．「ゼンタ，おすわり」と乗馬靴を履いた男が言う．彼は旅行会社の中に消える．

　学生結婚の夫妻，妻ゼンタは，夫の口答試験の当日，合格祝いをする予定の飲食店に予約の確認に出かけます．テキストは，ゼンタがその確認をおえ，地下の店から出てきた場面ですが，昨夜夫と遅くまで行なったビューヒナーに関する模擬問題を思い出したとき，ゼンタは自分の名前が呼ばれたように思います．ただそれは，ある男の人が彼女と同じ名前の犬に呼びかけたものでした．レンツの短編小説『試験』におけるように，３人称現在形群の物語では，このように人称だけが変換（ich → sie）された現在形の体験話法が現れ

ることになります．

　ところで，小説における体験話法を考えると，現在形の体験話法は，現代文学に特徴的なものと言えるかもしれません．しかしすでにUボートの例（例文(2)）でもみたように，日常会話など対面的コミュニケーションにおける体験話法では一般に時制の変換はなく，現在形の体験話法になります．その意味では現在形の体験話法といっても決して特殊なものではありません．

2.4. 発言再現の体験話法と思考再現の間接話法

2.4.1. 発言を再現する体験話法

　英語やフランス語においては自由間接話法が発言を再現することは自明のことでした．19世紀前半においてすでに体験話法を多用したオースティンやフロベールの作品の中には発言を再現した例が多く見られます．それに対してドイツ語においてこの点が問題になるのは，Herdin(1905)，Steinberg(1971)が指摘しているように，少なくとも19世紀までドイツの物語作品においては，発言の再現には接続法による「導入文の欠如した間接話法(einführungslose indirekte Rede)」(モデル4)が用いられ，思考の再現には，直説法による体験話法が用いられるという使い分けがあったからです．事実ドイツ語の19世紀までの物語文学においては発言を再現した体験話法はまれです．しかし現代文学ではドイツ語においても発言を再現する体験話法が頻繁にみられます．ただ導入文の欠如した間接話法は，現代においても再現されるのはもっぱら発言だけです．ここではまずトーマス・マン『ブデンブローク家の人々』から仲買人ゴッシュ氏の発言を再現した体験話法をみます．

(13)　Herr Gosch war ebenfalls noch Kurgast, […] *Mochten sie schlafen*. Herr Gosch schlief am Tage nicht. *Er war froh, wenn er sich zur Nacht ein paar Stunden Bewußtlosigkeit erobern konnte. Es ging ihm nicht gut. Er gebrauchte diese späte Luftkur gegen das Zittern, das Zittern in seinen Gliedmaßen . . . verflucht !* […]
　　Und der Senator ? Was war es mit ihm ? Wie lange gedachten die Herren zu bleiben ?

II 体験話法が現れるテキストの広がり

　Ach, Doktor Langhals habe ihn der Nerven wegen hergeschickt, antwortete Thomas Buddenbrooks. Er habe natürlich gehorcht, [...] Er fühle sich ja wirklich ein wenig miserabel. Sie würden eben bleiben, bis es ihm besser gehe ....
　»Ja, übrigens geht es mir auch sehr schlecht«, sagte Christian voll Neid und Erbitterung, daß Thomas nur von sich sprach ; ...
（Th. Mann : Buddenbrooks, S.665f.）

　ゴッシュ氏もまだ療養客として滞在していた．[…]眠れる人は眠ればいいですよ．ゴッシュ氏は日中は眠らなかった．夜2〜3時間ほど無意識の状態を征服できればうれしいですよ．体の具合がよくありませんでね．ふるえが，手足にふるえがくるんで，こうした時期遅れの転地療養が必要なのですよ…忌々しい！　[…]
　で，市参事会員さんは？　どこかお悪いのですか，お二人（トーマスとクリスチャン）はいつまでご滞在のおつもりですか．
　ああ，神経的に問題があるから，療養に行くようにラングハルス先生から言われたのです，とトーマス・ブデンブロークは答えた．もちろん先生のいうことをききました．[...]事実気分が少しよくなくて，わたしが回復するまで二人ともここに滞在するつもりです．「そう，わたしもすこぶる体調がよくないんです．」とトーマスが自分のことしか言わないのが腹立たしく，クリスチャンが言った．

　やや長めの引用になりましたが，仲買人ゴッシュの発言が直説法の体験話法で，トーマスの発言が接続法の導入文のない間接話法（点線部）で，そしてクリスチャンの発言が直接話法で使い分けられ再現されているのがわかります．このゴッシュの発言は Lerch（1914：478）が触れているように，「体の調子がよくない，すぐ死ぬ」という言葉とはうらはらに長生きするゴッシュと早死するトーマスとの対比を皮肉に再現したのかもしれません．この話法の使い分けの意図はともかく，この例からドイツ語においても発言を再現する体験話法があることがわかります．

2.4.2. 発言再現の使い分け

　ドイツ語では体験話法でも発言が再現されることになり，間接話法との会話再現の使い分けが可能になったともいえます．その点に関してもう一例みてみます．絵画収集家ハインツ・ベルクグリューンの回想記からです．1930年代のピカソの愛人マリー・テレーズの娘のマヤから，「母がピカソの絵を売りたい」と言っていると連絡を受け，絵画収集家ベルクグリューンはマリー・テレーズに会いに行きます．ところが，彼女が見せたのはピカソからのラブレターで，絵ではありませんでした．それに続く部分です．

(14) Wir setzten uns an einen einfachen runden Holztisch und schauten uns um. Bilder waren keine zu sehen. Aus dem Nebenzimmer holte Marie-Thérèse […] ein paar Umschläge. […]
　　Was **war** mit den Bildern, von denen Maya gesprochen hatte? Die **seien** alle im Safe in der Bank. Sie **habe** uns erst einmal kennenlernen wollen. Wir **sollten** am nächsten Tag wiederkommen.
　　　　　　　　　　　（H. Berggruen : *Hauptweg und Nebenwege*, S.142f.）

　私たちは質素な丸い木のテーブルに座り，周りを見回したが，絵はどこにも見あたらなかった．隣の部屋からマリー・テレーズが（かつてピカソからもらったラブレターの入った）2～3の封筒をもってやってきた．［…］
　「マヤが言っていた絵はどこにあるのですか．」「それは銀行の金庫の中に預けてあります．今日はまずあなたたちとお目にかかりたかったのです．また明日きてください．」

　ここではベルクグリューンの発言が直説法 (war) の体験話法で，マリー・テレーズの発言が接続法 (seien, habe) の間接話法でうまく使い分けられています．体験話法が発言を再現することになり，ドイツ語ではこのような使い分けが可能になったといえます．

2.4.3. 発言を再現する体験話法(ゲーテ『親和力』)と思考を再現する導入文欠如間接話法(ゴットヘルフ『黒い蜘蛛』とシュナイダー『眠りの兄弟』)

ところで，19世紀までのドイツ語には，発言の再現には接続法による間接話法，思考の再現には直説法による体験話法という使い分けがあることに触れましたが，数は多くないものの例外もあります．そのいくつかをみます．

(15) Man wollte die Reise nicht aufschieben; Ottilie drang selbst darauf: *Sie **hatte** den Weg schon gemacht, sie **kannte** die Wirtsleute, bei denen sie einkehren **sollte**, der Kutscher vom Schlosse **führte** sie; es **war** nichts zu besorgen.*

(J.W. Goethe: *Wahlverwandtschaften*, S.239)

　旅行を延期することは望ましくないと人々は考えた．オッティーリエ自身，それを強く主張した．自分はもうその道を通ったことがある．泊まる予定の宿の人々とも顔馴染みだし，駅者は城館の駅者なのだから，何の心配もないと言うのである．　　　　　　　　　　　　（柴田訳 395ページ）

(16) Wie er so redete, kam Christinen der Grüne immer weniger schreckhaft vor. *Mit dem **sei** doch noch zu reden*, dachte sie, und s*ie **wüßte** nicht, warum davonlaufen, sie **hätte** schon viel Wüstere gesehen.* Der Gedanke kam ihr immer mehr: *mit dem **ließe** sich etwas machen, und wenn man recht mit ihm zu reden wüßte, so täte er einem wohl einen Gefallen, oder am Ende **könnte** man ihn übertölpeln wie die andern Männer auch.*　　　(J. Gotthelf: *Die schwarze Spinne*, S.42)

　男が喋っているうちに，クリスティーネには，緑の男がしだいに怖くなくなってきた．この男なら話がつくかもしれない．(と彼女は思った．)なにも逃げたりしなくてもいいのだ．私はもっともっとひどい男だって知っているんだ．こうした考えがしだいに大きくなってきた．この男ならうまくいくかもしれない．うまく話を運べば，ひょっとして乗ってこないもので

もあるまい．ほかの男たちと同じで，最後になって一杯食わせてやればいいのだ．　　　　　　　　　　　　（山崎訳 65ページ，（　）内は筆者）

　最初のゲーテの『親和力』（1806年）では直説法の体験話法でオティーリエの発言が再現されています．『親和力』における体験話法は，19世紀のドイツ語でもっとも興味深いものの一つですが，このようにすでに発言の再現に体験話法が用いられています．

　また，ゴットヘルフの『黒い蜘蛛』（1842年）では，クリスティーネの思考が，接続法による間接話法で再現されています．思考再現であることは，下線部 dachte sie, Der Gedanke kam ihr ... からも明らかです．ゴットヘルフは19世紀のドイツ文学の中で体験話法を用いた作家の一人ですが，このように思考を接続法で再現するというきわめて稀なテキストを生み出した作家でもあります．接続法による思考再現が異例であることは，発言を再現したフランス語の自由間接話法が，接続法でドイツ語に訳されることはあっても，思考を再現した自由間接話法が接続法で訳されることはないという Kullmann（1992：331）の指摘からもうかがえます．

　ところで，体験話法は20世紀に入り，思考だけでなく，発言をも再現するようになりましたが，接続法による導入部が欠如した間接話法は現代においてももっぱら発言だけを再現すると述べました．しかしやはりこれにも例外があります．それは特異な小説ともいえるロベルト・シュナイダーの『眠りの兄弟』（1992年）です．この小説の中には，助産婦とエルスベートの思考が実に延々と間接話法で再現されています．ここではエルスベートの場合をみます．

(17)　*Er **sei** schon ein kurioser Mensch, wenn man ihn so **anschaue**,* <u>dachte</u> *Elsbeth während der Fahrt. Jetzt **kenne** sie ihn schon viele, viele Jahre, aber im Grunde **wisse** sie nichts von ihm. Ob er heimlich ein Mädchen **habe** ? Nein, viel zu anständig **sei** er dafür. Er **sei** halt wie ein richtiger Studierter, und die Dinge des täglichen Lebens kümmerten ihn herzlich wenig.*　　　　（R. Schneider：*Schlafes Bruder*, S.138）

　この人は，このように眺めているとほんと奇妙な人だ［わ］，とエルスベ

ートは，エリアスとの道中思った．ずっとずっと前から知っているけど，本当は彼についてなにも知らない[わ]．どこかに恋人でもいるのだろうか？　いや，それにはこの人律儀すぎる[わ]．やはり普通の学生さん[ね]．毎日のこまごまとした暮らしなんか，まったく気にしないのだから．

　普通の現代作家であれば，直説法の体験話法を使うところですが，シュナイダーの場合このようにエルスベートの思考が接続法の間接話法で再現されています．邦訳も体験話法や内的モノローグであれば「わ」といった女性言葉で訳したいところです．とりわけ，シュナイダー自身この小説に体験話法をも使用していますので，不思議な気がします．

　最後にもう一度発言再現について述べれば，発言を再現した英語やフランス語の自由間接話法は，ドイツ語では直説法の体験話法で訳されたり，接続法の導入文欠如間接話法で訳されたりします．事実フロベールの『ボヴァリー夫人』の発言を再現した自由間接話法にはこの二通りの訳がみられます(例文**(81)**参照)．これはある意味ではドイツ語には発話を再現する豊かな可能性があるということでもあります．

2.5.　2人称小説における体験話法

　次に2人称小説における体験話法をみます．2人称小説における体験話法を初めて指摘し，詳細に考察したのは Steinberg(1971 : 353f., 1972)です．考察の対象はミシェル・ビュトールの2人称小説『心変わり(La Modification)』です．ここではまず Steinberg の研究から一部分を引用して2人称小説における体験話法を一瞥してみます．
　『心変わり』の主人公「きみ(レオン・デルモン)」はパリからローマに向かう列車の中で同乗した少年と自分の息子アンリとを比較し，息子の将来を思い浮かべます．と同時に妻アンリエートと別れ，ローマに住む愛人セシルと暮らそうとすれば生じる，この息子と会うことの難しさを楽観的に思い描きます．(参考のためドイツ語訳もそえます．)

　(18)　Un des deux garçons veut sortir, c'est le plus âgé, c'est Henri,

c'est ainsi que sera Henri dans un ou deux ans, mais mieux mis, plus élégant, parce que **vous** lui avez donné une bien meilleure éducation, certes un peu moins costaud, mais ce n'est pas cela qui le gênera avec les diplômes qu'il aura, et le fait que **vous** soyez séparé de sa mère ne **vous** empêchera pas de continuer à le voir quand **vous** voudrez, ...
　　　　（M. Butor: *La Modification*, S.155, Steinberg 1971: 353f. より）

(18)′　Einer der beiden Jungen will hinausgehen, es ist der ältere von ihnen, Henri, so wird Henri in ein oder zwei Jahren sein, nur besser und sorgfältiger gekleidet, denn **du** hast ihm eine viel bessere Ausbildung zuteil werden lassen, sicher wird er nicht ganz so kräftig sein, doch das wird ihm bei all den Diplomen, die er haben wird, nicht abträglich sein, und der Umstand, daß **du** von seiner Mutter getrennt lebst, wird **dich** nicht hindern, ihn auch weiterhin zu sehen, ...
　　　　　　　　　　　　　　　　　（übersetzt von H. Scheffel, S.161f.）

　ふたりの少年のうちのひとりが外に出ようとしている．年上のほう．アンリと名づけよう，**きみの**(わたしの)アンリも１，２年後にはあんなふうになるだろうから，だが服装はもっと立派だし，あの子よりずっと立派な教育を受けたからずっと上品だ．たしかにあの子ほど頑丈な体をしてはいないが，学士資格をとればそんなことは問題にならぬ．**きみが**(わたしが)たとえ離婚をしても，すきなときにアンリに会っていてかまわないだろう．
　　　　　　　　　　　　　　（清水訳 132ページ，(　)内は筆者）

　ここでは明らかに主人公レオンの思考が再現されており，「きみ(vous)」は「わたし(je)」に還元できます．この変換からこの箇所は，２人称小説における体験話法と捉えることが可能です．なお，この „vous" は自分自身への呼びかけで，ドイツ語訳(du)や邦訳(きみ)からもうかがえるように，親称的な機能と考えられます．２人称小説は，現在でもそれほど一般的ではありませんが，英語にはかなりあり Fludernik(1993b, 1994)に詳しい研究があります．ドイツ語の場合は改めて考察することにします．

2.6. 戯曲における体験話法

すでにシェイクスピアの戯曲『ロミオとジュリエット』(1597年)に体験話法が用いられています。

(19)
Friar. [...] Then comes she[Juliet] to me
　　And with wild looks bid me devise some mean
　　To rid her from this second marriage,
　　Or in **my** Cell there would **she** kill **herself**.
　(W. Shakespeare: *Romeo and Juliet*, S.202, Fludernik 1993: 242より)

(僧)ロレンス：[...]ジュリエットは私の庵を訪れ
　半狂乱の面持で
　この重婚から逃れるすべを教えてほしい，
　でなければ(私は)その場(あなたの庵)で自殺する，と迫ったのです。
　　　　　　　　　　　(松岡訳 221ページ，( )は筆者)

ここではジュリエットの発言「でなければ私は(I)，あなたの庵(in **your** Cell)で自殺します」が僧ロレンスによって体験話法で再現されています。(I → she, your → my の変換)。同じような発言の再現はドイツ語の戯曲でもみられます。まず，ブレヒトの『マハゴニ市の興亡』とハウプトマンの『日の出前』の例をみます。

(20)
Jenny	ジェニー
Meine Herren, meine Mutter prägte	みなさん，私の母は，
Auf mich einst ein schlimmes Wort:	私にひどいことを言ったの。
***Ich** würde enden im Schauhaus*	「おまえは家でなんかで死ね
Oder an einem noch schlimmern Ort.	ないね，それどころか野垂れ
(B. Brecht: *Mahagonny*, S.59)	死さ。」

(21)
Loth: [...] Es war ein Arbeiter, der fünf Jahr in der Fabrik gearbeitet
　　hatte. Er fing an, stark zu husten und abzumagern... ***Burmeister*** ―

so hieß der Arbeiter — *bekommt die Lungenschwindsucht, wenn **er** noch länger bei der Seifenfabrikation bleibt.* Der Doktor hat es ihm gesagt. (G. Hauptmann: *Vor Sonnenaufgang*, S.49)

ロート：5年もその工場で働いていた労働者がいました．彼はひどく咳をし，痩せ出しました．<u>…**ブルマイスターさん**</u>―とその労働者は言いましたが―これ以上長くその石鹸工場にいれば，<u>**あなたは**肺病になります．</u>そうブルマイスターに医者は言ったのです．

『マハゴニ』ではジェニーによって母親の発言が体験話法で再現されています（Du → ich の変換）．また『日の出前』では医者の発言（**Sie** bekommen die Lungenschwindsucht, wenn **Sie** noch . . .）がロートによって再現されていると考えられます．発言の2人称 Sie は，Burmeister（固有名詞）ないし er（3人称）に変換されています．さらに，ヘルマン・ズーダーマンの戯曲『故郷』にはおもしろい例があります．

(22)

Therese.［…］Also wie ich wieder 'raufkomme, hält mich der Portier an und erzählt, daß［. . .］da ist eine Dame dringewesen. *Die ist aber nicht ausgestiegen, sondern hat immerzu nach den Fenstern von* [1]***unsere*** （文法的には ***unserer***）*Wohnung 'raufgesehen, wo eben Licht angesteckt gewesen ist. Und als* [2]***er*** *gegangen ist, fragen, was* [3]***sie*** *eigentlich will, da hat sie dem Kutscher was gesagt und der ist rasch zugefahren!* （H. Sudermann: *Heimat*, S.25, Herdin 1905: 4 より）

テレーゼ：［…］で私がまた出ていきますと，門番が私を呼び止めて語るには… 一人の婦人が車の中にいましたが，<u>その婦人は車から降りられることはなく，ずっと**私たちの**家の明りのついた窓を眺めていたとのことです．</u>そして<u>**門番**が出て行き「**あなた様**はこちらに何か御用でもおありでしょうか」と尋ねると，その婦人はなにかを御者に言い，馬車はすぐ行ってしまったとのことです．</u>

ここでは門番の発言がシュヴァルツ家の女中テレーゼによって再現されて

います．上記の太字の部分は，門番の発言ではそれぞれ(1)Ihrer（あなた方の），2)ich（私が），3)Sie（あなた様））であったと考えられ，ここでは2人称→1人称，1人称→3人称，2人称→3人称という変換がなされていることがわかります．ゼーリッケ夫人の発言（例文(**6**)）もそうでしたが，戯曲にはしばしばこのような体験話法が現れます．

　小説における体験話法と異なり，戯曲における体験話法の場合は，発言の再現が多く，ある意味では作品に本質的な役割を果たすということはないかもしれません．ただ，「コミュニケーション」と「語り」は決して異なるものではないことを教えてくれます．

2.7.　ノンフィクションにおける体験話法

2.7.1.　ハンブルガー理論とその反例

　Hamburger(1977³)に代表されるように，しばしば「体験話法は文学的な物語テキストだけに現れる」と考えられてきました．Hamburgerは文芸の言語に対して，伝達の言語を「現実陳述(Wirklichkeitsaussage)」と名づけました．ここではフィクション・ノンフィクションのジャンル論に陥るのを避けるため，Hamburgerの現実陳述の定義に当てはまるものをノンフィクションと考えてみます．

　Hamburgerによれば，現実陳述とは実在の陳述主体が存在する陳述，換言すれば陳述されたことが，陳述主体の経験ないし体験である陳述のことです．つまり，語られることによってのみ存在しうるフィクションと異なり，陳述されたことが，陳述される，されないにかかわらず存在する陳述のことです．Hamburgerは，このような現実陳述には体験話法が現れないことを繰り返し強調しました．その理由は，ある実在の人物の内面を記述することは，実際の経験ないし体験としては不可能であると考えたからです．しかし現実陳述と考えられる新聞，雑誌のルポルタージュ，手紙，回想記，伝記，歴史書等の現実陳述（ノンフィクション）にも実際には体験話法が現れます．実証例をみます．

　W.ベンヤミンは1940年9月26日ナチス，ドイツに占領されたフランスか

ら脱出し，やっとの思いでピレネー山脈を越えスペインのポル・ボウにたどりつきます．しかしスペインへの入国が拒否され，絶望のあまり自殺します．これはその際山越えの案内を務めた女性リーザ・フィトコにより書かれた，ベンヤミンのピレネー越えの記録です．リーザとベンヤミンの一行は，ピレネー越え予定日の前日下調べのつもりで山に登るが，ベンヤミンはリーザの説得にもかかわらず，その日引き返すことを拒み，ひとり山で野宿します．引用箇所は，いったん下山したリーザたちが次の日，警察や国境監視員等に気づかれないように，再び山に登っていくところです．

(23)　Am nächsten Morgen schien alles gut zu klappen. Die Gefahr, von der Polizei oder den Grenzbeamten entdeckt zu werden, war am größten beim Verlassen des Ortes und zu Beginn des Aufstiegs. Azéma hatte uns eingeschärft: »Brechen Sie vor Sonnenaufgang auf, mischen Sie sich unter die Weinarbeiter, nehmen Sie nichts als eine *musette*, einen Brotbeutel, und sprechen Sie nicht! Dann können die Wachen Sie im Dunkeln nicht von den Einheimischen unterscheiden.« […] und es war mir jetzt leicht, den Weg zu finden.

　Je näher wir zur Lichtung kamen, desto unruhiger wurde ich. ***War er noch dort? Was war geschehen während der Nacht? Lebte er überhaupt noch?*** Meine Phantasie begann mit mir durchzugehen.
(L. Fittko: *Mein Weg über die Pyrenäen*, S.135-6)

　次の日はすべてがうまくいくように思われた．警察や国境監視員に見つけられる危険は，その場を去るときと，山に登る最初が最も大きかった．アゼマは次のことを肝に銘じて用心するように言った．「夜明け前に出発しなさい，ブドウ畑で働く労働者たちにまざって．ミュゼットと弁当以外もっていってはダメです，そしてしゃべらないように．そうすれば見張りも暗がりの中，地元の人たちからあなた方を見分けることはできないでしょう．」［…］私はやっと道を見つけるのが容易になった．

　私たちがベンヤミンを置いてきたあの空き地に近づけば，近づくほど私は落ち着かなくなった．<u>彼はまだあそこにいるだろうか．夜の間になにかおこったろうか．そもそも彼はまだ生きているだろうか．</u>私の空想がめぐ

り始めた．

　ここでは一人山に残したベンヤミンの安否を気遣うリーザの気持ちが体験話法で再現されています．この回想記が Hamburger のいう現実陳述であることは明らかです．なぜなら，これは「陳述されたことが実在の陳述主体の経験ないし体験である」という現実陳述の条件を満たしているからです．しかしなぜこのようなノンフィクションテキストにおいても体験話法が現れるのでしょうか．またこのような体験話法はノンフィクションテキストにおいてどのような表現機能を発揮しているのでしょうか．

2.7.2. なぜノンフィクションにも体験話法が現れるのか

　この点を考えるためには，体験話法をテキストレベルで捉える語用論からの考察が有益です．川島(1975)によれば，「体験話法を成立させる第一の要素はテキストの種類であり，次に語りの姿勢」が問題となります．ならばどのようなテキストにおいて体験話法は可能となるのでしょうか．

　すでに指摘しましたように，体験話法は間接話法と同様に語り手の視点から時称と人称が変換されることが大きな特徴です．したがって体験話法の生じる基礎は，語り手と登場人物を含むテキスト[＋erzählend]です．なぜならこのような時称，人称ないし法(Modus)の変換がおこなわれるのは，テキストが，その中に登場人物によってなされる発言や思考を含み，その発言や思考が語り手によって読者に伝えられる場合だからです．逆に，テキストになんらの登場人物も現れない場合には，話法の変換はなく，体験話法は生じないことになります．１人称現在形のモノローグ，あるいは登場人物が現れない客観的な学術書に体験話法が現れないのはこのためです．

　しかし[＋erzählend]なテキストすべてに体験話法が現れるわけではありません．すでに触れましたように，体験話法とは語り手と登場人物のみならず，読者をも同一化する表現形式です．そこで語りの性格が問題になります．出来事を全知の視点から主観的に注釈する語り手が現れる auktorial な語り，つまり*「語り手の叙法」では，語り手と作中人物と読者の間に距離があり，このような同一化は生じません．例えば現代の作家ハースの推理小説に体験話法が現れないのは，ハースの語りが auktorial であることに大きな要

因があります．したがって体験話法が生じるのは，語りが作中人物の視点からすすめられ，読者はあたかも叙述された世界をその人物の眼で見ているような思いにとらわれる personal な語り［＋personal］，つまり＊「映し手の叙法」の場合です．また1人称形式においても「語る私」と「体験する私」に緊張関係が存在し［＋erzählend］，体験する私に語りの重点が置かれているとき［＋personal への接近］には，体験話法の成立が可能になります．

＊
シュタンツェルの物語論(Stanzel：1979)における概念．映し手(Reflektor)とは，考えたり，感じたり，知覚したりするが，「語り手の叙法(Erzählermodus)」における語り手のように読者に話しかけたりすることがない作中人物のことです．「映し手の叙法(Reflektormodus)」とは，この作中人物の視点からの語りのことで，体験話法はおもにこのような語りの中に現れます．映し手の叙法がどのような述語使用(herein-, heraus-)によって形成されていくかは岸谷(2003)に興味深い考察があります．

したがって語用論の観点からすれば，3人称形式であれ，1人称形式であれ体験話法が生ずる必要条件は［＋erzählend, ＋personal］です．つまりフィクションであること［＋fictional］は，体験話法を生じさせるための好条件を与えるものであっても，必要条件ではないことになります．Hamburger は，実在の人物について，その人が考えたり，感じたりしていることを言うことはできないと考えました．確かに一般論としてはその通りかもしれません．しかし現実においても，例えばいつも親しく語りあっている人については，その人が考えていることや感じていることを直接表現することが可能です．

(24) Ich würde sagen, daß die ersten Deutschen, die ich begegnete, waren Soldaten der Wehrmacht. Ich war fünf Jahre alt, und wie zahllose Franzosen, lief ich mit meiner Mutter in einer ziellosen Flucht vor dem Einmarsch der Barbaren weg.
　Die Wehrmacht rannte schneller als wir, und eines Tages kam ein deutscher Soldat zu uns. Meine Mutter blieb stumm vor Angst und, überrascht, sah sie einen menschlichen Mann. ***War dieser ein Barbar ?***
　　　　(R. Thenard：Leserbriefe in：„*Der Spiegel*" 19. Dezember 1977)

　私が初めて会ったドイツ人は，ナチス国防軍の兵士たちだったと思いま

す．私は5歳で，多くのフランス人たちと同様に母と，あの野蛮人たちの進駐を前に当てもなく逃げまどっていました．

しかし国防軍は私たちよりも早くやってきて，ある日一人のドイツ兵が私たちの前に現れました．私の母は不安のあまり啞然としていましたが，見たのは一人の人間的な男の人でした．<u>これが野蛮人だろうか．</u>

(25) Seit dem verheerenden Angriff hatten die Mädchen nun schon diverse Briefe geschrieben, doch Lilli reagierte nicht. Die Kinder fürchteten erneut um ihre Mutter : **War** *Breitenau ebenfalls von Bomben getroffen worden ? Oder* **waren** *nur die Postverbindungen unterbrochen ? . . .* (M. Doerry : *Das Leben der Lilli Jahn 1900‐1944*, S.220)

激しいアメリカ軍の攻撃以来娘たちは様々な手紙を収容所にいる母リリーへ書き送りました．しかしリリーからの返事はありませんでした．子供たちはあらたに母のことが心配になりました．<u>ブライテナウ［母リリーのいる所］も同様に爆撃されたのだろうか．あるいはただ郵便システムだけが遮断されただけなのだろうか．</u>

前者では，語り手が母の内面を体験話法で再現しています．後者はユダヤ人であったため強制収容所に入れられた祖母リリーと自分の母や叔父，叔母が，収容所にいる祖母リリーと交わした手紙を編纂したものですが，ここで著者ドエリーは，当時の自分の母親たちの気持ちを体験話法で再現しています．これらは親しい者の気持ちを直接再現することがあることを物語っています．さらに伝記や歴史書等においても，著者のその人物に対する深い知識や共感が体験話法を可能にしていることがしばしばうかがわれます．

2.7.3. 伝記や歴史書における体験話法

(26) Jetzt war Otto Frank allein. Er zog ihn zu jenen zwei Menschen, die sich in den letzten Jahren als wahre Freunde erwiesen hatten, zu Miep und Jan Gies. Vielleicht hoffte er, seine Töchter dort vorzufinden. *Margot und Anne waren jung und gesund gewesen, sie konnten über-*

lebt haben ... Er kam an, und seine Töchter waren nicht da. Auch keine Nachricht von ihnen. *Keine Nachricht war fast eine gute Nachricht, denn sie ließ Hoffnung zu*, und an die klammerte er sich.
(M. Pressler：*Ich sehne mich so,* S.20)

　今やオットー・フランク(アンネ・フランクの父)は一人ぼっちだった．彼はここ数年で真の友人であることがわかった二人，ミープとヤン・ギースのもとに行った．ひょっとしたらそこで自分の娘たちに会えるのではないかと思った．マルゴットとアンネは若いし，健康だった，生き延びたかもしれない．彼はアムステルダムに着いたが，娘たちはいなかった．彼女たちに関する情報もなかった．「便りがないのは良い知らせ」まだ希望はある．彼はその思いにしがみついた．

　強制収容所から唯一人生き延びたオットー・フランクが，アンネたち娘の安否を気遣う気持ちが体験話法で再現されています．ここでは著者プレスラーのオット・フランクへの共感が体験話法を生み出しています．また，後で触れる G. Hoffmann のはハインリヒ・ベルの伝記にも体験話法がしばしば現れます[例文(**59**)]．体験話法の成立において[＋erzählend,＋personal]が絶対的な必要条件であるのに対して，[＋fictional]が付随的な条件でしかありえないゆえんでもあります．
　ならばこのようなノンフィクションにおける体験話法の表現機能とはなになのでしょうか．体験話法とは，作者―語り手―作中人物―読者という４者の関係から考えると，読者を作中人物の心の中に引き込む，あるいは作中人物の意識を読者に直接感じさせる最も効果的な手段，語りの技法であると考えられます．それが作者にどこまで意識されているかは別ですが．
　ノンフィクションにおいても，作中人物の心理が読者に伝えられるようにテキスト構成されることがしばしばあるはずです．その際作中人物の心理を語り手が自分自身の共感をこめて読者に伝えたいときには，説明的な表現や間接的な表現では不十分です．例えば，例文(**24**)の場合，語り手は，ナチス国防軍の兵士がやってきたが，それは予想に反して野蛮人ではなかったという母親(ないし自分自身)の気持ちを読者に伝えたいわけです．しかしこの内容を伝えるのには，これをどんなに説明的に表現するよりも，また間接話法

で表現するよりも，体験話法で，母親の思考を追体験させることが効果的な方法であるといえます．それは例文(**23**)でも同じです．リーザが読者に訴えたいのは，当時のリーザのベンヤミンを気遣う気持ちです．これを説明すれば嫌味になりかねません．なぜなら自分の良心的な気持ちを自分から述べることになるからです．それより体験話法により，当時の自分の気持ちを読者にも直接感じさせることが最善の方法です．このようにノンフィクションにおいても体験話法により，読者にも作中人物の思考を追体験させる機能が発揮されます．しかもノンフィクションにおいては，テキストが事実の報告として読者にしめされているだけに，その機能もフィクション以上に読者にせまるものがあるかもしれません．

2.8. 対面的コミュニケーションにおける体験話法

　今までは，戯曲の場合をのぞけば，思考の再現であれ発言の再現であれ，語りの中，つまり地の文における体験話法を取り上げてきました．しかし体験話法は，はじめにみましたように，小説の会話文，つまり日常のコミュニケーションにも現れます．ここでは，カンボジア・ポルポト政権(1975-79年)から，タイを経由してオーストリアに亡命するまでの体験記の中に現れる会話文から一例をみることにします．

　1975年6月，体験記の筆者たちは，すでにカンボジア国境を越えタイに入ったと思い，畑で働く労働者たちの前に姿を現しますが，そこはまだポルポト政権下のコミュニストたちが支配するカンボジアの村でした．タイへの亡命とわかれば処刑されるため，コミュニストの問いに，果物を探しに出て，道に迷ったと言い訳をする場面です．

(**27**)　Der „Chef" der Arbeiter auf dem Feld war ein Kommunist, etwa 35 Jahre alt. Er machte einen harten Eindruck. Dementsprechend hart fiel die Frage aus, was wir hier wollten. Ich sagte ihm, [1]daß ***wir uns verirrt hätten***. Wir seien schon drei Tage unterwegs, hätten großen Hunger und Durst und seien sehr glücklich, nun endlich ein Dorf gefunden zu haben. […]

　Dann standen wir vor dem Haus des Chefs, einem Pfahlbau. Es war schon dunkel, als unser Begleiter rief: „Freund Chef, wir haben zwei Neue aus dem Gebiet Kwauv. (2)***Sie haben sich beim Obstsuchen verirrt.***" (K. Sou: Du hast mein Gewehr beleidigt, in: *Der Spiegel*, 27. Februar 1978 S.174)

　その畑の労働者たちの「長」は35歳くらいのコミュニストであった．彼は厳しい印象を与え，またその通り厳しく「おまえたちはここでなにをしようとしているのか」という問いを発した．私は彼に，私たちは道に迷い，すでに３日さまよい，とても空腹で喉もかわいている．今やっと村を見つけることができてとてもうれしいと思っていると言った．［…］
　それから私たちは杭上家屋の，ある長官の家に連れて行かれた．われわれをそこへ連れて行った者が「長官殿，クワーク地域から二人の新参者が来ました．彼らは果物を探していて道に迷ったとのことです．」と呼び上げたとき，すでに辺りは暗くなっていた．

　筆者たちを連行した者が，「私」の発言（１）**Wir** haben uns verirrt.（私たちは道に迷った）を，長官に体験話法（**Sie** haben sich verirrt.）で伝えています(wir → sie の変換)．連行者は，イントネーションによって「彼らは，道に迷ったと言っているが，疑わしい」といったニュアンスを出すこともできます．事実，この「私たち」は道に迷ったのではなく，ポルポト政権下のカンボジアからタイへ逃れようとしたが，誤って国境近くのカンボジアの村に迷い出てしまったのです．このように対面的コミュニケーションでは，発言の再現とともに，疑惑や皮肉，批判といったニュアンスを出すことができます．

　以上みてきましたように，体験話法は３人称小説だけでなく，１人称小説，２人称小説，戯曲にも現れますし，ノンフィクションや体面的コミュニケーションの中にも現れます．そして発言を再現したり，現在形の体験話法もあることがわかりました．次に体験話法の形態(時称と人称の変換)についてみることにします．

III　体験話法の形態（人称と時称の変換）

3.1.　人称の変換

　体験話法の成立を考える際に，しばしば直接話法や間接話法との関係が問題になります．例えば Bally（1912）に代表されるように，体験話法は間接話法の特殊な（導入文のない）変種とする考えがあります．フランス語や英語では間接話法から導入文を削除すればそのまま体験話法（自由間接話法）になることから，これがフランス語圏の研究から出たことはよく理解できます．また一つには Steinberg（1971）に代表されるように，体験話法は直接話法がもととなっている構文から人称・時称が変換され導き出されるとする考えがあります．体験話法が多くの直接話法の要素をもつこと，さらに体験話法が読者に直接話法に還元されて読まれることからも，このような考えが出ることも理解できます．また Banfield（1982）のように，自由間接話法は直接話法からも間接話法からも導き出されない自立的，かつ不連続の現象とする考えもあります．ただし，Banfield の場合，彼女の自由間接話法の概念は私たちの体験話法のそれより広いもので，Stanzel の「映し手の叙法」つまり作中人物の視点からの語りに近いものといえます．
　しかし私たちが体験話法の成立を考える場合には，Fludernik（1993）の—Schwanitz（1978）でもすでに見られる—「シェーマ的言語再現（schematic language representation）」のアンチ模倣的なモデルが有益です．つまり，すべての言語による発言や思考の再現は，実際の発言や思考プロセスとは独立した典型（Typification）と図式化（Shematization）を頼りとしたものであり，それは言語的な手段によって作られたフィクションの見地から分析されうるとするものです．これは，言語による再現を「模倣」ないし「再現」から，「創造」と「投射」にもとめる考えであるともいえます．例えば，最初にあげましたイェニンガー演説の体験話法の場合，1932年生まれのイェニンガーが30年代の人々の声を当時直接聞き，それを再現したとは考えられません．そ

うではなく，30年代の人々のヒトラーやユダヤ人に対する「典型的な」考えをもとに，イェニンガーが言語的に作り出したものと考えることができます．このような考えに立てば，思考や発言の再現に直接話法，間接話法，体験話法といった伝統的な3分法ではとられきれない中間的なものが多くあることも理解できます．

　Fludernik の指摘からも明らかなように，体験話法には，その前提となる直接話法が必ず存在するわけではありません．多くの場合，語り手が体験話法の成立に関与しています．その点をトーマス・マンの講演『ゲーテとトルストイ』からみてみます．

(28) […] Als die Kinder einen Aufsatz … geschrieben hatten, verlangte der Fremde(Tolstoi), die »Kompositionen« mitnehmen und behalten zu dürfen; sie seien für ihn von größtem Interesse. Das fand nun Stötzer denn doch naiv. *Und wer entschädigte die Kinder für ihre Schreibhefte ? Weimar war eine arme Stadt* … Er äußerte sich höflich in diesem Sinn.　　　　　　　　(Th. Mann : *Goethe und Tolstoi*, S.59)

　　子供たちが作文を書いたとき，この外国人(トルストイ)はそれらの「作品」を持ち帰りたいと言いだしました．それがその外国人にはとても興味があるというのです．しかし子供たちの教師シュテッツァーは，「はい，どうぞお持ちください」とはいかないと思いました．誰が子供たちにノートを弁償してくれるのか．ワイマールは貧しい町なのだ．彼はそうした意味のことを丁重に述べました．

　イタリック部はシュテッツァーの発言を再現した体験話法ですが，時称を戻しても，それが彼のそのままの発言でないことは，その調子や内容からも明らかです．また「そうした意味のことを丁重に」という次の文からも，この体験話法が ―シュテッツァーの発言でありながらも― 語り手によって作り出されたものであることがわかります．Fludernik は直接話法すらいかに再現とかけ離れたものかを如実に示しています．しかし，体験話法の重要な形態は，人称と時称の変換であり，体験話法理解の鍵となります．これを理解するためには，再現された体験話法に対して想定される直接話法を考え

III　体験話法の形態（人称と時称の変換）

てみるとわかりやすいことは事実です．とりわけ，思考や発言の間接的な再現に，「自分」といった言葉を除けば人称や時称が変換されることがない日本語を母国語とする私たちには有益です．

ところで，体験話法にはその前提として直接話法があるわけではないと述べました．文学作品における体験話法が扱われるとき，しばしばこのことが強調されることがありますが，すでにみたように，日常言語における体験話法では，オリジナルな直接話法が存在することがあります．体験話法は，このような日常言語の使用から生まれたとも考えられますので，言語現象としての体験話法を考える場合，文学作品，特に物語のみ扱うのは危険といえます．以下，人称と時称の変換についてみてみます．

　語り手ないし話し手がある人物の思考や発言を間接的に再現する場合，ドイツ語や英語では時称や人称が語り手(話し手)の視点から変換して伝えられます．まず人称の変換について考察しますが，これは一般に考えられている以上に多様で，3人称小説より，1人称小説のほうが複雑，さらに対面的コミュニケーションの場合はその変換はさらに複雑です．その大きな理由は，1人称小説や対面的コミュニケーションでは語り手や話し手あるいは聞き手(の発言)がしばしば再現の対象となるからです．ここでは様々な変換形態を考察しますが，**邦訳では，この変換を明示するため直接話法に還元した訳を用います**．原文と訳の太字の部分に注意してください．まずインゲ・ドイッチュクローンの『黄色い星を背負って』の例からみます．

(29)　»Verschwinde so schnell wie möglich, sie sind hinter dir her!« So rief sie ins Telefon, als sich offensichtlich mein Vater am anderen Ende der Leitung gemeldet hatte, und hängte wieder ein. Dann warf sie sich in einen Sessel und begann laut nachzudenken. *Man müßte Ostrowski benachrichtigen; vielleicht könnte er* **meinen Vater** *verstecken. Aber das wußte* **mein Vater** *gewiß ebenfalls. Vielleicht würde er jetzt zu ihm gehen. Man müßte abwarten. Sie könnte nun nichts mehr tun.* Dann begann sie, ihre Hausarbeit wiederaufzunehmen.

(I. Deutschkron: *Ich trug den gelben Stern*, S.37f.)

体験話法

　「できるだけ早く逃げて．連中の手が迫っているのよ！」父が電話口に出ると，母はそれだけを叫ぶように伝え，すぐに電話を切った．それから安楽椅子に身を投げかけ，声に出してあれこれ思案しはじめた．オストロフスキーさんに知らせた方がいいかしら，あの人ならきっと主人をかくまって下さるわ．でも，主人だってそのことは知っているはずね．今頃はきっとオストロフスキーさんの所へ向っている途中だわ．とにかく待たなくては．もう何もすることは残ってないでしょうね．やがて，母は途中でやめていた家事にとりかかった．　　　　　　　　　　　（馬場訳 48 ページ）

　ゲシュタポの手が迫っている夫の安否を気遣う母の思考ないし独り言的な発言を，娘である語り手の「私」が再現しています．母親のオリジナルな発言では mein Mann（主人）であったはずですが，母にとっての mein Mann は，娘である私にとっては mein Vater（父）であるため mein Mann → mein Vater という変換が行なわれています．ここでは母と語り手（娘）の夫ないし父親を気遣う気持ちの一体感（共感）が生み出されています．馬場氏の邦訳をあえて記したのは，訳者がここで母親の発言であることを明示するために原書にある mein Vater（父）を無視して mein Mann（主人）で訳していることをみるためです．ここでもし「主人」の代わりに「私の父」と訳せば地の文に近いものになり，日本語では母と娘のこの一体感をなかなか再現できません．以下様々な変換形態をみます．
　3 人称小説と 1 人称小説あるいは 2 人称小説では，語り手が作中人物の思考や発言を間接的に再現する場合，人称の変換形態には以下のような形が考えられます．

　3 人称小説
　　1 人称 → 3 人称　　a タイプ（思考・発言の再現）
　　2 人称 → 3 人称　　b タイプ（　　〃　　　　）
　　3 人称 → 3 人称　　c タイプ（　　〃　　　　）

　1 人称小説
　思考・発言が語り手に関係する場合
　　1 人称 → 1 人称　　d タイプ（思考・発言の再現）

III 体験話法の形態(人称と時称の変換)

```
2人称 → 1人称     eタイプ(おもに発言の再現)
3人称 → 1人称     fタイプ(      〃      )
```

発言が語り手に関係しない場合
```
1人称 → 3人称     gタイプ(おもに発言の再現)
2人称 → 3人称     hタイプ(      〃      )
3人称 → 3人称     iタイプ(      〃      )
```

<u>2人称小説</u>
```
1人称 → 2人称     jタイプ(思考・発言の再現)
2人称 → 2人称     kタイプ(      〃      )
3人称 → 2人称     lタイプ(      〃      )
```

3.1.1. 3人称小説の場合

まず3人称小説からみます．訳文の1人称(俺)〔例文(**30**)〕，2人称(あんた)〔例文(**31**)〕，3人称(この当直兵)〔例文(**32**)〕が，原文ではすべて3人称である点に注目してください．

(**30**)〔aタイプ〕(1人称〔俺を〕→3人称〔ihn〕)

　　Tomaschewski fühlte, wie sein Herz schneller und unregelmäßiger schlug und sein linker Arm von einem dumpfen Schmerz durchzogen wurde.〔…〕
　　*Wenn Susanne **ihn** hier sehen könnte . . . Ob sie **ihn** an **seiner** Tat hindern würde ? **Er** glaubte es nicht. Susanne. Sue. Der Teufel soll sie holen, dieses Miststück ! Hätte sie **ihn** nicht verlassen, dann säße **er** nicht hier ; . . .*　　　(-ky : *Zu einem Mord gehören zwei*, S.15f.)

　　トマシェウスキーは鼓動が早く，不規則になりだし，左腕に鈍痛が走るのを感じた．…
　　スザンネ(別居中の妻)がここにいる<u>俺</u>をみたら．彼女は<u>俺</u>がやろうとしている銀行強盗をとめるだろうか．いやそんなことはない．スザンネ，ス

— 47 —

一，あんな女くたばってしまえばいいんだ，あの下劣な女め．あいつが<u>俺を見捨てなければ，俺だっていまここにはいないはずだ</u>．

(31) ［ｂタイプ］（２人称［あんたは］→３人称［er］）

　　Lina heult und gibt was an. ***Er***（*Lüders*）*muß doch und muß doch wissen, wo Franz ist,* ***sie*** *waren doch noch am Vormittag zusammen, Franz wird doch was gesagt haben, ein einziges Wort.* »Nee, er hat eben nichts gesagt.« »Ihm muß doch was passiert sein.«
（A. Döblin：*Berlin Alexanderplatz*, S.101）

　　リーナは大声でわめき，（リューダースに）かまをかけてみる．だって<u>あんたは</u>（フランツがどこにいるか）知っているにちがいないのよ，どうしたって，（<u>あんたたちは</u>）朝のうちはまだいっしょにいたんだから，それにフランツだってなにかいっていったでしょう，ひとことぐらい．「いやあ，とりたててどうってことなどいっていないよ」「でも，あのひと，なにかあったにちがいないのよ」　　　　（早崎訳（上）120ページ，（　）内は筆者）

(32) ［ｃタイプ］（３人称［この当直兵］→３人称［er］　これは時称の変換のみ）

　　»Geh nach Hause.« *Soll* ***man*** *das glauben ? Zu wie vielen hat* ***er*** *das schon gesagt, und* ***sie*** *sind nicht hier herausgekommen ? Was wird* ***er*** *mit seinem Revolver machen, wenn* ***Jakob*** *sich umdreht ? Was ist draußen auf dem Korridor ?*　　（J. Becker：*Jakob der Lügner*, S.20）

　　「それなら家に帰れ．」こんな言葉（<u>ゲシュタポ本部から無事戻れること</u>）を信じろというのか．<u>この当直兵</u>はこれまで何人の人にこう言ったのだろう．誰一人としてここから出てこれなかったのではないか．<u>俺，ヤーコプ</u>が背を向けたら，<u>こいつ</u>はピストルで俺を撃つのではないか．外の廊下には何があるのだろう．

　　例文**(30)**のａタイプは典型的な３人称体験話法で，銀行強盗に入る直前のトマシェウスキーの思考が３人称に変換されて再現されています．２人称が

III　体験話法の形態（人称と時称の変換）

用いられるのは会話文が多く，例文(31)のｂタイプはリーナのリューダースに対する発言が，やはり語り手により3人称に変換され再現されています．邦訳では「あんた（たち）」になっている点に注目してください．例文(32)のｃタイプは3人称er(当直兵)やmanはそのまま3人称で再現される例であるとともに，1人称が体験話法で3人称代名詞ではなく，固有名詞(Jakob)に変換されている例でもあります．このように3人称小説はすべて3人称に変換されます．

3.1.2.　1人称小説の場合

　次に1人称小説について考えてみます．すでに述べましたように，1人称小説では語り手が作中人物として小説の中に閉じ込められているため，語り手の「私」は他の作中人物の心の中に入っていくことはできません．しかし語っている私ではなく，過去の私の思考の中に入っていくことはできます．そしてそのような思考は体験話法によって再現することも可能です．なぜなら1人称小説ではしばしば「語る私」と「体験する私」のあいだに時間的な距離があり，この関係は3人称小説における「語り手」と「作中人物」の関係に対応するからです．しかしこの場合は「語る私」による体験しつつある過去の私の思考の再現であり，時間的な距離による時称の変換はあっても，人称変換はありえません（例文(10)(11)参照）．それならどうして1人称小説で人称変換の体験話法が可能となるのでしょうか．それは，1人称小説では，語り手は自分以外の作中人物の思考を再現することは一般にできませんが，他の人物の発言を再現することは可能だからです．換言すれば，1人称小説における人称変換の体験話法は多くの場合「作中人物の発言」を再現した体験話法です．しかもその場合，その発言に語り手たる自分が含まれるか否かにより，その変換が変わってきます．

3.1.2.1.　思考・発言が語り手に関係する場合

　この場合，訳文の1人称(私)［例文(33)］，2人称(おまえ)［例文(34)］，3人称(あの子)［例文(35)］は，すべて1人称小説の語り手の「私」に対応するため，原文ではすべて1人称(ich)になっている点に注目してください．

— 49 —

(33)［ｄタイプ］（１人称→１人称：これは時称の変換のみ）

　　Witold liebte sie (Vivian) und sie ihn, so sagte er. *Aber das war reine Illusion. Vivian war flatterhaft, über kurz oder lang hatte sie einen anderen, und Witold würde leiden. Wer konnte ihn dann besser trösten als **ich**?*　　　　　　　　　(I. Noll: *Der Hahn ist tot*, S.124f.)

　ヴィートルトはヴィヴィアンを愛し，彼女も彼を愛しているとヴィートルトは言った．でもそれはまったくの思い違い．ヴィヴィアンは尻軽女で，早晩別の男をつくるわ，そうなればヴィートルトは苦しむわ．その時，<u>私以外だれが彼を慰められるというの</u>．

(34)［ｅタイプ］（２人称［おまえ］→１人称［ich］）

　　[…] Als er (Onkel Paul) zurückkam, zeigte er mir Papiere vom Reisebüro. Er hatte als Geburtstagsüberraschung für die Tante eine Flugreise ans Schwarze Meer gekauft. *Zwei Jahre hatte er dafür gespart.* **Ich** *sollte ihr nichts davon sagen. Er wollte es ihr erst am Tag der Reise mitteilen. Die Tannte würde sich sonst weigern zu fliegen.*
　　　　　　　　(Ch. Hein: *Drachenblut oder Der fremde Freund*, S.38)

　叔父が戻ってくると，旅行会社の書類を私に見せた．彼は叔母の誕生日の贈り物として黒海への空の旅を予約してあったのだ．<u>そのために２年も貯金したのさ</u>．**おまえ**，<u>叔母さんにはそのことをまだなにも言わないでおくれ．私が旅行の当日に言おうと思っているんだ．さもないとあいつは飛行機での旅行など嫌だと言うだろうからね</u>．

(35)［ｆタイプ］（３人称［あの子］→１人称［ich］）

　　Ich weiß nicht mehr, was ich meinen Eltern gesagt habe. Daß ich die Fahrt mit meinem Freund Matthias mache? Mit einer Gruppe? […] Vermutlich war meine Mutter besorgt, wie immer, und fand mein Vater, wie immer, sie solle sich keine Sorgen machen. *Hatte* **ich** *nicht gerade die Klasse geschafft, was* **mir** *niemand zugetraut hatte?*
　　　　　　　　　　　　(B. Schlink: *Der Vorleser*, S.51)

ハンナとの旅行の口実を両親にどう説明したか，もう覚えていない．友達のマティアスと出かけるといった嘘をついたのか，グループで出かけるといったものだったか．…
　おそらく母はいつものように心配しただろうし，父はまたいつものように(母に)心配はない，<u>あの子は(ミヒャエルは)誰もできると思っていなかった進級をやってのけたところじゃないか，とか言ったのだろう</u>．

　例文(**33**)のｄタイプは典型的な１人称体験話法で，「体験する私」の心的現在ないし未来の思考が「語る私」の視点から過去形で語られています．再現されているのは現在の思考で，語る私の視点から時称が変換されていますが，自分自身の思考の再現であり人称の変換はありません．例文(**34**)のｅタイプでは，パウル叔父さんの「私」に向けられた発言が，語り手である私の視点から再現されています．その際叔父さんの発言の２人称(おまえ)は語り手の私に対応するため，その再現では１人称に変換されることになります．会話文の２人称を再現したｂタイプと比較すると明らかなように，ここに１人称小説と３人称小説の２人称再現における一つの相違が生じます．ただし例文(**34**)のような命令，ないし依頼文の場合想定される元の叔父さんの発言が命令文であったのか，sollen 文であったのかは特定できません．例文(**35**)のｆタイプでは，父親が語り手たる私，つまり息子ミヒャエルに関して妻に語ったこと(父親の発言の主語は er (あの子)か Michael (ミヒャエル)が用いられたと想定される)を，語り手たる私，ミヒャエルが，第三者(読者)に伝える場合，その３人称ないし固有名詞は１人称に変換されて再現されます．ここにｆタイプのやや特異な変換例が現れることになります．

3.1.2.2.　発言が語り手に関係しない場合

　この場合は，３人称小説と同様に訳文の１人称(私)[例文(**36**)]，２人称(あなた)，３人称(マルゴット)[例文(**37**)]は，原文ではすべて３人称に変換されます．

(**36**)［ｇタイプ］（１人称[私は]→３人称[er]）
　　[…] Dann hörte ich ihm (dem Vorsitzenden Richter) zu, wie er mir

von seinem Studium und seinem Examen erzählte. ***Er** hatte alles richtig gemacht. **Er** hatte zur rechten Zeit und mit gehörigem Erfolg die erforderlichen Übungen und Seminare und schließlich das Examen absolviert. . . .* 　　　　　　　　　　(B. Schlink : *Der Vorleser*, S.154)

　それから僕は裁判長が自分の学生時代や国家試験のことを話すのを聞いた．<u>私は（自分は）なにもかもちゃんとやった．正しい時期に，しかるべき成果をあげ，必要とされる演習科目やゼミナールをこなし，最終的に国家試験に合格した．</u>（と裁判長は言った）

(37)［h, i タイプ］（2人称［あなた］→ 3人称［er］，
　　　　　　　　　3人称［マルゴット］→ 3人称［Margot］）
　［…］*Nach einigen Tagen stellte er wie zu erwarten die Frage nach dem wahren Kindsvater.*
　*Mir fiel kein salomonisches Urteil ein. Ich gab zu, mit Dieter geschlafen zu haben. Aber da **er** und **Margot** . . .*
　　　　　　　　　　　　　(I. Noll : *Die Apothekerin*, S.216)

　数日後，予想どおりレヴィンは，子どもの本当の父親はだれだ，とわたしにつめよった．
　残念ながら彼を言いくるめられるような名案は思い浮かばなかった．たしかにわたし，ディーターと寝たわ．わたしは白状した．<u>だけど，それはあなたがマルゴットと…．</u>　　　　　　　　　　（平野訳 239ページ）

　例文(**36**)のgタイプでは，裁判長の発言が再現されています．再現の中に，語り手の「私」が含まれていないため，3人称小説と同様に1人称（裁判長）は，語る私の視点から3人称に変換されます．例文(**37**)も，同じく発言の再現の中に，語り手の「私」が含まれていないため，2人称（あなた）や3人称（マルゴット）もすべて3人称に変換されています．
　最初にあげたドイッチュクローンの例文は1人称形式のノンフィクションですが，母親の想定される発言の mein Mann（主人）のうち，所有形容詞の mein は語り手の「私」に関係するため，そのままで再現されますが3人称の

Mann は，やはり語り手の「私」の視点から，3 人称の Vater（父）に変換されています．

3.1.3.　2 人称小説の場合

　次に 2 人称小説における人称の変換をみてみます．2 人称小説における体験話法については，すでにミシェル・ビュトールの 2 人称小説『心変わり』の例文を Steinberg の研究から考察しました．日本語では倉橋由美子『暗い旅』や都筑道夫『やぶにらみの時計』などが 2 人称小説として有名ですが，最近では北村薫『ターン』多和田葉子『容疑者の夜行列車』などさまざまなものがあります．ここではドイツ語における 2 人称小説の人称変換をみます．

　ドイツ語における 2 人称小説は私の知る限りでは，アイヒンガーの『鏡の話(Spiegelgeschichte)』とフリッシュの『道化芝居(Burleske)』だけです．これらの物語にも人称変換の体験話法がありうるのでしょうか．ドイツ語では 1 人称小説でも，3 人称小説でもあるいはモノローグ小説でも，思考再現部に 2 人称が用いられることがあります．

(**38**)　Leider jetzt, da die Jahre kommen, fange ich an, zu denken, und sage zu mir : ***Du** genießest diese Schätze nicht, und niemand wird sie nach **dir** genießen !* Hast ***du** jemals eine geliebte Frau damit geschmückt ?*　　　　　　　　　　(J. W. Goethe : *Unterhaltungen,* S47f.)

　悲しいことに，年をとった今頃になって私は考え始め，ひとり言をいう．おまえはこの宝を享受することはない，おまえの死後だってだれもこの恩恵を受けるものはいない，おまえは今までに愛する女をその宝で飾ったことがあったか．

(**39**)　[…] *Ehre verloren, alles verloren !… Ich hab' ja nichts anderes zu tun, als meinen Revolver zu laden und … Gustl, Gustl, mir scheint, **du** glaubst noch immer nicht recht d'ran ?* […] *es gibt nichts anderes … wenn **du** auch dein Gehirn zermarterst, es gibt nichts anderes !*
　　　　　　　　　　　　　　　(A. Schnitzler : *Leutnant Gustl,* S.22f.)

(俺は)名誉を，すべてを失った…ピストルに弾を詰め自殺する以外に道はない，<u>グストゥル，グストゥル，**おまえは**まだそのことを本気で信じていないようだな…自殺以外ほかに道はないさ…**おまえが**どんなに頭を悩ましたところで他に道はないさ</u>．

ドイツ語や英語などでは，ひとり言であってももう一人の自分に語りかけ，対話のような形式をとることがしばしばあります．例文(38)(39)では形式的には2人称 du genießest diese Schätze nicht, du glaubst ... nicht となっていますが，実際には ich genieße ... nicht, ich glaube nicht でもあり，ある意味で1人称の私の思考が2人称に変換されて再現されているといえます．ただし，ゲーテの『ドイツ亡命者の談話』もシュニッツラーの『グストゥル少尉』も基本的には3人称ないし1人称(モノローグ)小説であり，この部分を2人称小説の体験話法とはいえません．ならば，すべてが2人称で書かれている物語の場合，このような思考再現部はどのように解釈できるでしょうか．ここではフリッシュの『道化芝居』をみます．

(40)[j タイプ] (1人称→2人称)

　　Eines Morgens kommt ein Mann, ein Unbekannter, und du kannst nicht umhin, du gibst ihm eine Suppe und ein Brot dazu. [...] Du willst dich aber nicht fürchten. Du willst auch nicht dein Unrecht ändern, denn das hätte zu viele Folgen. ***Du** willst Ruhe und Frieden, und damit basta ! **Du** willst das Gefühl , ein guter und anständiger Mensch zu sein*, und also kommst du nicht umhin, ihm auch ein Bett anzubieten, ...

　　　　　　　　　　　　　　　　　　(M. Frisch : *Burleske*, S.556)

　　ある朝，ある男，ある見知らぬ男がやって来る．おまえはその男にスープとさらにパンをやらざるを得ない．…おまえは怖がりたくはない．おまえは自分の不正も変えたくない．だってそれはあまりに多くの(よからぬ)結果をもたらすだろうから．<u>**おまえは(俺は)**安らぎと平和を欲している，それだけだ．**おまえは(俺は)**善良で礼儀正しい人間であるという感情をもちたい</u>，だから彼にベットも提供せざるをえない．

III　体験話法の形態（人称と時称の変換）

　フリッシュの『道化芝居』は 2 人称現在形で語られるテキストです．このテキストが，語り手が自分のことを du で呼んでいる Du-Erzählung（2 人称小説）であるとすれば，すでに denn das hätte zu viele Folgen で思考再現が始まっています．Du willst Ruhe und Frieden und damit basta！（おまえは安らぎと平和を欲している，ただそれだけだ）は語り手の思考が 2 人称に変換されて再現されていると捉えることも可能です．事実，翻訳としては 2 人称の「おまえ」より，「自分」ないし無主語にしたほうが日本語としては自然です．それは，ドイツ語や英語の 2 人称 „du", „you" と日本語の「おまえ」「きみ」とは機能に相違があり，2 人称小説も，この du を「おまえ」や「きみ」で訳しつづければ，日本語としてはくどいものになるからです．

　この例文は，1 人称から 2 人称への変換例を Fludernik と議論していたとき彼女から指摘されたものです．典型的な 2 人称体験話法とはいえないかもしれませんが，ドイツ語の 2 人称小説における体験話法の一つの参考例になるでしょう．

3.1.4.　人称変換のまとめ

　以上から，体験話法にはさまざまな人称変換があることがわかります．それを整理すると次のようになります．

　　1 人称　→　1 人称　　　例文(**33**)
　　1 人称　→　2 人称　　　例文(**40**)
　　1 人称　→　3 人称　　　例文(**30**)(**36**)
　　2 人称　→　1 人称　　　例文(**34**)
　　2 人称　→　2 人称　　　ø　→　例文(**43**)参照
　　2 人称　→　3 人称　　　例文(**31**)(**37**)
　　3 人称　→　1 人称　　　例文(**35**)
　　3 人称　→　2 人称　　　ø　→　例文(**41**)参照
　　3 人称　→　3 人称　　　例文(**32**)(**37**)

　ドイツ語に 2 人称小説が少ないこともあり，2 人称小説の思考・発言再現における 2 人称→ 2 人称，3 人称→ 2 人称というドイツ語の変換例は未見です．

ただ，3人称→2人称という変換は，日常言語の体験話法ではしばしば見られますので，ここではビートルズの『シー・ラブズ・ユー』のドイツ語版からその変換例をみます．

(41) Sie liebt dich ［ドイツ語版］
Sie liebt dich, yeah, yeah, yeah
……
Du glaubst, sie liebt nur mich
Gestern hab ich sie gesehen
Sie denkt ja nur an dich
Und solltest zu ihr gehen
Oh ja, *sie liebt dich* !

(42) She loves you ［英語版］
She loves you, yeh, yeh, yeh
……
You think you've lost your love
Well I saw her yesterday-yi-yay
It's you she's thinking of
And she told me what to say-yi-yay
She says she loves you

(The Beatles : *Past Master* Volume one 1988)

　60年代のイギリスのロックグループ「ビートルズ」を早くから評価したのがドイツのファンで，これはそのドイツファンのために特別に作られたものです．"I want to hold your hand(Komm, gib mir deine Hand(抱きしめたい))" とカップリングで1964年に当時の西ドイツで発売され，ともにドイツのヒットチャートの上位にランクしました．
　さて，引用の最後の文は英語版が間接話法であることからも，ドイツ語版も「彼女」の発言の再現であると考えることができます．その際には，彼女の発言 „Ich liebe **ihn**（私は彼を愛しているの）" が，話し手により彼女が愛している当人に伝えられるため，彼女の発言のihn（3人称）はdich（2人称）に変換されます．このようにコミュニケーションでは，ある発言が，その発言の中に現れる人に直接伝えられることがあるため，3人称→2人称という変換が生じることになります．その際，導入文も無く，直説法でそれがなされれば，それは体験話法であると考えることができます．ただし，ドイツ語版だけの場合は，体験話法とも話し手の見解ともとることができます．

　また，2人称→2人称という変換は，一般に時称変換のある2人称**過去形群**の小説に限られます．しかし，ドイツ語には2人称過去形の小説がないこともあり，2人称→2人称の変換に関してはFludernik(1993)であげられて

いる英語の 2 人称過去形小説から借用します．

(43)　You swung round in the judo clutch of the professor of Japanese, who drew you a few steps further along, and warned you that the Army Island Commander was dangerously pro-Chinese [...] ***Did***(**Do** → **Did**) ***you*** *know that Sun Yat-sen had received his early training right here in Honolulu and* ***did***(***do*** → ***did***) ***you*** *know that his wife was a Communist？* You［I → you］**did not**(**don't** → **did not**)．
(J. Ashmead：*The Mountain and the Feather*, Fludernik 1993：119 より）

　あなたは日本語の教授にぎゅっとつかまれることになった．その教授はあなたをさらに数歩ひっぱっていき，軍の司令官は，危険なほど中国人びいきだと警告した．<u>おまえは，孫文がまさにここホノルで若い頃に訓練を受けたことを知っているか．おまえは彼の妻がコミュニストであることを知っているのか．あなた［わたし］は知らない</u>．

　イタリック部分では，2 人称小説の主人公の「あなた」に対する，日本語教授の本来現在形の疑問文(**Do** you know ...)が，過去形に変換されて再現されています．2人称過去形群の小説のため，このように時称のみ変換し，人称は変換しない(2 人称→2 人称)体験話法が可能になります．なお，最後の文は，その教授の問いに対する主人公「あなた」の答え(**I don't** know)で，これは人称(I → you)と時称(don't → did not)の二つが変換されているといえます．このように体験話法においては，小説と日常のコミュニケーションの場合をあわせれば，あらゆる人称変換のパターンがあることになります．

3.1.5.　人称変換のない代名詞(**man, wir, mein Gott** など)

　今まで思考・発言再現における人称変換をみてきましたが，人称代名詞の中には変換されないものがあります．例えば **mein** Gott [「おやまあ」といった感嘆詞］が体験話法で **sein** Gott に変換されるようなことはありません．これに関してはドイツ語例では Steinberg(1971：274f., 308f.)，英語例で Fludernik(1993：121f.)で詳しく触れられていますので，ここでは Steinberg

とは別のドイツ語例を数例あげるにとどめます．

(44)　»Nein, nein !« sagte Tony plötzlich in tröstendem Ton. […] **Mein Gott**, *wie sehr mußte er*(*Grünlich*) *sie*(*Tony*) *lieben … War es möglich, daß sie dies erlebte ? In Romanen las* **man** *dergleichen, ….*
(Th. Mann : *Buddenbrooks*, S.110)

「いいえ，いいえ！」とトーニは突然慰めるような口調で言った．何てこ となの，この人はわたしをとても愛しているに違いないわ！　…わたしが こんなことを体験するなんて，ほんとかしら．小説の中にはこういう場面 もあるけど…

(45)　Es kam ihm(Felix) ganz sonderbar vor, wie sie(Marie) das jetzt so ernsthaft sagte. […] *Ja, so war es recht, so mußte* **man** *überhaupt die Dinge behandeln. Ach nein, es ist nicht der Wein, der* **ihm** *das vorzaubert, der Wein nimmt nur irgend etwas von* **uns** *weg, das* **uns** *sonst schwerfällig und feig macht ; …*
(A. Schnitzler : *Sterben*, S 172)

　彼女がいまそれをとても真顔で言い出したのが，彼にはひどく奇妙に思 われた．［…］そうだ，これでいいのだ．すべての物事はこのように処理す るに限る．だが，待てよ，いまこうして夢幻の世界に妖しく誘われてはい るが，これはけっして葡萄酒のせいだけではないはずだ．酒というやつは 僕らの体から，日ごろ僕らを鈍重にしたり臆病にしたりしているものを取 り除いてくれるにすぎない．　　　　　　　　　　　（谷訳 53ページ）

　上記の例文では明らかに ich(Tony)→ sie, mir(Felix)→ ihm のように，一 般の人称が変換されているのに，mein Gott, man, wir(総称の wir)などは変 換されずにそのまま体験話法に取り込まれています(例文**(75)(123)**参照)．
　Fludernik は英語例でイデオム表現(thank you)や総称の you, one が同じ くそのまま取り込まれている例をあげています．ドイツ語では類似の例を Lerch(1914)や Roncador(1988) が指摘しています．

III　体験話法の形態（人称と時称の変換）

(46)　Auch der jüngeren Kinder wurde erwähnt, und der Konsul sprach mit Behagen und Wohlgefallen von ihnen, leichthin und mit Achselzucken. *Er selbst besaß fünf Kinder und sein Bruder Moritz deren vier : Söhne und Töchter . . . **ja, danke sehr**, sie waren alle wohlauf.*
（Th. Mann : *Buddenbrooks*, S.603, Lerch 1914 : 475 より）

　下の子供たちのことも話題になり，領事は軽く肩をすくめながら，楽しげに，上機嫌で語った．わたし自身には，5人子供があります，弟のモーリツには4人子供があります，息子と娘たちです．…ええ，ありがとうございます，みんな元気です．

　ここではハーゲンシュトレーム領事の発言が再現されています．ハーゲンシュトレーム家の勢いはこの子孫の数にも体現されています．上例には ja, ich danke Ihnen sehr の人称部分が省略されていますが，間接話法と異なり ja, danke sehr がそのまま取り込まれたことから，英語の yes, thank you とおなじく「ええ（ja）」といった返事や「ありがとうございます（danke sehr）」のようなイディオム表現は，人称部分があってもそれはそのままとりこまれると考えられます．これは体験話法が間接話法と異なることを示しています．

　思考・発言再現における「人称の変換」についてみてきましたが，次はやはり多岐に行なわれる「時称の変換」に関して考察してみましょう．

3.2.　時称の変換

　今までは体験話法における人称の変換についてみてきましたが，次に時称の変換についてみます．小説などの地の文が過去形群（過去形，過去完了，würde＋不定詞）の場合，時称は想定される直接話法から体験話法へ，以下のように変換すると考えられます．繰り返しになりますが，体験話法の前提として，想定される直接話法は必ずしも存在するわけではありませんが，体験話法の形態をわかりやすく捉えるために便宜上導入するものです．

```
［直接話法の時称］    ［体験話法の時称］
 １．現在          →    過去
 ２．現在完了       →    過去完了
 ３．過去          →    過去ないし過去完了
 ４．過去［完了］    →    過去［完了］
 ５．未来          →    würde＋不定詞
 ６．命令文         →    sollte＋不定詞（あるいは不変換）
 ７．接続法         →    不変換（あるいはⅡ式過去へ変換）
 ８．格言的現在     →    不変換（あるいは過去形へ変換）
 ９．不定詞形       →    不変換
10．時の副詞       →    不変換
     （mɔrgen＋過去形）
```

　変換と言いましたが，Steinberg(1971)，Hilty(1976)，Roncador(1988)あるいは Breslauer(1995)が触れているように，過去と過去完了は直接話法からそのまま取り込まれることもあります．また直接命令形は，一般には語りの中にそのまま取り込めないため，変換されることになりますが，例えば Sie (Tony) sɔllte sich gedulden「我慢してくれ」（例文**(64)**）といった体験話法の命令文は，想定される直接話法で，命令形(Gedulde dich!)であるのか sollen 文 „Du sollst(solltest) dich gedulden" であるのか決めかねる場合もあります．また，命令文は直接命令も，他の形式の命令文（現在形，不定詞，過去分詞，lassen による命令）でも，ともに用いられている人称のみ変換され，命令の形式はそのまま取り込まれることもあります．接続法も一般にはそのまま取り込まれます．また逆に「格言的表現」のように，本来不変換であるべきものが，語りの時制に変換されてしまうこともあります．

　それでは個々の時称の変換について具体的な例をみます．

3.2.1. 現在形 → 過去形

(47)　Andi wünschte, Sarah käme wieder und sie könnten gehen. Sie war mit ihrem kleinen Bruder, dessen Bar-Mizwa sie mit der Familie feierten, verschwunden und hatte ihn mit Onkel Aaron allein gelassen.

III　体験話法の形態（人称と時称の変換）

Onkel Aaron war freundlich, die ganze Familie war freundlich, ...
　Aber er tat sich schwer. **Mußte** ein falsches Wort, eine falsche Geste von ihm nicht alles zerstören? **War** das Wohlwollen glaubhaft? **War** es verläßlich? **Konnte** es nicht jederzeit aufgekündigt und entzogen werden? . . . 　　　　　　　　　(B. Schlink : *Liebesfluchten*, S.199f.)

　アンディーはサラが自分の所へ戻り，一緒に帰ることができればと願った．サラは，弟のバル・ミツヴァ［ユダヤ教での一種の元服式］を親族と祝ったのだが，その弟とどこかに行ってしまい，アンディはアーロンおじさんと二人きり残された．アーロンおじさんもサラの家族もみんな親切だった…

　しかしアンディは気が重かった．<u>ひとことでも間違えば，ひとつでもあやまった振る舞いをすればなにもかもぶちこわしになるのではないか．寄せられる好意を信じていいのだろうか．それを信頼していいのだろうか．その好意は，いつでも取り消され，取り除かれてしまうのではないか．</u>

　恋人サラの弟のバル・ミツヴァに出たアンディ，サラの親族（ユダヤ人）はアンディに親切でしたが，その親族には，親，兄弟をナチスによって殺害された者もあり，ドイツ人であるアンディは，針の筵にいるようでした．その気持ちが，過去形の体験話法によって再現されています．

3.2.2.　現在完了　→　過去完了

(48)　Der kleine Herr Friedemann raffte sich auf und schritt weiter. Er war die Straße hinaufgegangen, . . . und verfolgte nun die Hauptstraße nach Norden, seiner Wohnung zu . . . .
　Wie sie ihn **angesehen hatte** *! Wie? Sie* **hatte** *ihn* **gezwungen**, *die Augen niederzuschlagen? Sie* **hatte** *ihn mit ihrem Blick* **gedemütigt** *? War sie nicht eine Frau und er ein Mann? Und* **hatten** *ihre seltsamen braunen Augen nicht förmlich dabei vor Freude* **gezittert** *?*
　Er fühlte wieder diesen ohnmächtigen, wollüstigen Haß in sich aufsteigen, . . .

(Th. Mann: *Der kleine Herr Friedemann* in: *Die Erzählungen*, S.67)

　小フリーデマン氏は力を奮い起こして立ち上がり，また歩き出した．彼は通りを登ってきたが，［…］今度は本通りを北にとり，自分の家へ向かっていった．
　<u>なんというまなざしで，あの女はおれを見たことか．どうだ？　ああ見据えられては，おれも目を伏せずにはいれなかったではないか．あのまなざしでおれを屈服させたのか．あっちは女で，こっちは男じゃないか．しかもあの女のふしぎな褐色の目は，まさしくあのとき，嬉しさで震えていたではないか．</u>
　彼は，またもあの無力な，情欲にかられた憎しみが胸にこみあげてくるのを感じた．

　市立劇場での「ローエングリーン」のコンサートで隣席のフォン・リンリンゲン夫人と視線が合った．しかし眼をそらすどころか，まじまじと彼を見つめる夫人に，小フリーデマン氏は気おくれし，目を伏せてしまった．ここではコンサートからの帰り道，そのことを小フリーデマン氏は思い返しています．小フリーデマン氏の現在完了による思考が，語り手により過去完了に変換されています．

3.2.3.　過去　→　過去完了ないし過去

　Hosaka(1978)は，カフカの『アメリカ(失踪者)』において，原稿においては直接話法で書かれていた部分が，実際の小説では体験話法に変換されているきわめて興味深い例を示しています．これは保坂自身述べているように，直接話法から体験話法への変換を実際に見ることができる幸運な例です．

(49)［カフカの原稿］
　„Eigentlich habe ich schon meinen Posten verloren" sagte sich Karl, „der Oberkellner [1]<u>hat</u> es schon <u>ausgesprochen</u> …

(50)［作品の『アメリカ』］
　Karl sah ein, daß er eigentlich seinen Post schon verloren hatte, *denn der Oberkellner* [1]<u>*hatte*</u> *es bereits* <u>*ausgesprochen*</u> …

III 体験話法の形態（人称と時称の変換）

| Es ⁽²⁾ist schneller gegangen, als ich ⁽³⁾**dachte**, denn schließlich ⁽⁴⁾habe ich doch zwei Monate gedient, so gut ich ⁽⁵⁾**konnte.** | Es ²⁾<u>war</u> allerdings schneller gegangen, als er ³⁾***gedacht hatte***, denn schließlich ⁴⁾*hatte* er doch zwei Monate gedient, so gut er ⁵⁾***konnte***, ... |

(F. Kafka: *Amerika*, S.146, Hosaka 1978 : 15ff. より)

カールは自分が職をすでに失ったことを悟った。だってボーイ長はすでにそう言ったし…結局自分が考えていたよりはやく仕事をやめることになった，というのも自分が2ヶ月できるだけしっかり働いたためなんだ。[アメリカ]

原稿の直接話法内の現在完了(1)(2)(4)は，例文(**48**)と同様に，作品『アメリカ』の体験話法では過去完了に変換されています。そして直接話法の過去形は，(3)の場合(dachte)は**過去完了**(gedacht hatte)に，(5)の場合(konnte)はそのまま**過去**(konnte)になっていることがわかります。

また作中人物の回想が体験話法の中に織り込まれる場合，そのコンテキストが過去形群のとき，その回想は過去完了に変換されて再現されることになります。ここではトーマス・マンの『大公殿下』から，クラウス・ハインリヒたちが遠乗りに出かけ，その際寄宿学校の助教師ユーバーバインがクラウスに自分の来しかたを語る部分を引用してみます。

(**51**) [...] und Doktor Überbein erzählte von seinem Leben. *Raoul Überbein, wie das* **klang***, nicht wahr ? Geschmackvoll war wesentlich anders ! Ja, Überbein* **war** *der Name seiner Adoptiveltern* **gewesen***, armer, alternder Leutchen aus der unteren Bankbeamtensphäre, und er führte ihn nach Recht und Spruch. Aber daß er Raoul genannt werde, darin* **hatte** *die einzige Bestimmung und Vorschrift seiner Frau Mutter* **bestanden***, als sie die Abfindungssumme nebst seiner fatalen kleinen Person den Leutchen* **eingehändigt hatte***, [...] Zu jener Zeit ...* **hatte** *Raoul Überbein die Bekanntschaft eines jungen Mannes* **gemacht***, — etliche Jahre älter, als er, aber in ähnlicher Lage und* *ebenfalls ein Malheur von Geburt, insofern er ein Jude war. Klaus Heinrich* **kannte** *ihn,* — ... 　　(Th. Mann: *Königliche Hoheit*, S.59f.)

　そんなとき，ドクトル・ユーバーバインは来しかたの生活について語るのだった．ラウール・ユーバーバイン，この響きはどうです，ええ？　味な名前だなどというのはまた話が別ですよ．さよう，ユーバーバインというのは，わたしの養父母の名前なのです．しがない平銀行員あがりの，貧しい老夫婦でしたがね．それで，わたしは法律上こう名乗っているのです．でも，ラウールというについては，わたしの生みの母が，そのいたいけな宿命の子にそえて，養育費をこの老夫婦に渡すときにきめた，唯一の指示があったのです．［…］その頃でした．…このラウール・ユーバーバインは一人の若い男と知りあいになったのです．一わたしより二つ三つ年上ですが，似たような境遇にあって，その男がユダヤ人だったという点では，やはり生まれながらの不運児でしたね．クラウス・ハインリヒ，あなたはこの男をご存じのはずですよ．　　　　　　　　　（山下訳 65〜66ページ）

　原文ではおよそ2ページにわたって続く体験話法ですが，ユーバーバインの発言が再現されています．その中では，ユーバーバインの来しかたの回想が織り込まれ，その部分は過去完了に変換され再現されています．そして注意してみると明らかなように，回想部分が一般に過去完了になっているのに対して，ユーバーバインが直接クラウス・ハインリヒに語りかけている部分，例えば Klaus Heinrich **kannte** ihn（クラウス・ハインリヒ，あなたはこの男をご存じのはずですよ）は過去形になっています．この例文は回想が体験話法の中では過去完了になることを明確に示しています．

3.2.4. 過去［完了］ → 過去［完了］

(52)　Mannhardt lehnte sich zurück. ［…］ *Hätte er seine Gedanken für sich behalten, könnte er jetzt im Bett liegen und den lieben Gott einen guten Mann sein lassen. Vielleicht hätte sich sogar mal eine Gelegenheit ergeben, mit Sue ins Geschäft zu kommen . . . Aber nein — er* **mußte** *ja seine blödsinnigen Schlußfolgerungen an die große Glocke hängen und*

III　体験話法の形態（人称と時称の変換）

die Treibjagd eröffnen！Was **hatte** *ihn bloß dazu* **gebracht** *？*
(-ky：*Zu einem Mord gehören zwei*, S.123, Breslauer 1996：181f. より)

　警部マンハルトは背をもたせかけた．[…]<u>もし俺が自分の考えをもらさなかったら，俺は今ごろベットで寝転び，のんきにくらしていただろうに．ひょっとするとスーと取引をする機会すらあったかもしれない．…いやちがう，自分はばかげた推論を知らせ，捜査を始めなければならなかったのだ．なにがいったいそうさせたのか．</u>

　嶋崎(2000)は，いったん過去完了で出来事が表されると，それと同時点の出来事は過去形で表されるという点を理由に，体験話法において過去完了導入後に現れる過去形に関して，過去形がそのまま取り込まれるのではなく，それは時制一般の性質に基づいているにすぎないと述べています．しかし，ここでは Breslauer(1996) も述べているように，過去に起こったことを想起しているため，過去や過去完了は変換されたものではなく，そのまま取り込まれたものとも考えることができます．

3.2.5.　未来　→　würde＋不定詞

3.2.5.1.　ドイツ語における過去未来(futurum praeteriti)

　ドイツ語において werden＋不定詞が未来時称を表すようになったのは新高ドイツ語(1650～)になってからで，中高ドイツ語や初期新高ドイツ語では werden＋不定詞あるいは werden＋現在分詞の形式は，いずれも最初は未来を表すものではなく，元の動詞の起動的な(inchoativ)，あるいは完了的な(perfektiv)様態を表す機能をもっていました．werden が「～になる」という「始まり」あるいは「変化」の意味をもつことから，それが起動的な様態を表すこと，またその変化が突如として行なわれるときには完了的な様態を表すことはそれほど類推しにくいことではありません．それは werden の起動的な意味が未来へ，完了的な意味が受動へつながっていくことにもいえることです．
　ところで，このような起動的な様態を表す werden＋不定詞は，現在のみな

らず過去にも用いられていました．例えば Moses aber **ward zittern**.（モーゼは震えだした）［Apostelgeschichte　7.23(1546年)］．しかし，その後 werden＋不定詞ないし werden＋現在分詞は，一方では起動的な意味が弱まり，元の動詞の単なる書き換え，つまり Ich lief の代わりに Ich ward laufen になり，この書き換えは次第に無用な用法として接続法II式の形態 würde＋不定詞を除き消滅しました*．また一方では起動的な意味の現在形が，その本来の意味を失い，未来時称を表す形式に発展，そして未来の表現として確立するや，現在以外の時称は消滅することになります．

　このように，一方で ich lief の代わりに ich ward laufen のように元の動詞の書き換え形式になったことは，現在ドイツ語において würde＋不定詞が接続法II式の書き換え（ginge → würde＋gehen）になりうる歴史的な根拠をもっていたことになります．また一方 werden＋不定詞の現在形が未来を表す形式として確立し，werden＋不定詞のそれ以外の時称（特に過去形）が消滅したことは，「過去未来（物語などで，語り手の視点からは過去でも，作中人物の視点からは未来になること）」を表す固有の形式（フランス語の「条件法」や英語の „would" に対応するもの）がドイツ語では依然として欠如し続けることを意味しました．

　それではドイツ語ではいつ頃から，どのような形態で，過去未来を明確に表すようになったのでしょうか．またそれはなぜなのでしょうか．先取りして言えば，過去未来は19世紀中頃から werden の接続法II式の形態 würde＋不定詞を用いて表されるようになります．その理由は，一つにはフランス語の影響，とりわけ19世紀のフランス語の「条件法（過去未来）」のドイツ語訳として主文形式の würde＋不定詞が用いられたことが考えられます．また，19世紀後半からは物語の「語り」においても大きな変化があり，物語はますます作中人物の視点から語られるようになりました．それは体験話法，ひいては過去未来が多用される大きな原動力になりました．それでは19世紀前半までドイツ語の文学テクストでは過去未来が表されることがなかったのでしょうか．また，もしあったとしたら，どのような形態でなされ，それは作品にどのような影響を与えていたのでしょうか．

＊
　接続法だけが消滅しなかった理由として以下のことが考えられます．a) 弱変化動詞では直説法過去と接続法過去との形式が同じで区別しにくいこと（ich lernte より ich würde

lernen の方が接続法であることがはっきりする） b）多くの強変化動詞の接続法過去形と直説法現在の発音上の区別がしにくいこと(ich läse と ich lese → ich würde lesen の方がわかりやすい　c）強変化動詞の tränke, böte などは平明な散文では億劫に感じられること　d）würde＋不定詞の口調がよいことなど（上記の würde に関する歴史的記述は相良(1958, 1990)，奈良(1954)，工藤・藤代(1992)，Thiel((1957)などの研究によっています．）

3.2.5.2.　ゲーテの『親和力』における過去未来

　ドイツ語の体験話法使用において，多くの研究者から指摘され，さらにその体験話法に関する数種の研究論文があるのがゲーテの『親和力』（1809年）です．にもかかわらず『親和力』が，体験話法使用においてオースティンの『エマ』（1816年）やフロベールの『ボヴァリー夫人』（1856年）と並び称されることがないのはなぜなのでしょうか．それはこの würde の問題と関係があるかもしれません．

　ゲーテの『親和力』には47例の würde＋不定詞が用いられていますが，ほとんどは会話文の非現実話法や外交的な接続法，地の文では副文での使用で，主文形式の過去未来，つまり体験話法として用いられているのはわずか１〜２例です．これは，現代小説の場合，主文形式の würde＋不定詞が体験話法の多くを占めるのと極めて対照的です．例えばハインリヒ・ベルの『アダムよ，おまえはどこにいた』（1951年）は92例の würde＋不定詞のうち55例，イングリート・ノルの『雄鶏は死んだ』（1991年）は80例のうち34例が主文形式の体験話法です．それでは『親和力』には過去未来を表すものがないのでしょうか．『親和力』では　―あるいは19世紀前半までのドイツ語の文学テクストにはしばしば言えることですが―　現代の小説なら würde＋不定詞を用いるであろう場合に，**話法の助動詞の過去形(sollte, wollte, konnte)や一般動詞の過去形**が使用されています．例文をみてみましょう．その際参考のため体験話法部分は英訳を添えてみます．

　(53)　[…] Er(Eduard) dachte sich alles nicht als möglich, sondern als schon geschehen. *Alle Teile brauchten nur in das zu willigen, was sie wünschten; eine Scheidung war gewiß zu erlangen; eine baldige Verbindung* **sollte** *folgen, und Eduard* **wollte** *mit Ottilien reisen.*

体 験 話 法

(J. W. Goethe : *Wahlverwandtschaften*, S.221)

[Englisch]

　*All parties only needed to agree to do what they in fact wished to do; a divorce could certainly be got; soon after there **would** be a marriage, and Eduard **would** leave with Ottilie.*
(translated by D. Constantine : p.204)

　彼(エードゥアルト)はすべてをこれから可能なこととしてではなく，既に起こったことと見なしていた．当事者たちはみな，自分たちの望んでいることを承認しさえすればいい．そうすれば離婚はきっと許される．それにすぐ続いて結婚ということになろう．そうすればエードゥアルトはオッティーリエを連れて旅に出るつもりだ，というのである．
(柴田訳 364ページ)

(54)　Nun scheint es ihr(Charlotte) eine glückliche Fügung, daß Luciane ein so ausgezeichnetes Lob in der Pension erhalten : denn die Großtante, davon unterrichtet, will sie nun ein für allemal zu sich nehmen, sie um sich haben, sie in die Welt einführen. Ottilie **konnte** in die Pension zurückkehren ; der Hauptmann **entfernte sich**, wohlversorgt ; und alles **stand** wie vor wenigen Monaten, ja um so viel besser.
(J. W. Goethe : *Wahlverwandtschaften*, S.93)

[Englisch]

　*Ottilie could go back to the boarding-school, the Captain **would** depart well provided for, and everything **would** be as it was a few months before or even better.*　(translated by R. J. Hollingdale : p.115)

　そこで，ルチアーネが寄宿学校で群を抜く称讃を得ていることが，この際，運のよいまわり合わせだとシャルロッテには思えた．というのは，その成績の良さを知った大伯母が，今度こそは彼女を引きとって，自分のところから社交界へ出してやろうと考えたのだった．オッティーリエは寄宿学校へ戻れる．大尉は好遇を受けて，ここから去る．そしてすべては 2，3 ヶ月前と同じになる．いや，前よりもむしろよいはずだ ― とシャルロッ

III　体験話法の形態（人称と時称の変換）

テは考えた．　　　　　　　　　　　　　　　　（柴田訳 158ページ）

　最初の例文はエードゥアルトの思考が，次の例文ではシャルロッテの思考が再現されています．オッティーリエとの結婚や旅にしろ，あるいはシャルロッテにとってオッティーリエや大尉が自分のもとから去ることであれ，考えられていることはともに未来のことです．これらの例から「過去未来」にゲーテの『親和力』では話法の助動詞 sollte, wollte や過去形 (entfernte sich, stand) が用いられていることがわかります．これらが未来を表していることは，英訳が „would" で訳されている点からもうかがえます．このように明確に作中人物の視点を表す würde＋不定詞の形態が一般化していなかったことが19世紀後半まで，ドイツ語の作品で体験話法が目立たなかった理由の一つといえます．

3.2.5.3.　英語・フランス語における過去未来

　それに対してフランス語や英語では「条件法 (Conditional)」や „would" により，すでに19世紀においても作中人物の声がいきいきと再現されることになります．例をみることにしますが，参考のためドイツ語訳も添えます．

(55)　Et il se mit à faire des préparatifs intérieurs ; il arrangea d'avance ses occupations. Il se meubla, dans sa tête, un appartement. *Il y **mènerait** une vie d'artiste ! Il y **prendrait** des leçons de guitare !*
. . . 　　　　　　　　　　　　（G. Flaubert : *Madame Bovary*, S.183）
[deutsch]
　Er malte sich die Einrichtung eines Zimmers aus. *Darin **würde** er ein Künstlerleben führen ! Guitarrestunden **würde** er nehmen !* . . .
　　　　　　　　　　　　　（übersetzt von Perker und Sander, S.145）

　そこで彼（レオン）はまず心の準備にかかった．今から事務所の仕事も片をつけておかねばならぬ．空想のなかでアパルトマン住まいの家具を買いととのえた．そこで芸術家の生活を送るのだ！ギターのレッスンもとろう！
　　　　　　　　　　　　　　　　　　　　　　（山田訳 123ページ）

— 69 —

(56) ［…］she(Emma) knew Mr. Knightley thought highly of them — but they must be coarse and unpolished, and very unfit to be the intimates of a girl who wanted only a little more knowledge and elegance to be quite perfect. *Sie* **would** *notice her(Harriet); she* **would** *improve her; she* **would** *detach her from her bad acquaintance, . . . she* **would** *form her opinions and her manners.*

(J. Austen : *Emma*, p.22)

［deutsch］

　Sie **würde** *sich Harriets annehmen,* **würde** *sie fördern, sie von ihren unwürdigen Bekannten lösen . . . sie* **würde** *ihre Ansichten wie ihre Manieren formen.*　　　　　(übersetzt von H. Henze, S.21)

　エマは，ナイトリー氏が彼らを高く買っていることも知っていたが，彼らは粗野で洗練されておらず，知識と優雅さとがもう少しあれば，もうそれで完璧という娘と親しくするには，ひじょうに不適当にちがいない．<u>わたしは彼女に気をつけてあげよう．彼女を向上させてあげよう．悪い知りあいから引きはなし，［…］彼女の意見や態度をはっきりとしたものにしてあげよう．</u>　　　　　　　　　　　　　　(阿部訳 23ページ)

　このように『ボヴァリー夫人』や『エマ』では，過去未来が「条件法」や„would"などの体験話法で再現されています．その際ドイツ語訳ではwürde＋不定詞が用いられています．一方『親和力』においては，過去未来が話法の助動詞や過去形で再現されるため，現代小説のwürde＋不定詞と比べると，作中人物の声が聞き取りにくいものになっています．このことがあれだけ多彩な体験話法を含みながら，ゲーテの『親和力』が『エマ』や『ボヴァリー夫人』に比べて体験話法使用の知名度が低い一因であるといえるでしょう．ドイツ語における体験話法の使用が，英語やフランス語よりも遅れているといわれる理由も，ドイツ語では19世紀まで発言の再現に接続法が用いられたこととともに，過去未来のこの形式確立の遅れと関係があったといえます．

3.2.5.4. 過去未来としての **würde** ＋不定詞

しかし19世紀後半からはドイツ語においても過去未来としての würde＋不定詞が定着，Herdin(1903, 05)の研究にも代表されるように，体験話法の明確なシグナルであるとともに頻繁に用いられるようになりました．現代ドイツ語における würde＋不定詞は様々な用法がありますが，ここでは未来の変換としての例文をみます．

(57) ［…］Ecke Nordstraße blieb er(Martin) stehen und beaugenscheinigte das Schaufenster vom Bäcker Scherf.
 *Hier **würde** er also morgen Nachmittag Schokolade **trinken** und Kuchen **essen**. Es **würde** fürchterlich **werden**. Aber seine Mutter wollte es, und er hatte es ja fest versprochen.*
(E. Kästner: *Das fliegende Klassenzimmer*, S.138)

 北通りの角でマルティンは立ち止まり，パン屋シェルフのショーウィンドーを検分した．
 <u>そうだここであすの午後ココアを飲み，ケーキを食べるんだ．やりきれない気持ちになるだろう．でも(クリスマス休暇を一人ココアを飲み，ケーキを食べて過ごすのは)お母さんの希望だし，約束したんだから．</u>

(58) Und Tonio Kröger ging ganz verklärt und beschwingt von dannen. Der Wind trug ihn von hinten, aber es war nicht darum allein, daß er so leicht von der Stelle kam.
 *Hans **würde** ›Don Carlos‹ **lesen**, und dann **würde**n sie etwas miteinander **haben**, worüber weder Jimmerthal noch irgendein anderer mitreden konnte？ Wie gut sie einander verstanden！*
(Th. Mann: *Tonio Kröger* in: *Die Erzählungen*, S.212)

 するとトーニオ・クレーゲルは，すっかり晴れ晴れとして，足どりも軽やかに立ち去った．風は後ろからトーニオを前に押し進めたが，彼がこんなに軽々と歩いていったのは，決してそのためばかりではなかった．

ハンスは『ドン・カルロス』を読むだろう．そうなると僕とハンスは，インマータールだって他の誰だってそれに口を出せないものをもつことになるんだ．なんて僕たちは理解しあうことか．

　最初はケストナーの『飛ぶ教室』からです．クリスマスでも寄宿学校から家へ帰る旅費を送ることができないマルティンの母は，かき集めたお金でせめて喫茶店でココアを飲み，ケーキを食べるよう手紙に書きます．ここでは，つらいけどその母に答えようとするマルティンの思考が再現されています．後者はトーマス・マン『トーニオ・クレーゲル』の有名な箇所で，文法書や参考書で体験話法の例文として頻繁にあげられる例文ですが，未来というより推量の要素が強いといえるかもしれません．これは werden が未来なのか話法動詞なのかという問題とも関連します．

3.2.5.5.　現代ドイツ語における **würde** と **sollte** の使い分け

　ところでドイツ語では19世紀まで過去未来は sollte などが使用されたと述べましたが，過去未来としての würde＋不定詞が確立した現代ドイツ語の小説ではしばしば sollte＋不定詞と würde＋不定詞に明確な使い分けがあります．つまり，語り手の視点からの未来「sollte(～することになっていた)」と作中人物の視点からの未来「würde(～だろう)」です．

(59)　Im Sommer 1943 wurde Bölls Einheit nach Rußland beordert. Er saß mit den anderen Soldaten in einem Zug, der sie an die Ostfront bringen **sollte**. Der Zug fuhr durch die sonnige, sommerliche französische Landschaft. Die Soldaten waren gedrückt. *An der Ostfront* **würden** *viele von ihnen sterben, vielleicht alle*. Der Zug flog über einer Mine in der Luft. Französische Widerstandskämpfer hatten sie gelegt.
(G. Hoffmann, *Heinrich Böll Leben und Werk*, S.68f.)

　1943年の夏ベルの部隊はロシアへ行くように命じられた．ベルは，他の兵士たちとともに列車の中にすわっていた．その列車は彼らを東部戦線へ運ぶことになっていた．列車はさんさんと輝くフランスの風景の中を通り

ぬけていった．兵士たちは沈み込んでいた．東部戦線では自分たちの多くは死ぬことになるだろう，ひょっとしたら全員が．そのとき列車は地雷を踏み空中に飛んだ．フランスのレジスタンスが仕掛けたものだった．

これはノーベル賞作家ハインリヒ・ベルの伝記で小説ではありませんが，ベルないし兵士たちのやるせない不安が体験話法で再現されています．このwürde（〜だろう）は，列車の中にいる兵士たちにとってどうなるかわからない作中人物の視点からの未来です．それに対してsollte（〜になっていた）は語り手の視点から用いられた未来で，その予定ないし結果がすでに語り手にとってわかっているものを語る場合に用いられます．このような使い分けは作品を読むときには有益で，文法書では私の知る限りEngel（1988：469）に唯一触れられています．

3.2.6. 命令形 → sollte＋不定詞（あるいは不変換）

3.2.6.1. sollte＋不定詞に変換された命令形

直接話法の命令文を語りの中にそのまま取り込むことは一般には無理なため，小説などではいろいろな形で書き換えられることになります．

(60) Der Lichtstrahl des Projektors wurde von einer älteren Frau unterbrochen, die dem Mann signalisierte, *er **möge** kommen.*
(C. Link：*Jenseits der Stille*, S.103)

プロジェクターの光がある中年の女性によってさえぎられた．彼女はその男の人に「来てください」と合図した．

(61) In diesem Augenblick sah man Ottilien herankommen, und die Baronesse sagte schnell zu Eduard：*er **möchte** von dieser vorhabenden Herbstreise ja nichts reden：…*
(J. W. Goethe：*Wahlverwandtschaften*, S.79)

体験話法

　ちょうどこのときオティーリエがやってくるのが見えた．男爵夫人はすばやくエードゥアルトに「この秋の旅行のことはなにも話さないでください」と言った．

(62)　Da kam einer von den Häftlingen auf mich zu/und fragte ob das Kind mir gehöre/Als ich es verneinte sagte er/*ich* **solle** *es der Mutter geben.*　　　(P. Weiss: *Die Ermittlung in*: Stücke I, S.267)

　そこに一人の囚人が私のところへやってきて，おまえの子かとたずねました．私が違うと言うと彼は「その子を母親に返せ」と言いました．

　体験話法の場合も事情は同じで，命令文は一般に sollte＋不定詞で書き換えられます．ただし，例文**(60)**～**(62)**が接続法(möge, möchte, solle)であるのに対して，体験話法は直説法になります．

(63)　Hier soll ich also bleiben. Wenn möglich bis zum Abitur. … Meine Eltern stehen neben mir. … Vor den Toren eines Internats. Meine Mutter reicht mir einen Brief. *Ich* **soll** *ihn später dem Internatsleiter* **geben**. *Zur genaueren Erklärung meiner Person.* Ich nehme einen Koffer und warte auf meinen Vater.　　　(B. Lebert: *Crazy*, S.9)

　ここで過ごすことになるんだ．できればアビトゥアまで．両親も付き添っている．全寮制学校の門の前にいる．母が手紙を僕にわたした．あとでこの手紙を校長先生に渡して．あなたのことをもっとわかってもらうためにね．僕はスーツケースを取り，父を待った．

(64)　Der Konsul ging, die Hände auf dem Rücken, umher und bewegte nervös die Schultern, denn das Gesicht, mit dem sie(Toni) das Wort »dos« hervorbrachte, war gar zu unsäglich stolz.
　Er hatte keine Zeit. Er war bei Gott überhäuft. Sie **sollte** *sich gedulden und sich gefälligst noch fünfzigmal* **besinnen** *!*
　　　　　　(Th. Mann: *Buddenbrooks*, S.391, Steinberg 1971: 222より)

III 体験話法の形態（人称と時称の変換）

　領事は背中に手を置きながら，歩きまわり，いらいらと肩を動かしていた．というのも「持参金」という言葉を口にするときのトーニの顔が，いいようもないくらい誇らしげだったからである．
　<u>「私には暇がないんだ．仕事が山ほどあってね．しばらく我慢して，その間にどうか50回も思い直してもらいたい」</u>と領事は言った．

　例文**(63)**は，ベンヤミン・レーベルトの『クレイジー』で，1人称現在形の独白的なテキストのため，時称の変換がなく，例文**(62)**との相違はsollenが接続法か直説法かの点です．ここでは母親の依頼文が，主人公の「僕」の視点から変換されたものになっています．例文**(64)**は過去形のテキストであり，sollteに変換されています．最後の文が，離婚するという妹トーニに対して，思いとどまるよう説得(懇願)するトーマスの命令文です．もう一例みます．

(65)　Er war sofort von einem Kollegen für eine Verbindung gekeilt worden. *Auch Diederich* **sollte** *ihr* **beitreten**; *es waren die Neuteutonen, eine hochfeine Korporation,* sagte Hornung; *allein sechs Pharmazeuten waren dabei*. Diederich verbarg seinen Schrecken unter der Maske der Geringschätzung, aber es half nichts. Er solle Hornung nicht blamieren, der von ihm gesprochen habe; einen Besuch wenigstens müsse er machen.　　　　　(H. Mann: *Der Untertan*, S.22)

　[…] 彼は，ここにくる早々，学生組合に入るように仲間からさそわれたのだった．<u>ディーデリヒもそれに入れといわれた．このノイトイトニアはすこぶる高尚な組合なのだ</u>，とホルヌングはいう．<u>薬学生だけでも6人いる</u>，ときいてディーデリヒはぎょっとした．なんだそれっぽっちという顔をしてみせたがどうにもならない．<u>せっかく君のことを話しておいたんだから，おれの顔をつぶさないでくれよ．せめて一回は組合にきてくれなければ困るよ．</u>　　　　　　　　　　　(小栗訳 22ページ)

　ここでは，ホルヌングの最初の会話が体験話法で，あとのものが伝達部欠如間接話法で再現されています．その際ホルヌングの勧誘の言葉がsollteで

再現されています．

3.2.6.2. 不変換の命令形

　このように命令形は小説の中では書き換えられますが，ごくまれにそのまま取り込まれることがあります．トーマス・マンの短編『トリスタン』には一見体験話法は現れないようにみえます．ところがSteinberg(1971：225, 344f, 346f.)は『トリスタン』における体験話法を詳しく論じています．この作品における体験話法をみるためには，ワーグナーの『トリスタンとイゾルデ』(特に2幕2場)のテクストとの比較が必要になります．

(66)

　O überschwenglicher und unersättlicher Jubel der Vereinigung im ewigen Jenseits der Dinge！ Des quälenden Irrtums entledigt, den Fesseln des Raumes und der Zeit entronnen, verschmolzen das Du und das Ich, das Dein und Mein sich zu erhabener Wonne. *Trennen konnte **sie** des Tages tückisches Blendwerk, doch seine prahlende Lüge vermochte die Nachtsichtigen nicht mehr zu täuschen, seit die Kraft des Zaubertrankes **ihnen** den Blick geweiht. Wer liebend des Todes Nacht und ihr süßes Geheimnis erschaute, dem **blieb** im Wahn des Lichtes ein einzig Sehnen, die Sehnsucht hin zur heiligen Nacht, der*

(67)

Tristan. Oh, nun waren wir
　Nacht-Geweihte！
Der tückische Tag,
der neidbereite,
trennen konnt' **uns** sein Trug,
doch nicht mehr täuschen sein
　Lug！
Seine eitle Pracht,
seinen prahlenden Schein
verlacht, wem die Nacht
den Blick geweiht：
seines flackernden Lichtes
flüchtige Blitze
blenden **uns** nicht mehr.
Wer des Todes Nacht
liebend erschaut ...
In des Tages eitlem Wähnen
bleibt ihm ein einzig Sehnen
das Sehnen hin
zur heil'gen Nacht,

ewigen, wahren, der einsmachenden ...

O sink *hernieder, Nacht der Liebe,* **gib ihnen** *jenes Vergessen, das* **sie** *ersehnen, umschließe* **sie** *ganz mit deiner Wonne und löse* **sie** *los von der Welt des Truges und der Trennung.* Siehe, die letzte Leuchte verlosch!
(Th. Mann: *Tristan* in: *Die Erzählungen*, S.185)

wo urewig,
einzig wahr
Liebeswonne ihm lacht!
Beide. **O sink** hernieder,
Nacht der Liebe,
gib Vergessen,
daß **ich** lebe;
nimm **mich** auf
in deinen Schoß, löse von
der Welt **mich** los!
(R. Wagner: *Tristan und Isolde*, S.47f.)

　おお，事物の永遠なる彼岸における結合の，熱狂的な，あくことを知らぬ歓呼よ．悩ましい迷いを逃れ，時空の束縛を脱し，「あなた」と「わたし」「あなたのもの」と「わたしのもの」とがひとつに溶けあい，崇高な恍惚と化した．<u>白昼のずる賢いまやかしが**ふたり（私たち）を**引き離すことはできても，魔薬の力がふたり（私たち）のまなざしを浄めて以来，もはや白昼の高慢な虚偽といえども，この夜に目を開かれた者らを欺くことはできぬ．愛しながら，死の夜とその甘美な秘密とを見てとった者には，光の妄想に包まれ，心には**ただひとつの憧れが残っている**．神聖な夜への，永遠な，真実の夜への，すべてを一体にする夜への，憧憬</u>

「ああ，あのときこそ，ぼくたちの身も心も夜に献げられたのだ．腹黒く，ねたみがちな昼，その詐術は**ぼくたちを**互いから引き離すことができた．しかし，もはや**ぼくたちは**そのあやかしに乗せられはしない．そのまなざしを夜が清めた者であれば，昼のいたずらな華やかさにも，その自慢たらたらの外見にもさげすみの笑いを投げるばかりだ．けばけばしく光る，昼のかりそめの光芒ももはやぼくたちの眼をくらませはしない．愛に浸って死の夜…（中略）昼のいたずらな幻にかこまれている彼には，

が残っているのだ…

　愛の夜よ，さあ，その帳を下ろせ．そしてふたりが待ちこがれる忘却をふたり（**私たち**）に与えよ，おまえの歓喜ですっかり**ふたり（私たち）**を包んで，欺瞞と別離の世界からふたりを解き放ってやれ．見よ，最後の明かりも消え失せた．

ただひとつの**憧れが心にかかる**
唯一の真実である愛の歓喜がとこしえに彼に微笑む
聖なる夜への憧れが！」

「愛の夜よ，さあ，降りてこい．
生きていることを忘れさせよ．
私たちをおまえのふところに抱きとって
この世から解きはなってくれ！」

（高辻訳 100-1ページ）

　イタリック部（白昼のずる賢いまやかしがふたりを引き離すことができても）からトーマス・マンの『トリスタン』における記述は，ワーグナーのテクスト，つまり『トリスタンとイゾルデ』のトリスタンの言葉に近づいていきます．ここではワーグナーのテクストにおけるトリスタンの発言がちょっとしたヴァリエーションをもちながら，語りに組み込まれ，直説法で再現されています．その際人称は１人称から３人称へ（uns → sie）変換され，時称は過去形（bleibt → blieb）に変換されていることから，この部分をトリスタンの発言を再現した体験話法とみなすことができます．

　また次の段では，トリスタンとイゾルデの夜への呼びかけが最初は言葉どおりに取り入れられ（O sink hernieder, Nacht der Liebe），次でも命令形はそのまま保持されながら，人称だけは１人称から３人称へ（ich[beide] → sie[Plural]）に変換されています．（**gib ihnen** jenes Vergessen, das **sie** ersehnen, umschließe **sie** ...）Steinberg が指摘しているように，ワーグナーのテクストとの比較がなければ，この部分は地の文とみなされます．しかし，この比較から，この部分はワーグナーのテキストにおけるトリスタンないしトリスタンとイゾルデの言葉を再現した体験話法と考えられ，その際命令形はそのまま小説に取り込まれています．

　さて，命令にはこのような直接命令形以外にも，lassen，過去分詞，不定詞

Ⅲ　体験話法の形態（人称と時称の変換）

などによる命令がありますが，これらも多くの場合そのまま取り込まれることになります．

(68)　Franz fragte sich da einen Augenblick, einen einzigen Augenblick, ob dieses einfache Glück nicht alles aufwiege. ... *Wenn er dastand wie jetzt, wenn er ausstanzte Stück für Stück, konnte er immerfort denken — abends die Elli. Fahnen raus ? Abzeichen im Knopfloch ? Gebt dem Hitler, was des Hitlers ist.* **Laßt sie** — Elli und er hatten Spaß an allem, was sie zusammen unternahmen ...
　　　　　（A. Seghers : *Das siebte Kreuz*, S.253　神田未発表原稿より）

　フランツは一瞬，たった一瞬このつましい幸福がすべてを埋め合わせてくれるのではないかと自問した．[…] 今のようにここに立ち，一つ一つプレスしていけば，いつも考えることができる．晩にはエリといっしょにいられると．旗を出す？　ボタン孔に記章をつける？　ヒトラーのものはヒトラーに返せ．**自分たちは放っておいてくれ．**エリと彼は自分たちが一緒にやったことはなんでも楽しかった．

　ここではフランツの思考が再現されていますが，Laß uns（自分たちをほっといてくれ）から Laß sie に人称のみ変化されています．次に過去分詞による命令形をみます．トーマス・ブデンブロークは息子のハノーに知識を問いただします．

(69)　[…] *Wieviel Einwohner besaß die Stadt ? Welche Straßen führten von der Trave zur oberen Stadt hinauf ? Wie hießen die zum Geschäft gehörigen Speicher ? Frisch und schlagfertig* **hergesagt** ! — Aber Hanno schwieg.
　　　　　（Th. Mann : *Buddenbrooks*, S.511, Steinberg 1971 : 222 より）

　この町の人口はどのくらいだい？　トラーヴェ川から山の手まで通じている通りの名前は何かな，商会に所属する倉庫の名前は？　元気に，てきぱきと答えるんだ．しかしハノーは黙っていた．

— 79 —

ここでは過去分詞（hergesagt !）による命令形がそのまま取り込まれています．このように直接命令形以外の命令は多くの場合そのまま取り込まれます．

3.2.7.　接続法　→　不変換あるいは接続法II式過去に変換

　直接話法における接続法II式現在は，一般にはそのまま取り込まれます．しかししばしば接続法II式過去に変換されることもあります．それぞれの例をみます．

(70)　Eine Art von Übermut begann ihn (Herrn kleinen Friedemann) zu erfüllen. *Was für eine Luft das war, und wie die Vögel zwitscherten !* **Wie wäre es, wenn er ein wenig spazierenginge ?** — Und da, plötzlich, ohne einen Nebengedanken, stieg mit einem süßen Schrecken der Gedanke in ihm auf : Wenn ich zu ihr ginge ?
　（Th. Mann : *Der kleine Herr Friedemann* in : *Die Erzählungen*, S.69)

　　思いあがったような感情が，小フリーデマンの心を満たしはじめた．なんという風が吹いていることか，そしてあの鳥どものさえずりようといったらどうだ！　すこし散歩してみたら，どんなものだろう．　—すると突然，なんの下心もなしに，あの女のところへ行ってみたら？　という考えが，甘い驚きとともに彼の心にわき上ってきた．

(71)　[…] Auf der andern Seite war ihr (Lotte) Werther so teuer geworden ; […] Alles, was sie Interessantes fühlte und dachte, war sie gewohnt, mit ihm zu teilen, und seine Entfernung drohete, in ihr ganzes Wesen eine Lücke zu reißen, die nicht wieder ausgefüllt werden konnte. *Oh,* **hätte** *sie ihn in dem Augenblick zum Bruder* **umwandeln können***, wie glücklich* **wäre** *sie* **gewesen** *! —* **Hätte** *sie ihn einer ihrer Freundinnen* **verheiraten dürfen***,* **hätte** *sie* **hoffen können***, auch sein Verhältnis gegen Albert ganz wieder herzustellen !*
　　　　　（J. W. Goethe : *Die Leiden des jungen Werthers*, S.125f.)

III 体験話法の形態（人称と時称の変換）

　その反面ウェルテルは，彼女（ロッテ）にとってかけがえのない存在になってしまった．［…］自分が感じたり考えたりした興味のあることは，すべて彼と分けあうのに慣れていたので，彼が遠ざかることは彼女の存在全体に，二度と満たせないような隙間を作るおそれがあった．<u>ああ，もしこの瞬間に彼を自分の兄に変えることができたら，どんなにしあわせだろう！もし彼を自分の女友だちの誰かと結婚させることができたら，彼とアルバートとの関係を完全に元どおりにする希望も持てるのに！</u>

（内垣訳 107ページ）

　『小フリーデマン氏』では，接続法II式現在が体験話法にそのまま取り込まれていますが，ゲーテの『若きウェルテルの悩み』の場合，本来なら（Lotte dachte：, Oh, könnte ich ihn ... zum Bruder umwandeln, wie glücklich wäre ich!）といった接続法II式現在が，体験話法においてはII式過去に変換されています．ここが本来接続法I式現在であることは，邦訳が接続法II式過去（〜であったとしたら，〜であったのに）ではなく，II式現在で訳していることからもわかります．

3.2.8．格言的現在 → 不変換あるいは過去形に変換

　格言的な表現（一般には現在形）はそのまま取り込まれますが，しばしば過去形に変換されることがあります．後で触れますように，この場合その部分が体験話法であることのシグナルになります．Roncador（1988：224f.）は周知の格言は過去に変換され，なじみのうすいものはそのまま取り込まれる傾向があることを述べていますが，必ずしもそこに明確に規則的なものがあるかは疑問です．例えば次の二つの例文を比較してみます．

(72)　*Wenn Susanne ihn（Tomaschewski）hier sehen könnte ... Ob sie ihn an seiner Tat hindern würde？Er glaubte es nicht. Susanne. Sue.* **Der Teufel soll sie holen,** *dieses Miststück！*
(-ky：*Zu einem Mord gehören zwei*, S.15f.)

　<u>スザンネがここにいる俺を見たら．彼女は俺がやろうとしている銀行強</u>

盗をとめるだろうか．いやそんなことはない．スザンネ，スー，あんな女くたばってしまえばいいんだ．[悪魔が彼女を連れ去るように]あの下劣な女め．

(73) *Aber, das war ihr ganz recht！Warum hatte sie das ganze Pack nicht schon längst an die Luft gesetzt！Wenn's wenigstens noch die verrückten Thienwiebels gewesen wären.* **Aber die holte ja der Satan nicht！**　　　　　　　　　　　　(Holz/Schlaf：*Papa Hamlet*, S.52)

　しかし，こんな目に会うのも仕方ない．なぜあんなやつをさっさと追い出しておかなかったのか．ずらかったのが，あの気がふれたティーンヴィーベルたちだったらともかく．でもやつらは悪魔でも手をやく連中さ．[悪魔でもやつらは連れていかないさ]

　このように類似した言い回しでも，ある場合**(72)**にはそのまま取り込まれ，またある場合**(73)**には過去形(holte)に変換されています．その意味では作家の恣意によるところが多いといえるかもしれません．また同じ小説でもある場合はそのまま取り込まれ，ある場合は変換されることもしばしばあります．

(74)　Mannhardt hatte Mitleid mit dem armen Schlucker；es machte ihm keinen Spaß, ihn noch weiter auszupressen. *Aber Dienst* **war** *Dienst, und Gefühl* **war** *eben Privatsache.* „Was hatte er denn an？" „Einen grauen Flanellanzug."
　　(-ky：*Zu einem Mord gehören zwei*, S.26, Breslauer 1996：199より)

　マンハルトは哀れな銀行員に同情した．マンハルトにはこれ以上この銀行員を尋問する気はなかった．しかし仕事は仕事，気持ちは私事のこと．「犯人はいったいどんな服装をしていました」「灰色のフラノの服です」

　これは例文**(72)**と同じ推理小説からの例文ですが，最初の場合は格言的な言い回しはそのまま体験話法に取り込まれていましたが，ここでは „Dienst ist Dienst(仕事は仕事)" といった言い回しが，語りの中で過去形に変換され

— 82 —

ています．このように，本来現在形であるべきものが，過去に変換されている場合は，後で見ますように体験話法のシグナルとなります．ここでも警部マンハルトの思考が再現されていると考えられます．格言的現在に関しては4.7.，さらに例文**(123)(137)**も参照．

3.2.9. 不定詞 → 不変換

不定詞文はそのまま取り込まれます．前後の人称や時称の変換などから体験話法の一部であることが確認されます．

(75) […] *Thomas benutzte als Kaufmann die Konjunktur, und auch beim Verkaufe, nacher, würde er sie bei Gott zu benutzen wissen! Andererseits aber erwies er dem bedrängten Gutsherrn einen Dienst, zu dem er […] ganz allein berufen war.* **Schreiben** *also . . . heute abend noch* **schreiben** […] *in rücksichtsvollster Weise* **schreiben** *und* **fragen***, ob ein Besuch in den nächsten Tagen genehm sei. Eine heikle Sache immerhin.*
(Th. Mann: *Buddenbrooks*, S.474, Steinberg 1971: 235より)

<u>わたしも商人である以上，商売の好機を利用するし，あとで売る場合も，好機を利用することになるだろう！　しかし他方自分は苦境にある地主に，一つの援助の手をさしのべているわけで，このような資格は，…わたしだけが持っている．では手紙を書こう…今夜のうちに**書こう**［…］慎重の上にも慎重に**書こう**，そしてその中で，近いうちにお訪ねしたいがご都合はいかが，と**尋ねることにしよう**．とにかくやっかいな仕事だ．</u>

(76) Fabian steckte den Brief ein und blickte auf die Straße hinunter. *Warum saß er hier in dem fremden, gottverlassenen Zimmer, . . . ? Warum saß er nicht zu Hause, bei seiner Mutter? Was hatte er hier in dieser Stadt, in diesem verrückt gewordenen Steinbaukasten zu suchen? Blumigen Unsinn* **schreiben***, damit die Menschheit noch mehr Zigaretten rauchte als bisher?*　　　　　(E. Kästner: *Fabian*, S.46)

ファービアンはその手紙をポケットに入れ，通りを見下ろした．<u>なぜ自分は異郷のこんな寂しい部屋にいるのだろう．なぜ僕は自分の家に，母のもとにいないのだろうか．僕はこの町で，この気の狂った石の積み木箱の中でなにをもとめているのか．人が今よりタバコを吸うために無意味な美辞麗句を書くことなのか．</u>

　『ブデンブローク家の人々』8部，第4章の数ページにわたるトーマスの思考を再現した有名な箇所です．この部分の少し前には **Laß** sehen … **laß** sehen といった命令文や sagen **wir** einmal など無変換の wir などがあり，体験話法の観点からも興味深い部分です．ここでは „schreiben", „fragen" といった不定詞がそのまま取り込まれています．ケストナーの『ファービアン』の例も同じく „schreiben" が不定詞になっています．不定詞は不変換でそのまま取り込まれるため，それだけでは自由直接話法か体験話法か区別できませんが，その前後の人称や時称が変換されていることから，この部分も体験話法とみなすことができます．

3.2.10. 時の副詞 → 不変換

3.2.10.1. gestern＋過去完了，jetzt, heute, morgen＋過去形

　今まで見てきたように，時称は一般に語りの時制に変換されます．それに対して，ドイツ語では時の副詞(gestern, heute, morgen)は，そのまま体験話法に取り込まれます．

(77)[gestern＋過去完了]
[…] Daß jener so zur Heirat drängte, erfüllte ihn mit neuem Mißtrauen. *Was steckte hier wieder dahinter ?* **Gestern** *abend* **hatten** *er und Elisabeth den Eltern* **erklärt**, *daß sie die Heirat nicht übereilen mochten, hatten alle Hindernisse aufgezählt, und nun wollte dieser Bertrand die Hindernisse einfach wegblasen.*
　　　　　　　　　　　　　(H. Broch: *Die Schlafwandler*, S.164)

III　体験話法の形態（人称と時称の変換）

　ベルトラントがこんなに結婚しろとせき立てたことが，ヨアヒムの心に新たな不信を抱かせた．<u>こいつまた，なにをたくらんでいるんだろう？　昨晩，おれとエリーザベトとは両親に，結婚をあまり急ぎたくないと言いきって，いろんな支障を並べ立てたばかりじゃないか．それを今，このベルトラントの奴はそれらの支障を一つ残らず吹き飛ばそうとしていやがる．</u>

（菊盛訳 162ページ）

(78)［heute＋過去形］

　Nach vielen Stunden erst wachte sie auf. Ein angenehmes Halbdunkel umgab sie. Durch die Ritzen der geschlossenen Fensterläden fielen nur die schmalen Streifen des Sonnenlichts. Rasch erhob sie sich und hatte sofort die klare Auffassung des Moments. ***Heute mußte*** *Alfred kommen !* (A. Schnitzler: *Sterben*, S.216)

　幾時間もたってからやっと彼女は目をさました．心地よい薄闇が彼女のまわりを取り巻いていた．閉ざした窓の鎧戸の隙間から細い縞となってわずかに日の光が差し込んでいるにすぎない．彼女は急いで起き出ると，即座に現在の時点をはっきりと悟った．<u>そうだ，**きょうはアルフレットさんが来てくださるにちがいない**．</u>

（谷訳 104ページ）

(79)［jetzt＋過去形］

　Baldini war außer sich. Er klagte und schrie vor Verzweiflung. […] *Ausgerechnet jetzt ! Warum nicht in zwei Jahren ? Warum nicht in einem ?* […] *In einem Jahr hätte er getrost sterben dürfen. Aber nein !* *Er **starb jetzt**, Herrgottsakrament, binnen achtundvierzig Stunden !*

(P. Süskind: *Das Parfum*, S.134)

　バルディーニは度を失った．絶望のあまり嘆き，叫んだ．[…] <u>よりによって今．なぜ２年後，いや１年後でないのか．[…] １年後なら安んじて死ぬことができるだろうに．しかし，だめだ．**いま死ぬなんて**，なんてこった，48時間以内とは．</u>

― 85 ―

(80)［morgen＋過去形］

　　［…］Hanno hörte, wie sie die Tür zuschlug, und dann herrschte Stille. Langsam erhob er sich und las die Scherben des Sektglases auf. *Ob Sarah etwas gehört hatte ? War sie überhaupt zu Hause ? Oder schlief sie vielleicht schon ? Es half nichts, er mußte es ihr jetzt sagen. Noch heute abend. Wenn sie* **morgen** *zu den Zitkaus* ***fuhr****, würde er keine Gelegenheit mehr dazu haben.*　　(D. Schwanitz : *Der Campus*, S.331)

　　ハノーは妻ガブリエルがドアをばたんと閉めるのを聞いた．その後は沈黙が支配した．ゆっくりとハノーは立ち上がり，(妻が彼に投げつけたため割れた)シャンパングラスのかけらを拾い上げた．サラ(娘)はなにか聞いただろうか．そもそも家にいるのだろうか．あるいはもう寝たのだろうか．いやダメだ，娘にこのことをいま言わなければ．今晩中に．あす娘がツィトゥカウ家に行けば，もうそのことを話す機会はないだろう．

　邦訳からもうかがえるように，これらは想定される直接話法では**(77)**は現在完了，**(78)**，**(79)**，**(80)**は現在で，それぞれ過去完了ないし過去に時称が変換されているのに対して，時の副詞(gestern, heute, morgen)はそのまま取り込まれています．

　ドイツ語ではこのように時の副詞がそのまま取り込まれるのに対してSteinberg (1978)［保坂訳1985 : 243］あるいはKullmann(1992 : 327)では，フランス語の自由間接話法ではしばしば時の副詞が変換されることを述べています．

(81)　J'en ai même oublié le spectacle ! Ce pauvre Bovary qui m'avait laissée tout exprés ! ［…］ *Et l'occasion était perdue, car elle partait dès* ***le lendemain.***

　　Vrai ? fit Léon. Qui.　　　　(G. Flaubert : *Madame Bovary*, S.309f.)

　»Ich habe sogar das Theater darüber vergessen ! Und der arme Bovary, der mich doch eigens deshalb hiergelassen hat !［…］« *Und nun war die Gelegenheit verpaßt, denn* **morgen** *reiste sie ab.*

III 体験話法の形態（人称と時称の変換）

»Wirklich« fragte Léon. »Ja.«
(übersetzt von Perker und Sander, S.293)

「オペラも忘れていましたわ！ そのために主人はわたしを残して行ってくれたのですのに！…」もうこれで機会はない，明日は帰らなければなりませんから，とエンマが言うと，「ほんとに？」とレオンがきいた．「ええ」
(山田訳 249ページ)

エンマの発言「明日は帰らなければなりませんから」の再現でフランス語の場合 demain(morgen) が le lendemain(am nächsten tag) に変換されているのがわかります．しかし，そのドイツ語訳はやはり morgen が用いられています＊．

このように時称が過去形に変換されるのに対して，時の副詞，とりわけ「未来」の副詞 morgen(あす)がそのまま取り込まれるため，Käte Hamburger によって有名になった „Morgen war Weihnachten" といった一見奇妙な文が体験話法では生ずることになります．ただ，日本語ではそれほど違和感なく「あすはクリスマスだった．」と訳されてきました．しかし，この文における „war" は日本語の助動詞「た」に本当に対応するのでしょうか．この点について少し考えてみたいと思います．

　　　　＊

2.4.3.の最後に触れたように『ボヴァリー夫人』の発言を再現した自由間接話法は，ドイツ語では体験話法で訳されたり，導入文欠如の間接話法で訳されたりします．上記のように Perker und Sander は体験話法で訳していますが Widmer の訳は：Die Gelegenheit sei nun verpaßt, denn sie **reise** am nächsten Tag wieder ab. (S.307)と接続法の間接話法で訳され，morgen は am nächsten Tag になっています．

なお，Fludernik(1993：230)は，Weinrich(1985：241f.)を引用して，トーマス・マンの『ワイマールのロッテ』より，ドイツ語で，語り手のダイクシスが体験話法に現れる例をあげていますが（[Und wie er auch gebeten hatte, es nicht anzusagen, so hatte sie es doch **an dem Tage** noch ihrem Guten redlich gemeldet, weil er's wissen mußte：（そして彼はそれを言わないように頼んだが，彼女はその日のうちに善良な人に包み隠さずこのことを告げてしまった，なぜなら彼はそれを知らなければならなかったから．[私はその日のうちに…このことを告げたわ，だって彼は知らなければならないわ??]）(Th.Mann：*Lotte in Weimar*, S.23)，これが体験話法であるかは疑問です．

Was **hat** der Kanzler **morgen gesagt**？**Waren** Sie **morgen** schon in Lübeck？Wer so fragte, beging bislang einen Fehler. Morgen verlangte Futur oder wenigstens Präsens.

　　　　　　（kau：Das Morgen-Journal, in：*FAZ* 6. Dezember 2001, S.49）

首相は**あ**̇**す**なにを言いまし**た**̇か．あなたは**あ**̇**す**すでにリューベックにいまし**た**̇か．このように質問するものは，今まではミスを犯していた．**あ**̇**す**は未来形か少なくとも現在形を要求した．（強調筆者）

3.2.10.2. „Morgen war Weihnachten"
　　　　　　　　　　　（あ̇すはクリスマスだ̇った）
　　　　―この „war" は日本語の助動詞「た」に対応するのだろうか？―

(82)　　Frau Bomberling sagte sich, daß sie etwas tun müsse, um dünner zu werden ... *Helene hatte gestern einen Arzt genannt, der die Wohlhabenden mager kurierte. Sie mußte ihn aufsuchen. Aber am Vormittag hatte sie den Baum zu putzen.* **Morgen war Weihnachtsabend**.
　　Babette half der Mutter bei dem Auschmücken.

　　　　　　（A. Berend：*Die Bräutigame der Babette Bomberling*, S.86）

　ボンベルリンク夫人は，やせるためになにかをしなければとひとり言を言った．…ヘレーネはきのう裕福な人たちをやせるように治療してくれるお医者さんを教えてくれたわ．そのお医者さんに行かなくては．でも午前中は木に飾り付けをしなければならない．**あすはクリスマスだし**（あすはクリスマスだった？）．バベッテは母を手伝って飾り付けをした．

(83)　　*Samstag, 23. Dezember 1944. ...* Wir ziehen wieder um. Es kommen Transporte aus Auschwitz, Ungarn und überall her. [...] Das Lager wird immer voller. [...] Ich lebe nur noch in der Baracke, und es kommt vor ... daß man Steckrüben mit rohen Kartoffeln ißt und zur nächsten Mahlzeit Speck und Würfelzucker ... erhält. Es stimmt, **morgen ist Weihnachten**. Man sagt, wir sollen Kartoffeln mit »Gulasch« bekommen.

(R. Laqueur: *Bergen-Belsen Tagebuch 1944/45*, S.87f.)

　1944年12月23日(土)私たちはまた寝場所を変えた．アウシュヴィッツ，ハンガリーあらゆるところから人が運ばれてくる．…収容所はますますいっぱいになる．…私はバラック住まいで，生のジャガイモとかぶを食べるかと思うと次の食事ではベーコンや角砂糖をもらうことがあった．<u>そうだ，あすはクリスマスだ</u>．グーラシュつきのジャガイモが出るという．

　例文(**82**)は Käte Hamburger(ケーテ・ハンブルガー)『文学の論理学』の1節から有名になった文章です．Hamburger は手紙，日記，ルポルタージュなどの日常言語(現実陳述)と小説などのフィクションの言語を区別し，„Morgen war Weihnachten" といった文は現実陳述には現れないことを繰り返し強調しました(2.7.参照)．確かに同じ例文でも，現実陳述にあたる例文(**83**)のレナータ・ラクーのベルゲン・ベルゼン収容所の日記では „morgen ist Weihnachten" となり，現在形(ist)が用いられています．

　Hamburger の例文のような未来の副詞(morgen)と過去形(war)の組み合わせは，確かに日常的な感覚からは奇妙で，かつて Wolfgang Kayser は „**Morgen ging** der Zug" という例文をあげ「この文はぞっとするような文である(Kayser(1957:455f.))」と述べました．しかしこのような文は体験話法で，現代文学においてはしばしばみられます．例えばトーマス・マンの『ブデンブローク家の人々』には，このような文が3箇所出てきます．ここではまずその一例をみてみます．

(**84**)　[…] Er(Hanno) dachte an Kai und das Wiedersehen mit ihm, an Herrn Pfühl, die Klavierstunden, den Flügel und sein Harmonium. Übrigens **war morgen** Sonntag, und der erste Schultag, **übermorgen, war** noch gefahrlos.　　　　(Th. Mann: *Buddenbrooks*, S.637)

　　彼(ハノー)はカイのことを，カイとまた会うことを，ピュール氏やピア

ノのレッスン，グランドピアノやオルガンのことを思った．それに明日は
日曜日だっ・たし（だし），始業日の明後日はまだ危険はなかっ・た（ないさ）．
　　　　　　　（円子訳 519ページ，傍点ならびに（　）内は筆者）

　永遠と思われた夏休みも終わり，ハノーにとってまた煩わしい学校が始ま
る．保養地（トラーヴェミュンデ）からの帰り，馬車の中でハノーは，それで
も気をとり直し，友人カイとの再会など楽しいこと，そして学校もまだ数日
は大丈夫であることを思う．イタリック部分は明らかにこのようなハノーの
思考を再現した体験話法です．ここで morgen ないし übermorgen は作中人
物ハノーの視点，過去形（war）は語り手の視点であり，二つの視点が重なる
体験話法においては，すでにみましたように，このような組み合わせがしば
しば可能になります．
　ここでは上の邦訳「明日は日曜日だったし，始業日の明後日はまだ危険は
なかっ・た」にみられる „morgen＋war" で，過去形（war）が日本語の助動詞
「た」で訳されることに注目します．とりわけ最初にあげた Hamburger の例
文 „Morgen war Weihnachten" では，Hamburger の著作『文学の論理学』
の邦訳であれ，この文をめぐる研究論文であれ，ほぼ例外なく「あすはクリ
スマスだっ・た」と「た」で訳されてきました．それは日本語の場合，日常の
言語使用においても「あす」と「た」の組み合わせが可能であり，一見訳と
して問題ない，さらに適訳と無批判に思われたからです．しかし本当にこの
ような例文における morgen＋過去形が，日本語の「あす」＋「た」に対応す
るのでしょうか．
　Hamburger は，過去形が過去を意味しない典型的な例の一つとして
„Morgen war Weihnachten" という文をあげました．もし日本語の助動詞
「た」が過去を表すなら，この例文の訳に「た」を用いることは，少なくとも
Hamburger の意図に反した訳になるかもしれません．また英語やドイツ語
では，日常言語において morgen と過去形の組み合わせが不可能であるのに，
なぜ日本語においては「あす」と過去を表す助動詞「た」の結びつきが可能
なのでしょうか．すでにこの疑問から „morgen＋war" の過去形（war）が日
本語の助動詞「た」に単純に対応するものでないことがうかがわれます．そ
こでまず日本語の助動詞「た」について少し考えてみます．

III　体験話法の形態（人称と時称の変換）

（85）
Ach, *gestern* **war** ihr Geburtstag. （あ，きのうは彼女の誕生日だった．）
（86）
Stimmt, *morgen* **ist** ihr Geburtstag. （あ，あすは彼女の誕生日だった．）

　日本語では「彼女の誕生日だった」という述語は，日常の言語使用でも状況しだいで「きのう」とも「あす」とも結びつくことができます．例えば例文（86）は「あすが彼女の誕生日であること」を思い出したとき（想起の「た」），例文（85）は思い出したことには変わりはありませんが，彼女の誕生日がすでに過ぎてしまった場合で，「た」は過去を表す普通の用法です．この場合日常のドイツ語では Ach, gestern war ihr Geburtstag. は可能でも，Stimmt, morgen **war** ihr Geburtstag. は無理です．やはり最初にあげたラクーの日記のように Stimmt, morgen **ist** ihr Geburtstag. と現在形が用いられることになります．このように「きのう」にも「あす」にも用いられる日本語の「た」について，かつて小西（1981）は「結局，助動詞「た」には時（tense）を示すはたらきがないのであって，過去とか未来とかは，この場合連用修飾語「昨日」「明日」によって言いあらわされている（202ページ）」と述べていました．しかし最近の日本語学者は，このような「た」も過去を表すと考えているようです．岩崎（2000）の「日本語における文法カテゴリーとしてのテンスとは何か」という論にしたがえば「あすは彼女の誕生日だった」という文は，話し手が過去のある時点で「あすは彼女の誕生日であることを認識していた」という状況で発せられ，「あすは彼女の誕生日だった」という文では，その過去における話し手の「あすは彼女の誕生日である」という認識にさかのぼってタ形（過去）が使用されているということです．井上（2001）も，このようなムード的な「タ」をまとめて次のように述べています．1）「タ」は「発話時以前の出来事・状態である」ことを表す，2）日本語では，発話時以前のある時点で観察された（発話時以前に認識すべきだった，発話時以前に体験された）状態 P を，発話時における同一状態の P から切り離して独立に述べることが容易である．この二つのことがあわさって「発見」「思い出し」といった様々な意味が具現化される．「あすは彼女の誕生日だった」という文は日本語研究においても従来，現在あるいは未来を表しているはずなのに「た」が用いられることで注目されていましたが，岩崎や井上の考えにしたがえば，これら

の「た」も過去を表していることには変わりないことになります．そして重要な指摘ですが，井上はこのような「思い出し」の「タ」は程度の差はあれ「そうか，なるほど」(問題解決の感得を得た)というニュアンスをともなうと述べています．

　ならば Hamburger の例文やトーマス・マンの『ブデンブローク家の人々』の例文の過去形が，このような想起ないし思い出しを表す日本語の助動詞「た」に対応するのでしょうか．否です．Hamburger においては „Morgen war Weihnachten" という一文だけで，それを取り巻くコンテキストが考慮されることがまったくありませんでした．それはもちろん，Hamburger 自身が非常に短いコンテキストでこの例文を引用したことにも起因しています．しかし例文(**82**)のように，ある程度のコンテキストで眺めると，すでにこの文のまえからボンベリング夫人の思考の再現が始まっています．この関連でみますと，ボンベリング夫人はこの前の文で，クリスマスのモミの木の飾り付けのことを考えています．「あすがクリスマスである」ことはこの時点で夫人に明らかになっています．つまり „Morgen war Weihnachten" は日本語で想起の助動詞「た」を用いる必然性はないといえます．„Übrigens(それに)" で始まるトーマス・マンの例文も状況は同じといえます．このようなドイツ語の過去形は，語り手の視点から用いられた過去，つまり普通の過去であり，日本語のいわゆるムードの「た」とは異なります．このことは日本語の想起の助動詞「た」が，「述語が状態性述語に限られる事」(例えば日本語でも「あすビールを飲んだ」という動作的述語では無理)を考えればさらにはっきりとします．つまり日本語の「た」が「あす」と結びつきうるのは「〜だった」という状態性述語に限られるのに対して，当然ながらフィクションのドイツ語では morgen と結びつく過去形は状態性の述語(sein 動詞)だけでなく，その場合にはやはり邦訳でも「た」を使って訳すことができません．いくつか例をあげてみます．

(87)　[…] Der junge Wanderer hielt den Schritt an. […] Das Schieferdach der Kirche und des Turmes bedurfte einer Reparatur. Diese war seinem Vater übertragen worden und war der Grund, wenigstens der Vorwand, warum der Vater ihn früher aus der Fremde zurücklief, … *Vielleicht **morgen** schon **begann** er seinen Teil Arbeit.*

Ⅲ　体験話法の形態（人称と時称の変換）

(O. Ludwig: *Zwischen Himmel und Erde*, S.10)

　若い旅人は歩を止めた．…教会堂と鐘塔とのスレート屋根の修理が必要であった．この修理が彼の父に一任されていた．これを，理由というほどでないにせよ少くとも口実として，父は彼を他郷から呼び戻したのである．<u>…恐らく明日にも彼の（自分の）受持の仕事が始ることであろう．</u>

(黒川訳 13ページ，（　）内は筆者)

(88)　Marie rührte sich vom Bett des Kranken (Felix) nicht weg. *Was war das für ein　endloser Nachmittag !* ... Dann berechnete Marie, wann Alfred kommen könnte. ***Morgen, abends konnte*** *er hier sein.*

(A. Schnitzler: *Sterben*, S.213)

　マリーは病床を片時も離れなかった．<u>なんと際限もなく長い午後だろう．</u>…マリーは心のうちで，いつアルフレットさんが来てくださるだろうかと，計算してみた．<u>あす，そうだ，あすの晩にはここへお着きかもしれない．</u>

(谷訳 100ページ)

(89)　»Eisern !«, murmelte Martin. Dann kehrte er ins Zimmer Nummer 9 zurück. Er holte ein Bild aus dem Pult, das er für seine Eltern gemalt hatte. […] Er wollte es zu Haus unter den Christbaum legen. ***Morgen***, *spätestens* ***übermorgen***, ***musste*** *das Reisegeld eintreffen, das ihm die Mutter schicken würde.*

(E. Kästner: *Das fliegende Klassenzimmer*, S.87)

　「ぜったいに．」とマルティンは呟く，９号室に戻りました．彼は両親のために描いた絵を引き出しから取り出しました．[…] 彼はその絵を自分の家のクリスマスツリーの下に置くつもりでした．<u>あす，おそくともあさってには，お母さんが送ってくれる旅費が届くにちがいない．</u>

　邦訳からも明らかなように，これらの例文では morgen と結びついた過去形 (begann, konnte, musste) は「た」で訳されていません．日本語では「あす」

と結びつく「た」は「述語が状態性述語」に限られるからです．せっかくの名訳？「た」もここでは放棄せざるをえません．［例文80, 81, 98, 111～113, 173も同様です．］

　それにもかかわらず，なぜ Hamburger の例文では「た」が用いられてきたのでしょうか．そこにはこの「た」の使用により，ドイツ語の „morgen(作中人物の視点)" と „war(語り手の視点)" の重なりを，なんとはなしに表現しているのではないかという願望的な錯覚があったのではないでしょうか．あるいは発言や思考の再現において時制が一般にシフトされない日本語において，唯一シフトの仮象を与えてくれるこの想起の「た」に，このような視点の重なりの再現を託したのではないでしょうか．しかし日本語の場合，そこにドイツ語におけるような語り手と作中人物との視点の重なりがあるわけではありません．例えば『ブデンブローク家の人々』の場合「明日は日曜日だったし，始業日の明後日はまだ危険がなかった」と「た」を用いることにより「あす」も「あさって」も語り手の視点になってしまいます．少なくともこの邦訳から受ける日本人読者の語感はハノーの思考の再現というより，語り手の地の文の色彩の濃いものになります．これはドイツ人読者の語感とは逆であると考えられます．

　それではどのように考えたら(訳したら)いいのでしょうか．一つには Morgen war Weihnachten という文の邦訳にあたっては，Hamburger の考えに乗ってしまい過去を無視して「あすはクリスマスだ」と作中人物の視点から訳してしまう考え方があります．事実，このような war も，体験話法つまり作中人物の思考・発言の再現であることが明らかな場合は邦訳でもしばしば war の過去性は無視され，現在形で訳されています．

(90) *Vermittelst des Hebels . . . **ja, ja, das war morgen**. Was nun ? Nach Hause und ruhen, zu schlafen versuchen.*

(Th. Mann: *Buddenbrooks*, S.680)

　梃子を使うのか…**ああ，そうだ，それは明日のことだ**．これからどうする？　家に帰って休むのだ，眠れるかどうか，試してみよう．

（森川訳 535 ページ）

III　体験話法の形態（人称と時称の変換）

(91)　Die meisten waren noch in die Boote gegangen, um die Dunkelheit für den Fang auszunutzen ― *morgen war Markt auf der Insel* ―, die übrigen gingen hinauf.
（A. Seghers: *Aufstand der Fischer von St. Barbara*, S.69, 神田2003：136 より）

　大部分の者はそれからなお舟に乗った．闇夜を利用して漁をするためである―明日は島で市がある日だ―．他の者は坂道を帰っていった．
（道家訳 43ページ）

このようにともに現在形で訳され，作中人物の思考再現と捉えられています．ところが逆に語り手の地の文として「た」を使って訳されてしまう場合もあります．

(92)　*Morgen kam der dritte Weihnachtsabend an die Reihe, die Bescherung bei Therese Weichbrodt,* und er（Hanno）freute sich darauf als auf ein kleines burleskes Spiel.（Th. Mann: *Buddenbrooks*, S.547）

　翌日は，クリスマスの3日目であった．その夜は，テレーゼ・ワイヒブロートの家でプレゼントがあって，ハンノ少年は，その夜を滑稽な余興のように楽しみにして待った．
（望月訳（下）59ページ）

この文がハノーの思考を再現した体験話法である点は無視され，"morgen"も語り手の視点から「翌日」と訳されています．Hamburgerの言うように，体験話法においては作中人物の視点が優先されるとすれば，例文 **(90)(91)** のように「あすはクリスマスの3日目だ」（作中人物の視点）と訳すべきかもしれません．
　しかし状態を表す動詞 war に限られているとはいえ「た」にも捨てがたいものがあることも確かです．ただ「あすはクリスマスだった」「あすは日曜日だった」と断定的に訳してしまうと「あす」も語り手の視点となり，語り手のイメージが前面に出すぎるように思われます．かつて千石（1967）は「言語表現における視点の問題」と題した論文の中で，この文章を「あすはいよい

よクリスマスだった」(傍点筆者)と訳していました．この「いよいよ」に作中人物の視点が含まれ，訳の可能性の一つが示されているといえます．実例では**(93)** *In zwei Tagen war Weihnachten.* [I. Noll, *Die Apothekerin* S.177]（いよいよあと二日でクリスマスだ．［だった］（平野訳194ページ））があります．したがって「だった」を用いる場合は「あすはいよいよクリスマスだった」あるいは「あすはクリスマスだったのだ」というように「いよいよ」や「のだ」などを加えてみるなどの工夫が必要になります．時間のパースペクティブは重なることがないため，このような morgen＋war は明らかに体験話法と考えられます．しかしこれが主人公など一人の作中人物の明確な思考・発言の再現でない場合，このような「た」を使った訳の可能性があるかもしれません．

(94)　Nun galt es, beim Anbruch des nächsten Tages, die Frage : wer nur, in aller Welt, morgen um 11 Uhr sich zeigen würde ; ***denn morgen war der gefürchtete Dritte.*** Vater und Mutter, und auch der Bruder, ... stimmten unbedingt. [...] für Vermählung ; alles, was nur immer möglich war, sollte geschehen, um die Lage der Marquise glücklich zu machen.　　　　　(H. v. Kleist : *Die Marquise von O ...* , S.44)

　さてこうして翌日が明けると，いよいよ問題は，そもそもいったい誰があした11時に現われるであろうかということになった．**あすがその恐れられた３日だったのだ．**父と母は，そして…兄も，［…］絶対に結婚に賛成で，侯爵夫人の境遇をしあわせにするためなら，およそできるかぎりのことはなんでもしてやるといった．　　　　（中田訳　493ページ）［太字部分は筆者］

　もちろん作中人物が臨場感を感じていることをほのめかす「いよいよ」があっても，また例文のように「のだ」や「そう」を挿入しても，結局日本語として語り手と作中人物の２重性を表すことはできないかもしれません．しかしこのような文章を文学的なコンテキストの中で日本語に訳すには，意味伝達を重視して，例文**(90)(91)**の邦訳のように現在形で訳すか，多少日本語としてはぎこちなくても，文学的なコンテキストの助けを借りて例文**(94)**のように「だった」を使った訳の可能性をさぐるしかないかもしれません．少

III　体験話法の形態（人称と時称の変換）

なくとも Morgen war Weihnachten といった文を，文学的コンテキストを無視して「あすはクリスマスだった」と訳し，このドイツ語のもつ特殊性を日本語の訳文が表しているという錯覚からは解放されるべきでしょう．ここでのドイツ語文の過去形(war)は，日本語の想起ないし思い出しの「た」と呼ばれているものとは別です．これは本来文学的なコンテキストでしか現れない現象を，単文の単位でばかり考察していることにも起因しています．単文として「た」文で訳した日本語を，それが現れるコンテキストに挿入した場合，日本語として作中人物の視点を多少なりとも表しうるかどうかをみれば，その問題性は明らかであす．有機的なコンテキストでしか現れない現象を，そのコンテキストを無視して考察ないし訳しても無意味です．その意味では，この文を単文として扱う場合も「あすはクリスマスだった」と安易に「だった」を使って訳すべきではないといえます．

　繰り返しになりますが，Käte Hamburger『文学の論理学』の一節から有名になった未来の副詞 „morgen" と過去形(war)が結びついた文 „Morgen war Weihnachten" の „war" は「思い出し」の意味あいをもつ日本語の「た」に対応するものではありません．ドイツ語の „morgen (作中人物の視点)" と „war (語り手の視点)" の重なりを，日本語の「あす」と「た」の組み合わせが表現していると考えるのは錯覚です．Käte Hamburger が初めてこの種の例文(„**morgen ging** der Flugzeug, ..."［Hamburger1953：333］)をあげてからすでに半世紀，そろそろこの錯覚から覚めるべきでしょう．

　時称変換の最後に，体験話法によく用いられる話法の助動詞の用法をみてみます．とりわけ過去形に変換された wollte と接続法Ⅱ式の形がそのまま取り込まれた sollte の用法をみます．［mochte に関しては 4.9. 参照］

1．発言を再現する wollte の用法

トーマス・マンの『魔の山』第5章「あ，みえる」の一節です．

(95)　［…］ *Ob sie (Madame Chauchat) denn Kinder habe,* **wollte** *er (Hans Castorp) wissen. — Aber nein doch, sie hatte keine. Was sollte eine Frau wie sie wohl mit Kindern beginnen ? Wahrscheinlich war es ihr streng untersagt, welche zu haben — und andererseits : was würden*

— 97 —

denn das auch wohl für Kinder sein? Hans Castorp mußte dem beipflichten.　　　　　　　　　(Th. Mann：*Der Zauberberg*, S.220)

<u>（ショーシャ夫人には）子供があるだろうか，と彼（ハンス・カストルプ）は尋ねた．</u>―とんでもない，子供なんかひとりもいませんわ，ああいうひとにどうして子供なんか持てるでしょうか，子供を持つことはおそらく厳禁されているのでしょうし，―それにどんな子供ができるでしょう．<u>これが（エンゲルハルト老嬢の）返事だった．</u>これにはハンス・カストルプも賛成せざるをえなかった．　　　　（高橋訳（上）356ページ，（　）内は筆者）

『魔の山』では実に多くの発言が再現されますが，そのほとんどは接続法Ⅰ式による導入文のない間接話法です．しかし，ハンス・カストルプとエンゲルハルト老嬢のショーシャ夫人に関する会話は，めずらしく直説法による体験話法で再現されています．ここで問題にしたいのは最初の文(Ob sie denn Kinder habe, **wollte** er wissen)です．この文は「ハンス・カストルプは，ショーシャ夫人に子どもいるかどうか知りたかった」という地の文というより，ハンス・カストルプが老嬢に発した質問「ショーシャ夫人には子供がいるのでしょうか」の再現と考えられます．それは，次の文がエンゲルハルト老嬢のこの質問に対する　―やはり体験話法による―　答えの再現となっていることからも明らかです．邦訳ではそのため原文にはない「と彼は尋ねた」が加えられています．このような形で発言を再現する wollte はしばしばみられます．

(96)　Endlich habe er einen jungen Mann für die Gartenarbeit gefunden, sagte Pawel bei einem abendlichen Besuch. […] *Wie er aussehe,* **wollte** *ich wissen.* »Ein hübscher Junge« sagte Pawel.
　　　　　　　　　　　　　　　　　　(I. Noll：*Die Apothekerin*, S.187)

　庭の手入れをしてくれる若者がやっと見つかったよ．ある晩パヴェルが見舞いにきて告げた．［…］「<u>どんな子？</u>」「ハンサムだよ．」（とパヴェルは言った．）　　　　　　　　　　（平野訳 205ページ，（　）内は筆者）

III　体験話法の形態（人称と時称の変換）

(97)　»Kann man Ihnen gratulieren?« fragte ich. Er wirkte verstört. »Nein, ich habe das Bild nicht gekauft.« *Was denn passiert sei,* **wollte** *ich wissen.* »Als ich an Kahnweilers Schreibtisch saß ...«

(H. Berggruen : *Hauptweg und Nebenwege*, S.177)

「おめでとうと言ってよろしいですか．」と私は尋ねた．彼は困惑した様子で言った．「いや，あの絵は買わなかった．」「いったい，どうしたんですか．」「実はカーンヴァイラーの机にすわったとき…」

これらの wollte を含んだ文も，次に続く直接話法文の質問になっていることから，地の文ではなく，発言を再現したものであることは明らかです．しかしこのような wollte 文が孤立して現れる場合は，発言の再現であるのか，地の文であるのか判断がむずかしい場合があります．

(98)　[…] Dann sprachen sie noch einmal ganz genau über die Kostüme und Requisiten. *Den blonden Gretchenzopf für Uli* **wollte** *Fridolin noch heute beim Friseur Krüger abholen und* **morgen früh** *mitbringen.*　(E. Kästner : *Das fliegende Klassenzimmer*, S.111)

それから彼らはもう一度衣装や舞台道具について綿密に話しあった．「ウリーがかぶるブロンドのおさげのかつらは，僕が今日中に床屋のクリューガーのところに取りにいって，あすの朝持ってくるよ」とフリードリンが言った．

(99)　Im Krankenhaus saßen wir ziemlich lange auf dem Gang. Ärzte und Schwestern eilten an uns vorbei. […] Mein Vater war in einem der vielen Räume verschwunden. Endlich kam er wieder. Der Arzt hatte ihn wissen lassen, es werde noch eine Weile dauern. *Ich* **wollte** *nicht nach Hause gehen. Ich* **wollte** *bei meinem Vater bleiben.*

(C. Link : *Jenseits der Stille*, S.41)

（母の出産のため）私たちは病院の廊下でずいぶん長く待たされた．医師

や看護婦たちがせわしなく私たちの側を通りすぎていった．［…］父は呼ばれて数ある病室の一つに入っていった．やっと医師のところから戻ってくると「まだしばらくかかるそうだ」と言った．<u>「わたし家に帰りたくない．パパのもとにいたいの．」</u>

　エーリッヒ・ケストナーの『飛ぶ教室』の例文は，wollte という過去形と morgen früh（あすの朝）という未来の副詞との結びつきから，フリードリンの発言を再現した体験話法と考えることができます．また後者は，病院で母親の出産を待つ父と娘ですが，ここでは「わたしは家に帰りたくなかった．パパのもとにいたかった」と地の文として訳すことも可能ですが，状況から見て，父親は「出産までにまだ時間がかかるから家にもどる」ようにうながしたと考えられます．するとここは，それに対する私の発言「わたし家には帰りたくない．パパのもとにいたい」という父親への発言の再現と考えることも可能になります．事実この小説は，著者のカロリーヌ・リンクによって『ビヨンド・サイレンス』というタイトルで映画化されていますが，映画のこの場面では主人公のわたし，ララはこの発言を父親にしています．このように wollte はしばしば発言を再現します．

　この点を少し異なった視点からみてみます．Fludernik（1993：150, 218注9）はトーマス・マン『ブデンブローク家の人々』1部8章の文

(100)　„Auch Senator Langhals, Köppen, Grätjens und Doktor Grabow hielten zum Konsul, während Jean Jacques Hoffstede nachkommen **wollte**：　　　　　　　　　　　　　　（Th. Mann：*Buddenbrooks,* S.36）

　　ラングハルス市参事会員，ケペン，グレーティエンス，グラーボ博士なども領事と撞球をすることになり，ジャン・ジャック・ホフシュテーデはあとから行くと**言った**．　　　　　　　　　　　　　　（森川訳 30ページ）

を英訳 "Senator Langhals, Köppen, Grätjens, and Doctor Grabow went with the Consul, and Jean Jacques Hoffstede **said** he **would** join them later."（p.28）と比較して次のように述べています．「オリジナルなドイツ語

III 体験話法の形態（人称と時称の変換）

(nachkommen wollte)では必ずしもはっきりしないが，英訳では明確にホフシュテーデの発言として訳されている」と．ちなみに邦訳も発言の再現として訳されています．

ここで注目したいのは，wollte がやはり発言を再現している点とともに，ドイツ語の wollte が英訳で would で訳されている点です．これはすでにゲーテの『親和力』の英訳（例文**53**）でもみましたが，逆に英語のオリジナルで発言を再現した文が，ドイツ語訳で wollte で訳されることがあります．ジェーン・オースティンの『エマ』の文をみます．

(101) The wants and sufferings of the poor family, however, were the first subject on meeting. *He (Mr. Elton) had been going to call on them. His visit he* **would** *now defer* ; ...　　　　(J. Austen : *Emma*, p.75)

　Doch kamen sie zuerst auf die Bedürfnisse und Leiden der armen Familie zu sprechen. *Mr. Elton war gerade auf dem Weg dorthin. Nun* **wollte** *er seinen Besuch aufschieben,* ...
（übersetzt von H. Henze, S.77）

　けれども，顔を合わせるなり，最初の話題になったのは，あの貧しい家族の困窮のことであった．彼（ミスタ・エルトン）もその家族を訪ねるところであった．だがいまはその訪問は延期だ（延期にしよう）．
（阿部訳 86ページ，（　）内は筆者）

最後の文は体験話法（自由間接話法）と考えられますが，ドイツ語訳では would に wollte が用いられています．ここがミスター・エルトンの発言の再現であるとすれば wollte は würde でもよいことになります．すでに触れたように，過去未来を表すために würde＋不定詞が用いられるようになったのは19世紀頃からで，それ以前は sollte や wollte が用いられていました．ある意味では現代ドイツ語においても発言の再現部には würde の代用と考えられるような wollte が用いられているといえます．このような点からも，wollte がしばしば発言を再現することがうかがえるかもしれません．

2．疑惑・反語を表す **sollte** の用法

話法の助動詞 sollen の接続法 II 式 sollte はしばしば強い疑惑や反語を表し，体験話法の中でも頻繁に用いられます．

(102)　*Was **sollte** man einem solchen Manne schreiben, der sich offenbar verrannt hatte, den man bedauern, dem man aber nicht helfen konnte. **Sollte** man ihm vielleicht raten, wieder nach Hause zu kommen, ... Das bedeutete aber nichts anderes, als daß man ihm gleichzeitig, ja schonender, desto kränkender, sagte, daß seine bisherigen Versuche mißlungen seien, ...*　(F. Kafka: *Das Urteil*, in: S. E. S.23)

　明らかに道を誤ってしまった男，気の毒だとは思っても助けてやることのできない男，そんな男にいまさらなにを書いてやればよいのか．また故郷に帰り，…するように忠告すべきだろうか．しかしそれは，いたわればいたわるほど同時に彼を傷つけ，おまえの今までの試みは失敗だったと言うこと以外のなにものも意味するものではないだろう．

(103)　*Und er sah zur Weckuhr hinüber, die auf dem Kasten tickte. »Himmlischer Vater!«, dachte er. Es war halb sieben Uhr, und die Zeiger gingen ruhig vorwärts, es war sogar halb vorüber, es näherte sich schon dreiviertel. **Sollte** der Wecker nicht geläutet haben?*
　　　　　　　　　(F. Kafka: *Die Verwandlung*, in: S.E. S.57)

　そして彼は，戸棚の上でカチカチいっている目覚まし時計に目をやった．たいへんだ，とグレゴール・ザムザは思った．6時半だ，しかも時計の針はさっさと進んでいる．それどころか，もう半もすぎて，45分になろうとしている．目ざましが鳴らなかったのだろうか．

　最初の例『判決』では，ペテルスブルクで行き詰った友人を気遣う主人公ゲオルクの思考が再現され，そのままとりこまれた接続法の sollte は**反語**的に用いられています．また『変身』の例の最後の文では，グレゴール・ザム

III　体験話法の形態（人称と時称の変換）

ザの目ざまし時計に対する**疑惑**の気持ちが再現されています．

　このように疑惑や反語を表す sollte は，文学作品の中では頻繁に現れますが，ここで注目したいのは，このような疑惑や反語を表す sollte を用いた体験話法は，新聞記事などによくみられることです．『フランクフルター・アルゲマイネ紙』の日本に関わる記事からいくつかをみます．

(**104**)　Die LDP ... hat sich dennoch halten können. Aus der typisch japanischen Staatsgläubigkeit ist fast ein Gewohnheitsrecht für die LDP geworden, Japan zu regieren. Noch immer zehrt sie von früheren Erfolgen : *Warum **sollten** die Väter des Wirtschaftswunders das Land nicht aus der Krise führen können ? Warum **sollte** man der farblosen Opposition vertrauen, die selbst die schwerste Rezession nicht für eigene Profilierung oder eine Mobilisierung der Wähler zu nutzen versteht ?*
　　　　（A. Schneppen : *Japans Fesseln*, in : *FAZ* 9. Oktober. 2002, S.1）

　自由民主党はそれでももちこたえることができた．日本に典型的な国に対する信頼が日本を統治するのは自由民主党のほとんど慣習法となった．あいかわらずこの党は過去の成果を頼っている．<u>どうして奇跡的な経済復興をなした者たちがこの国を危機から救えないことがあろうか．最悪の不景気ですらそれを自党の名をなすために，あるいは有権者の動員に利用することができない生彩のない野党をどうして信じられよう</u>．

(**105**)　Es gibt Menschen, die sind erst dann von der Existenz eines Worts überzeugt, wenn sie es im Wörterbuch finden. [⋯] Im Moment als das Wörterbuch erstellt wurde, waren die Pokémons gerade erst im Kommen, [⋯] und sorgte bei den Wörterbuchlesern immer wieder für beunruhigtes Nachschlagen. *Sollte das seltsame Wort Pokémon eigentlich gar nicht existieren, obwohl es gerade überall zu lesen war ?*
（W. P. Klein : *Teletubbies oder Pokémon ?*, in : *FAZ* 18, Dezember, 2002, S.N3）

ある言葉の存在を，それが辞書に載っているのを見てはじめて確信するという人たちがいる．［…］その辞書が作成されたときに，ポケモンがちょうど流行し始めた．（そのため辞書には載らなかったが）辞書の読者は調べるたびに不安な気持ちにさせられた．ポケモンといった奇妙な言葉は，今いたるところで見られるにもかかわらず，本来存在しないのではないか．

　これらは新聞記事であることに加え，接続法の sollte 文は主語が 3 人称の場合が多く，時称，人称とも変換していないこともあり，これらの文章は記事を執筆した記者の地の文と考えられるかもしれません．しかし最初の例文は，自由民主党の人々の思考を批判的に再現しているといえます．また後者の例文は，ある言葉の存在を，それが辞書に載っているのを見てはじめて確信する辞書読者の疑惑的な思考が，再現されているといえます．体験話法という言語現象は，実はいたるところに現れ，単なる話題の人々（例えば自民党の人々）の思考・発言の単なる再現ではなく，その人たちに対する記者の皮肉，批判，あるいは同情なども表すことになります．

Ⅳ　体験話法の識別法

　体験話法は，思考者や発言者を示す er sagte（…と彼は言った），er dachte（…と彼は考えた）といった導入文なしに，地の文のうちに，(作中)人物の思考や発言が，**地の文と同じような形態**で再現されるものです．そのため体験話法は地の文と区別できるのかどうかが問題になり，いくつかのシグナルは認められながらも，一般には明確な識別は不可能であると主張されることがしばしばありました．確かに体験話法は地の文との境が極めて微妙なものがあり［Ⅴ章参照］，そのような見解も一見もっともであるように思われるかもしれません．しかし Herdin (1905 : 33-46) や Steinberg (1971 : 5, 83f., 172ff., 225f., 366ff.) が，その著作の中で繰り返し述べているように，むしろ体験話法は，地の文と異なる固有の文法形態をもつと考えることができます．そしてこのような体験話法の識別についての認識が欠けていたことに体験話法理解，さらに体験話法研究の基礎が成立しにくかった原因があったといえます．そこでここでは，体験話法がいかに地の文とは異なった(文法)形態をもつか，つまりどのような基準から，体験話法が地の文から識別されるかについて考えてみます．

　体験話法は，まず(コン)テキストに制約された現象であり，(コン)テキストから孤立して体験話法が識別されることはまれです．つまりある文，例えば Wie gut sie einander verstanden！(*Tonio Kröger* 例文**(58)**)）が体験話法であるかどうかを決めるのは(コン)テキストであり，一つの文を取り出して，それが体験話法であるかどうかを議論するのは無意味です．したがって体験話法は，その識別においても(コン)テキストとの関係を離れて扱うことはできません．地の文と体験話法との識別を不可能とする見解も，体験話法を(コン)テキストのなかで捉える視点に欠けるものがあります．体験話法は，ある意味で，(コン)テキストと同じような形態をもちながら，しかし(コン)テキストによって体験話法として浮かび上がるという，(コン)テキストとの相関関係をもった言語現象なのです．

　すでに詳しく触れました時称・人称の変換形態と(コン)テキスト，さらに

変換されるものとされないものの関係などが，体験話法識別の鍵になります．そこでここでは体験話法のシグナルについて個々に考えてみます．

4.1. würde＋不定詞（E. Herdin［ヘルディン］のテーゼ）

まず Herdin のテーゼから始めます．Ⅲ章で述べましたように，地の文が過去形群の場合，未来は würde＋不定詞に変換されます．これはドイツ語の未来の助動詞 werden が現在形の定形しかもたず，現代ドイツ語では変換に対応する時制形態（英語の would に相応する形態）を欠いているからです．

(106) Er (Van Leyden) fühlte sich in eine unermeßliche Bosheit eingetaucht, in der es unvorstellbar schien, jemals ein rettendes Ufer zu erreichen. *Bis wohin **würde** das Leiden **gehen**? **Würde** er je eine väterliche oder mütterliche Stimme **hören**, die versicherte, daß am Ende doch alles gut sei? Wie war er in dieses überwältigende Böse und Schmerzvolle hineingeraten?* ...

(P. Sloterdijk : *Der Zauberbaum*, S.197)

　ファン・ライデンは，いつか助かり，岸にたどりつくなど想像すらできそうにない，計り知れない悪意の中に沈みこんだ気がした．この苦しみはどこまで続くのだろうか．最後にはすべてうまくいくさ，と請け合ってくれる父や母の声をいつかまた聞くことがあるだろうか．どうして抗しがたい悪意と大いなる苦痛の中にはまり込んでしまったのだろうか．

(107) Als der Produzent Peter Herrmann mir im September 1998 *Nirgendwo in Afrika* ... von Stefanie Zweig, zu lesen gab und mir anbot, nach diesem Roman ein Drehbuch zu schreiben, wusste ich, dass ich als Autorin vor drei Herausforderungen stand. ·
［…］ *Wer sollte im Zentrum meines Filmes stehen? Aus wessen Perspektive **würde** ich erzählen?* ［…］ ***Würde** es mir gelingen, ein Bild von Kenia zu zeigen, das sich nicht in den immer gleichen Klischees*

IV　体験話法の識別法

*erschöpft, in blutroten Sonnenuntergängen . . . Wie **würde** ich über Afrika schreiben können, wenn ich es doch so wenig kannte ?*
(C. Link : *Abenteuer Afrika*, S.26f.)

　映画制作者のペーター・ヘルマンが1998年9月私にシュテファニー・ツヴァイクの小説『名もなきアフリカの地で』を読むようにと渡し，その映画脚本を書くように言ったとき，私は作家として三つの挑戦に立たされているると思った．
　<u>誰を私の映画の中心に据えたらよいだろうか．誰の視点から語ろうか．…血のように赤い日没の太陽といったクリシェー（型どおりの描写）をこえたケニアの映像を示すことができるだろうか．なにも知らないのに，アフリカを描くことができるだろうか．</u>

　スローターダイクの『魔の木』は典型的な3人称小説の体験話法ですが，リンクのものは2002年度の外国映画部門のアカデミー賞を獲得することになる『名もなきアフリカの地で』の構想を立てている頃の過去の自分に入り込んだ1人称体験話法になっています．
　ところで würde ＋不定詞は体験話法以外ではどのような場合に用いられるのでしょうか．非現実話法の würde を除けば，おもに現れるのは間接話法です．しかし間接話法に現れる würde ＋不定詞に共通する特徴は，1．würde は接続法Ⅰ式の werde に変換可能であること，2．思考・発言再現部のコンテキストが接続法であること，3．多くの場合伝達動詞に導かれた従属文であることなどです．したがって以上が würde の用いられる用法であれば，上記例文のように直説法のコンテキストにおいて，地の文に主文形式として現れる würde ＋不定詞は，一般に体験話法以外に考えられないことになります．換言すれば，直説法過去形群の地の文に，主文形式で現れる würde ＋不定詞は体験話法のシグナルになります．これが Herdin のテーゼです．このテーゼは20世紀の初頭に Herdin によって立てられながら，その後忘れさられ，70年代に Steinberg に再発掘された経緯をもっています．もちろん，地の文に体験話法とは考えられない würde ＋不定詞が現れることもあります（Suzuki (1988b), Thieroff (1992 : 140f.) 参照）．しかしそれは例外的なもので，依然として Herdin のテーゼは体験話法識別の最も重要なシグナルであることには

4.2. 地の文にそのまま取り込まれた接続法Ⅱ式現在

　地の文が過去形群である場合，想定される直接話法から無変換のまま取り入れられた単純な非現実話法（接続法Ⅱ式現在）は体験話法のシグナルになります．

(108)　Er (Tonio) blickte aber in sich hinein, wo so viel Gram und Sehnsucht war. *Warum, warum war er hier ? . . . .*
　Sie (Inge) **müßte** *kommen ! Sie* **müßte** *bemerken, daß er fort war,* **müßte** *fühlen, wie es um ihn stand,* **müßte** *ihm heimlich folgen, wenn auch nur aus Mitleid, ihm ihre Hand auf die Schulter legen und sagen: Komm herein zu uns, sei froh, ich liebe dich.*
　　　　　　　　（Th. Mann : *Tonio Kröger*, in : *Die Erzählungen* S.216f.）

　けれどもトーニオは心の中を見つめた．心は悲しみと憧れにみちていた．なぜ，なぜ僕はこんなところにいるのだ．
　インゲ，きみは，僕のいるところまで来なくてはならないのに．僕がいなくなったのに気づいて，僕がどんな気持ちでいるかを察し，たとえ憐れみからでも，そっと僕のあとを追ってきて，僕の肩に手をかけ「わたしたちのところへいらっしゃい，ね，元気を出して，わたしあなたが好きよ」と言ってくれるべきなのに．

　ここでは語り手の報告ではなく，トーニオの思考が再現されていることが明らかです．なぜなら，このような過去形群の（コン）テキストで，もし地の文に語り手の視点から接続法が用いられるとすれば，その接続法は接続法Ⅱ式過去となるのが普通だからです．つまり語り手は，接続法Ⅱ式現在を語り手の視点から使用することはできず，語られた世界に関する語り手の報告においては，出来事の完了を示すため接続法Ⅱ式過去（Sie hätte kommen müssen...［インゲは来なければならなかったのに］）を用いなければならな

いからです．これも Herdin(1903：198f.)，Steinberg(1971：186f., 248, 352)(1978：12.15)によって明確に述べられながら，その後あまり注目されることがなかったテーゼです．もちろん，想定される直接話法の接続法Ⅱ式が，体験話法において接続法Ⅱ式過去に変換されることもあります．［例文(**71**)あるいはカフカの作品(Hosaka(1978：15f.)参照)］その場合は体験話法の明確なシグナルになりませんが，体験話法であることには変わりありません．

4.3. 直説法過去形の条件文（wenn＋…過去形）

一般に接続詞 als と wenn の使い分けはよく知られているのに対して，wenn によって導かれる条件文が直説法の場合(Realis)と接続法(Irrealis)の場合の相違は注意を払われることが少ないように思われます．その際 Realis 直説法過去形の条件文は，すでに事象が実現された場合で「～するときにはいつでも」「～するたびに」という反復的な出来事を表す場合に一般には限られています．例えば Wenn er Zeit hatte, ging er ins Kino.（彼は暇があるときには，いつも映画を見に行った）．ところが文学作品においては，反復的な出来事を表すわけではなく，むしろまだ実現されていないことに wenn＋…過去形がしばしば用いられます．

(**109**)　Sie(Ilona) hatte sich ihr Leben ganz anders vorgestellt. […] dies hier hatte sie nicht erwartet. Sie hatte damit gerechnet, davon verschont zu bleiben.
　　***Wenn** alles gut **ging**, war sie in einer halben Stunde tot. Sie hatte Glück, sie war die erste.*　　(H. Böll：*Wo warst du, Adam ?*, S.98)

　　彼女（イローナ）は自分の人生をまったくちがったように想像していた．…今ここでのようになろうとは予期していなかった．これだけは免れると思っていた．
　　うまくいけば30分で死ねるわ．自分は運がいい，最初だ．

イローナ（この章のヒロイン）は，ユダヤ人狩にあって強制収容所に送られる．ここはその到着の場面です．イローナはすでに自分たちユダヤ人の運命

（ガス室送り）を知っています．このイタリック部分を文法どおり実現された反復的な出来事として訳したのでは意味が通じません．ここでの wenn＋過去形は (Ilona dachte：) „Wenn alles gut geht, bin ich in einer halben Stunde tot."（すべてがうまくいけば，ガス室に送られ30分で楽になれるわ）といった条件文が，語り手の視点から時称・人称が変換されているに過ぎず，内容的ににガス室での出来事をまえにしたイローナの心的現在の思考が再現されています．したがって wenn＋過去形が，未来ないし現在の出来事に用いられている場合，その条件文は体験話法のシグナルになるといえます［例文 **(11)** など多数．］．また保坂が指摘しているように（保坂(1985：251)(1989：450f.)），このような条件文を副文とする主文形式の würde＋不定詞も，同様に体験話法のシグナルになります．

(110) ［…］… mußte er(*Francesco*) zögern zu glauben, daß er nun wirklich die Erfüllung seiner überirdischen Wünsche in der Hand hatte. ***Würde** Agata,* **wenn** *er sich* **wendete**, *noch vorhanden* **sein***? Und war sie zugegen, was* **würde** *geschehen,* **wenn** *er sich* **wendete***? Müßte diese Wendung nicht entscheidend für sein ganzes irdisches Dasein, ja darüber hinaus entscheidend sein?* Diese Fragen und Zweifel bewogen den Priester, …　　　(G. Hauptmann: *Der Ketzer von Soana*, S.105)

　フランチェスコは，現世を超えた自分の願いが今実際に満たされていると信じるのを躊躇しないではいれなかった．振り向けば，アガータはまだそこにいるだろうか．また彼女がそこにいるなら，自分が振り向けばどんなことがおきるだろう．こうして振り向くことは，自分のこの世の全存在にとって，いやそれ以上に，決定的なことになるに違いないのではないか．牧師フランチェスコはこれらの問いや疑念に心を動かされた．

ここでは牧師フランチェスコの思考が再現されています．ハウプトマンの『ソアーナの異教徒』にはそう頻繁に体験話法が現れるわけではありませんが，フランチェスコにとって決定的となるハイライト（少女アガータとの出会いによる異端への転換）にはやはり体験話法が用いられています．

4.4. ダイクシス（未来の副詞 **morgen** と過去形の結びつきなど）

　すでにⅢ章(3.2.10)で触れたように，ドイツ語や英語においては，未来を表す副詞 morgen と過去形の結びつき，あるいは過去を表す副詞 gestern と過去完了の結びつきは「文の文法」ではありえません．しかし小説においては，語り手の視点と作中人物の視点という二つの視点があり，体験話法では時称が，作中人物の視点から，語り手の視点に変換される（現在［未来］→過去，現在完了［過去］→過去完了）のに対して，morgen, gestern などのダイクシスは，ドイツ語ではそのまま体験話法に取り込まれるため，このような現象がしばしば生じます．

(111)　Plötzlich kam ihm ein Gedanke, der ihm wie ein erlösender erschien. *Da sie ganz sicher krank war,* **konnte** *er ja* **morgen** *zu ihr hinaufschicken und nach ihrem Befinden fragen lassen.*
(A. Schnitzler : *Ein Abschied*, S.98)

　突然，救いとも思えるような考えが彼に浮かんだ．彼女はきっと病気なのだから，あす彼女のもとに誰かを送り，彼女の病状を尋ねさせることにしよう．

(112)　Ich legte auf. *Die Sache war bitter, aber klar : Beate lag jetzt mit Witold im Bett, dabei* **hatte** *sie doch schon* **morgen** *wieder den Jürgen. Warum bekamen andere Frauen alles und ich nichts ?*
(I. Noll : *Der Hahn ist tot*, S.83)

　私は受話器を置いた．つらいことだけど，間違いないわ．ベアーテは今ヴィートルトと寝ているんだわ．またあすは（夫の）ユルゲンと寝るくせに．どうして他の女たちはすべてが手に入るのに，私にはなにもないの．

(113)　[…] Und erst als es dunkel genug war, daß sie ihre Gesichter nicht mehr deutlich erkannten, sprachen sie (Diederich und Agnes).

— 111 —

体験話法

Morgen früh kam Herr Göppel vielleicht heim. Agnes mußte heim. …
[…] Das dunkle Land da draußen, hatte es einmal gelockt und Gutes versprochen? Das **sollte** erst **gestern gewesen sein**? Man fand nicht zurück.　　　　(H. Mann: *Der Untertan*, S.70, Steinberg 1971: 238より)

　もう日がとっぷりくれて，たがいの顔が見わけられなくなって，二人はやっと話しだした．<u>あすの朝早く父（ゲッペル氏）はかえってくる．アグネスはぜひそれまでにかえらなくては…．</u>［…］外の暗い景色，あれがわれわれをさそい，すてきなことを約束してくれたのだろうか．<u>それがついきのうのことだったというのか．</u>それがもう理解ができなかった．
　　　　　　　　　　　　　　　　　　　　　　(小栗訳 72ページ)

　Käte Hamburger によって有名になったこれらの文も体験話法であることに変わりありません．そしてとりわけ未来を表す副詞と過去形の結びつきは，コンテキストからたとえ孤立しても体験話法と識別されるシグナルです．
　またダイクシスはこのような時間の副詞以外にも，指示代名詞や場所の副詞があり，これらもしばしば体験話法識別の有力な補強シグナルになります．

(114)　Dann rasch ins Nachbarhaus in einen engen Flur neben dem Treppenaufgang. **Hier** konnte kein Wagen kommen. Er (Franz) hielt den Geländerpfosten fest. Und während er ihn hielt, wußte er, *er wollte sich der Strafe entziehen* [o Franz, was willst du tun, du wirst es nicht können], *bestimmt würde er es tun, er wußte schon, wo ein Ausweg war.*　　　　(A. Döblin: *Berlin Alexanderplatz*, S.11)

　そこで，すぐさま階段口にある隣家の狭い玄関にとびこんだ．<u>そこなら車が通れなかった．</u>かれは手摺りの支柱にしっかりつかまった．つかまりながら，おれは罰から逃れようとしているんだなと意識した（おお，フランツよ，おまえはどうしたいっていうのか，できもしないくせに），<u>かならずやってみせるぞ．どこに糸口を見つければよいかがすでにかれ（おれ）にはわかっていた（いる）．</u>　　　(早崎訳（上）14ページ，（　）内は筆者)

IV 体験話法の識別法

　4年間の刑期を終えた主人公のフランツですが，むしろ今から本当の罰が始まると感じる．釈放後，町に出るが，通りやそこに立ち並ぶ家々に耐えられず，彼は手あたり次第に家の玄関に飛び込み，通りから逃れようとする．上記のテキストはその場面ですが，ここで興味深いのが最初のイタリック部の二つの邦訳です．1．そこなら車が通れなかった（上記早崎訳），2．ここなら自動車も来るまい（保坂訳1974：86f.）．明らかに早崎訳はこの文を地の文と考えたため „hier" を「そこなら」と訳さなければならなくなってしまった．それに対して保坂訳はこの箇所を体験話法と解釈しています．この文は一見地の文のようでありながら，実はフランツの思考を再現した体験話法です．それはその後に続くwürde＋不定詞をシグナルとする体験話法からも推測されますが，やはり最大のシグナルとなっているのはhier というダイクシスとkonnte（話法の助動詞）です．

4.5. 統語的構造や語彙

　体験話法が（作中）人物の思考や発言であることから生じる主観的あるいは感情的な文構造（疑問文，感嘆文，破格文，不定詞文等）や語彙（方言，隠語，情緒的表現，心態詞）がしばしば体験話法のシグナルになります．

(115)　Aber K. erhob sich, kniete neben Frieda und blickte sich im trüben Vormorgenlicht um. *Was war geschehen？ Wo waren seine Hoffnungen？ Was konnte er nun von Frieda erwarten, da alles verraten war？*
　　　　　　　　　　　　　　　　　　　　　　　(F. Kafka：*Das Schloß*, S.44)

　しかしKは身を起こして，フリーダの傍らにひざまずき，ほの暗い夜明け前の光のなかであたりを見まわした．なにが起こったのだろう．おれの希望はどこへ行ってしまったのだろう．すべてが暴露してしまった今（おれは）フリーダからなにを期待できよう…．

(116)　[…] sah er(K.) aber auf, dann erblickte er ein zu diesem dicken Körper gar nicht passendes trockenes, knochiges Gesicht […], das sich über ihn hinweg mit dem anderen Wächter verständigte. *Was waren*

denn *das für Menschen? Wovon sprachen sie? Welcher Behörde gehörten sie an? K. lebte **doch** in einem Rechtsstaat, ...*

(F. Kafka: *Der Prozeß*, S.9)

　[…]彼(K)が見上げると，この太った体にはおよそ似つかわしくない，干からびて骨ばった顔が見え，この顔はKの頭ごしにもう一人の監視人と意志の疎通をし合っていた。いったい彼らはどんな人間なのだろうか．なんのことを話し合っているのだろう．どんな役所の者だろうか．だっておれは(K.は)法治国家に住んでいるんだし…．

　例文(115)では疑問文が，例文(116)では疑問文とともに，心態詞(denn, doch)が体験話法のシグナルになっています。このようなシグナルは一見明示的なシグナルとはなりにくいと思われるかもしれません。しかしシグナルが現れているテキストの種類と語りの状況(例えばテキストが[＋erzählend][＋personal]であるかどうか)を考えることにより同様に体験話法と識別されることが多くあります。例えば上例のカフカなどに典型的な「映し手の叙法」，つまり作中人物の視点からの語りにおいては，地の文の文法形態で現れる直接疑問文，感嘆文等はたいてい体験話法と考えて間違いありません。

　もう一例語彙の点からみてみます。ゲオルク・ハイムの短編『狂人』は，一人の男が，精神病院から出るところから始まります。

(117)　Der Wärter gab ihm seine Sachen, der Kassierer händigte ihm sein Geld aus, ...

　Er war also frei. Es war aber auch höchste Zeit, daß sie ihn herausgelassen hatten, denn sonst hätte er alle umgebracht, alle miteinander. Den dicken Direktor, ...

　***Teufel**, das war ein ganz widerwärtiger Kerl. Und der Assistenzarzt, **dieses** bucklige **Schwein**, ... **Dieser** verfluchte **Hund**. Wenn er ihn jetzt hier hätte. Den würde er in das Korn schmeißen ... **diesem** verfluchten **Schwein**, **diesem Sauhund**, verfluchten.*

(G. Heym: *Der Irre*, in: *Der Dieb*, S, 31f.)

看護人は彼に自分の持物を渡し，出納係は彼に所持金を手渡した．…
　自由なんだ，あいつらが俺を放免するいい時期でもあったのさ，さもなくば俺はやつらすべてを殺していたろう．あの太った院長，…
　畜生め，あいつはほんとうにいやったらしい奴だった．そしてあの医者，あの背がまがった豚野郎，…いまいましい犬畜生，あいつがいまここにいたら，あいつをこの穀物畑に放り投げてやる…このいまいましい豚野郎，げす野郎．

　ここでは Teufel(畜生[これはハイムの体験話法の常套句])，Schwein(豚野郎)，Hund(犬畜生)，Sauhund(ゲス野郎)などの語彙や情緒的な表現から，精神病院を出た男の医者たちに対する憤りの気持ちが再現されていることがわかります．とりわけ後半は dieser という指示代名詞がこれを強めています．このような dieser は―Mikame(1997)が詳しく分析しているように―作中人物の視点と一致し，しばしば体験話法のシグナルになります．
　ハイムの『狂人』(1911年)では，殺人(Mord)がテーマになっています．おもしろいことに，ほぼ同じ年に書かれたデーブリーンの『たんぽぽ殺し』(1910年)とシュニッツラーの『情夫殺し』(1910年)は，おなじく重要なところに体験話法が用いられて，かつ，すべてやはり「殺人」が作品のテーマになっています．

4.6. 導入動詞やパレンテーゼ(挿入句)など

　これは体験話法そのもののシグナルではありませんが，作中人物の思考・発言が始まる，ないし始まっている，また終わったことを示す明示的なシグナルにしばしばなります．

(118) Am 9. Mai wurde endlich die bedingungslose Kapitulation unterzeichnet.... Dann trat der amerikanische Captain... und sagte nur einen Satz：»The war is over in Europe.«
　Haben wir gejubelt？Ich weiß es nicht, ich weiß nur eins, ich **dachte an** meine Mutter und **an** meinen Vater. *Lebten sie noch？*
　　　　　　　(M. von der Grün：*Wie war das eigentlich？*, S.235f.)

5月9日，とうとう無条件降伏が調印された．…それからアメリカの大尉がやって来て，ただ「ヨーロッパの戦争は終わった．」とだけ言った．
　私たちは喜んだろうか．どうかわからない，たた一つだけわかっていることは，私は母と父のことを**考えた**．彼らはまだ生きているだろうか．

(119) Der Abpfiff erschien wie ein gnadenloses Urteil. Oliver Kahn ging zurück in sein Tor, ... und versuchte zu verarbeiten, was er nicht verstehɘn konnte. *Er, ausgerechnet er, der willensstärkste deutsche Spieler, der Anführer, [...] ausgerechnet er brachte sich und seine Mannschaft um den allergrößten Lohn. Ein einziger Fehler. Sein Fehler.* **Solch quälende, erbarmungslose Gedanken** müssen dem Torwart durch den Kopf gegangen sein, ...
(hor : Vorwürfe macht Kahn nur einer ― er selbst, in *FAZ* 1. Juli 2002, S.26)

　試合終了のホイッスルは容赦のない判決のように思われた．オリバー・カーンは自分のゴールにもどり，…理解できないことを自分なりに整理しようとしていた．俺が，よりによって俺が，ドイツのプレーヤの中で最も意志強固な，そして牽引車であった俺が…よりによって俺のために自分とチームが最大の糧を失ってしまうとは．唯一のミス，俺のミス．**そんな自分を苦しめる無慈悲な思い**があのゴールキーパーの頭をよぎったに違いない．

　導入文は，体験話法の前にも後ろにもくることがありますし，挿入句(Parenthese)として体験話法の間に入ることもあります．例えば，例文**(118)**では前に dachte an ～ があり，その後の文が作者の思考です．例文**(119)**では solche ... Gedanken より前がカーンの思考の再現であることがわかります．思考表示を示す形式には様々なパターンがありますが，文学作品などでよく用いられるものに „ein Gefühl überkam sie", „Zweifel befielen ihn [再現の前]", „unter solchen Gedanken" [再現の後]などがあります．また少し変わった形としては**(120)** Er sah an die Uhr. *Labude war noch in der Bibliothek.* (彼は時計を見た．ラブーデはまだ図書館にいる．)[E.Kästner : Fabian,

S.47］，**(121)** er sah nach der Uhr, *es war Zeit zu schließen.*（彼は時計を見た，閉館の時間だ．［G. Heym：Der Dieb S.136］など，「時計を見た」という文の後にしばしば体験話法が現れます．カフカの『変身』（例文**103**）もそうですが，時計を見た後なんらかを考えることが多いためと思われます．

4.7. 過去形に変換された格言的表現（Gnomen）

　その他にも明示的なシグナルとしてGnomen（格言的表現［一般には現在形でのみ使用］）の過去時称への同化などがあります．すでに時称の変換の際に触れましたが（3.2.8.），ここではいくつかの別の例をみます．

(122) Die Leute holten ihr bißchen verstaubte Menschenkenntnis hervor, um sie gegen Senator Buddenbrooks Gattin anzuwenden. *Stille Wasser* **waren** *oft tief. Mancher* **hatte** *es faustdick hinter den Ohren.*
　　　　（Th. Mann：*Buddenbrooks*：S.644, Hoffmeister 1965：51 より）

　人々は，やや埃をかぶった人間知をひっぱり出してきて，これをブデンブローク市参事会員の妻ゲルダにあてはめてみた．静かな川はしばしば底が深い（腹の中でなにを考えているかわからない）．くわせ者はずいぶんいるから．

(123) Hans Castorp **träumte,** den Blick auf Frau Chauchats Arm gerichtet. *Wie die Frauen sich kleideten！Sie zeigten dies und jenes von ihrem Nacken und ihrer Brust, sie verklärten ihre Arme mit durchsichtiger Gaze... Das taten sie in der ganzen Welt, um* **unser** *sehnsüchtiges Verlangen zu erregen.* **Mein** *Gott, das Leben* **war** *schön！*
　　　　　　　　　　　　　（Th. Mann： *Der Zauberberg*, S.136f.）

　ハンス・カストルプは，ショーシャ夫人の腕を凝視しながら，夢のような考えに耽った．女というものは，まあなんという服装をするものなのだろう．女たちは，頸や胸のところどころを露にして，透けてみえる紗で腕を美しく見せる．…世界中どこへいっても，女性はそういう服装でわれわ

れ男性の欲望を掻きたてる．ああ，人生は美しい．

(高橋訳（上）222ページ）

　格言的表現は不変換が普通であり，逆に地の文の過去形に同化されているときにはそれが体験話法のシグナルになります．例えば例文**(122)**では，人々のブデンブローク市参事会員夫人(ゲルダ)に対する邪推の感情(「止水は深いって言うし，くわせ者もいるから」)が再現されていますが，そのシグナルは本来現在形で用いられるべき格言(Stille Wasser **sind** tief. Mancher **hat** es faustdick hinter den Ohren.)が，過去形に同化している点です．例文**(123)**の場合も同様に „Das Leben **ist** schön.（人生は美しい)" が過去形に同化されています．ここではハンス・カストルプの思考が再現されていますが，それは „träumte" という導入動詞, 感嘆文, mein Gott などからもわかります．ここは実は比較的長い体験話法の最初の部分ですが，途中には　„meinte Hans Castorp innerlich（とハンス・カストルプは心中ひそかに思った)"，最後に „Übrigens brach seine träumerische Betrachtung an diesem Punkte ab（ここで彼の夢のような考えは急に中断した)" と導入文と挿入句で囲まれています．このように長い体験話法には，一般に様々なシグナルが含まれています．またここではすでにⅢ章(3.1.5.)で触れた，変換されない人称(unser, mein)などが含まれていて興味深い例といえます．

4.8．コンテキストからの識別

(124)　Aber Sonjaken, Miezeken will was für Franzen tun, unser kleines Kätzchen will was für ihn tun, schöner als Geldverdienen ist das. *Sie wird alles herauskriegen und ihn beschützen.*

(A. Döblin：*Berlin Alexanderplatz*, S.303)

　とはいってもソーニャは，ミーツェはフランツのためになることをしたい，われらがかわいい仔猫ちゃんはかれのためになることをしたいと思っているのだ，かねをかせぐことよりもっとすばらしいことだ．彼女はどんなものでもさぐり出し，かれを守ることだろう．（早崎訳（下）141ページ）

IV　体験話法の識別法

　最後の文は，体験話法であるのか語り手の地の文か判断が難しい例です．それは『ベルリン・アレクサンダー広場』の地の文が現在形であることや，ベルリン方言の使用などにもよります．Steinberg(1971：256f.)，保坂(1974：97f.)はイタリック部を体験話法と解釈していますが，邦訳では地の文として訳されています．確かにこの前後のコンテキストだけでは点線部も含めどちらにもとれそうです．しかし小説全体をみると，ミーツェはフランツを助けられないのみか，その3日後に自分自身が殺されてしまいます．するとこの箇所は，結末を知っているはずの語り手の地の文とすると矛盾になります．したがって，作品全体から考えると，ここはやはりミーツェの思考を再現した体験話法((私は)すっかり調べて，あの人を守ってあげるんだわ)と解釈できます．このようにコンテキストの援用によって識別が可能となる場合もあります．この点は後に［例文(138)］改めて触れることにします．

4.9.　その他（strafe sie Gott など）

　その他にも様々なシグナルがあります．最後にそのいくつか例をあげてみます．

（**125**）　Frau Stuht aus der Glockengießerstraße hatte wieder einmal Gelegenheit, in den ersten Kreisen zu verkehren, indem sie Mamsell Jungmann und die Schneiderin am Hochzeitstag bei Tony's Toilette unterstützte. *Sie hatte,* **strafe sie Gott***, niemals eine schönere Braut gesehen,* lag, so dick sie war, auf den Knieen. . . .

　　　　　　　　　　（Th. Mann：*Buddenbrooks*, S.162, Steinberg 1971：1 より）

　　グロッケンギーサー通りのシュトゥート夫人はまたもや上流家庭に出入りする機会を得た．つまり夫人は結婚式当日ユングマン嬢と女裁縫師がトーニの着付けをするのを手伝ったのだ．こんなきれいな花嫁は，神に誓って申し上げますが，みたことがない，と言って，シュトゥート夫人は，ふとっているのに，膝をつき…．

（**126**）　［…］Er verreiste jetzt also, ausspannen müsse er, nur bei dem

Wort »Mexiko« bekam die alte Frau einen gelinden Schrecken, **denn gab es** dort nicht Skorpione und Revolutionen, und Wilde und Erdbeben, aber er lachte sie aus, küßte sie und versprach zu schreiben, ...
(I. Bachmann: *Das Gebell* in: *Simultan*, S.113f.)

　それじゃ，今から旅にでるよ，休養しなけりゃ，と息子が言った．ただ「メキシコ」という言葉に老母は少し驚いた．だってそこにはサソリがいたり，革命があったり，野蛮人たちがいたり，地震があったりするんじゃないのかい．しかし息子は母を笑いとばし，彼女にキスし，手紙を書くと約束した．

　最初の例では，イタリック部を地の文ではなく体験話法と識別させるのは „strafe sie Gott" という挿入句です．なぜなら，シュトゥート夫人が「一度もそんな美しい花嫁をみなかった」からといって，語り手が彼女に神の罰を懇願するはずはないからです．„strafe **sie** Gott" は „strafe **mich** Gott（神に誓って）" に還元され，「そんな美しい花嫁をみたことがない」という夫人の発言（思考）を強調する夫人自身の挿入句なのです．
　また後者はインゲボルク・バッハマンの短編集『同時通訳』のなかの１編「犬のなき声」からです．現代文学，とりわけバッハマンのこの短編にいえる特徴は，日常会話がそのまま文となったような文体です．実はこれが現代文学における体験話法頻出の一つの大きな理由です．ここでは老母と息子レオンの会話が再現されていますが，イタリック部が老母の発言であることは―あとで触れるように denn のあとに作中人物の思考や発言が再現されることがしばしばあることに加え― denn の後が „gab es" と倒置文になっていること，さらに息子が老母のことを笑ったのは，母の発言ゆえと考えられることから明らかです．
　これら以外にも例文(**66**)のように命令文がそのまま取り込まれた場合や例文(**46**)の „ja, danke sehr" のように間接話法にはとりこめない要素などもシグナルになります．
　さらに(**127**) „allein der Teufel **mochte** wissen（誰が知るものか）" [H. Broch: *Die Schlafwandler,* S.299]，(**128**) „**Mochte** sie ... ihn zerreißen.（俺を引き裂くなら引き裂いてみろ）" [G. Heym: *Der Dieb*, S.143]，(**129**)

IV 体験話法の識別法

„**Mochte** ein anderer diese guten Würste essen!"（他の誰かがこの上等のハムを食べるかもしれない [H. Hesse: *Narziß und Goldmund*, S.191f. Vgl. Fludernik (1933: 191)]）やトーマス・マンが初期短編に多用した **(130)** „Wer **mochte** er nur sein! [*Gefallen*]（いったい誰だろう）" **(131)** „**Mochte** alles seinen Gang gehen. [*Der Bajazzo*]（万事なるようになればいい）" [Th. Mann: *Die Erzählungen*, S.28, S.86]なども一般には過去形（mochte）は用いられず，シグナルになります。あるいは語彙的には **(132)** „»Wie ein Glied in einer Kette«, hatte **Papa** geschrieben."（「鎖の一つの輪のように」ってパパは書いていたわ。）" [Th. Mann: *Buddenbrooks*, S.158]の **Papa** のように作中人物の視点からの語彙や „Gott sei gepriesen!", „Gott befohlen" „bei Gott" など間投詞もシグナルになります。また体験話法が朗読される場合は，感情のこもった作中人物の声のようなイントネーションなど（Steinberg 1971: 15f., 366, 1978: 15）が体験話法を際たたせます。

　以上から体験話法がコンテキストの中では，地の文と異なった固有の（文法）形態をもち，多くの場合，地の文から区別されることが理解されたと思います。例えばカフカの『変身』には30箇所以上に体験話法が現れます。これらの体験話法は今までに考察したシグナルからほとんど識別できるとともに，研究者がかりに別々にしらべてもほぼ同じ箇所が体験話法と同定されます（川島（1975: 19），保坂（1985: 209）参照）。かりに数箇所見解が異なったとしても，それは地の文とも体験話法とも解釈できる場合であったり，片方の研究者の勘違いであったりで，相互の見解からやはり同じように認定できるといえます。体験話法研究においては，テキストのどこが体験話法であるかを明確にすることが重要です。それは作品の解釈や翻訳においてしばしば体験話法が大きな意味をもつことがあるからです。もちろん，一般には体験話法の知識がなくても，体験話法は意味的なつながりから的確に日本語に訳されることが多かったといえます。しかし今までにあげた例からもうかがわれるように，あるテキスト部分が体験話法と同定できる知識をもっていれば，もっと幅広い翻訳や解釈が可能になると思われることが少なくありません。とりわけ体験話法が，体験話法と理解されずに地の文として訳されることが非常に多くありました。このことが作品解釈にいかに大きな影を落とすかは想像に難くありません。したがって体験話法は，その識別がいかに翻訳や解

釈に重要であるかが理解されます．そしてその体験話法の識別は，体験話法に関する文法形態に関する知識をもち，体験話法をコンテキストの中で捉えることによってはじめて可能となります．

V 識別が困難な体験話法

5.1. シグナルのない体験話法

　トーマス・マンの『ブデンブローク家の人々』には，主要な作中人物トーマス，トーニ，ハノーはもとより，ジャン・ブデンブローク(トーマスの父)，グラボー医師，仲買人ゴッシュ，さらに一般の人たちの思考や発言が実に多彩に体験話法によって再現されています．あくまでも概数ですが，ある文庫版ではおよそ700行が体験話法であると考えられ，作品全体の2.5％にあたります．これらの中にはトーマスの生と死の思考を再現したもの(第8部4章)，あるいはラテン語授業におけるハノーの不安を再現したもの(第11部2章)など有名なものが数多くあります．このようによく知られた体験話法，換言すれば多くの人に体験話法として捉えられたものに対して，体験話法であるのか，地の文であるのか一見判断しにくいものがあります．

　(133)　Der Konsul (Thomas) ging, die Hände auf dem Rücken, umher und bewegte nervös die Schultern, denn das Gesicht, mit dem sie das Wort »dos« hervorbrachte, war gar zu unsäglich stolz.
　　1)***Er hatte keine Zeit***. 2)*Er war bei Gott überhäuft.* 3)*Sie (Tony) sollte sich gedulden und sich gefälligst noch fünfzigmal besinnen !*
　　　　　　　　　　　　　　　(Th. Mann : *Buddenbrooks*, S.391)

　領事は背中に手を廻して歩き廻り，いらいらと肩を動かしていたが，「持参金」という言葉を口にする時のトーニの顔が，あまりにも言いようもないくらい誇らしげだったからである．
　1)領事には暇がなかった．2)確かに仕事を山と控えていたのである．3)しばらく我慢して，その間にどうか50遍も思い直してもらいたい，と領事は言った．　　　　　(森川訳 309ページ，例文**(64)**での拙訳参照)

トーニにペルマネーダーとの離婚を望み，兄トーマスにその手紙を書くように頼みます．しかしトーマスは，弟クリスチャンとのいざこざのため翌日にはハンブルクに立たなければならない場面です．ここで 2)と 3)は „bei Gott", „gefälligst" などのシグナルからトーマスの発言を再現した体験話法と考えることができます．邦訳でも3)の部分はトーマスの発言と訳されています．しかし1)は体験話法のシグナルはなく，地の文であるようにも思われます．事実私の知る 7 種類の邦訳はすべて地の文［彼には(領事には)暇がなかった］で訳されています．ところがこの箇所に触れた1914年の Lerch(1914 : 477)以来の12名のヨーロッパの研究者(Lerch, Lorck, Walzel, Winkler, Lips, Thon, Vološinov, Heinermann, Hoffmeister, Steinberg, Pascal, Roncador さらにマイヤーの百科事典(1990 : 217))はすべてこの箇所を体験話法，すなわちトーマスの発言の再現と捉えています．訳せば「(私には)時間がないんだ」となります．この12名のうち Lips はフランス，Vološinov はロシア，Pascal はイギリスの研究者です．Pascal(1977 : 16f.)が英訳している以外，この箇所はドイツ語のイタリックなどで強調され引用されています．

　確かにコンテキストから考えても，1)だけを地の文と考えるよりも，1)からトーマスの発言が始まっていると考えた方が文意からも自然です．これは優れた翻訳者にとってもシグナルのない体験話法の識別がいかに困難であるかを示しているといえます．ポーターの英訳は "He had no time. Heaven knew he had no time. (p.319)" ですが，„Heaven knew" からやはりトーマスの発言と考えられていることがわかります．同じような例をもう一つみてみます．

(134)　［…］Mit Augen, die in Tränen schwammen, sah er auf seinen Teller nieder. Ida stieß ihn an und flüsterte ihm zu ... die Straßen, die Speicher. ¹⁾*Aber ach, das war ja unnütz, ganz unnütz !* ²⁾***Sie mißverstand ihn***. ³⁾*Er wußte ja die Namen, zum Teile wenigstens, ganz gut, ...*　　　　　　　(Th. Mann : *Buddenbrooks*, S.511)

　目に涙を浮べてハノーは自分の皿を見下ろす．イーダがハノーをつついて，…街や倉庫の名を囁く．¹⁾ああ，しかし，そんなことをしても無駄なのだ，全然無駄なのだ！　²⁾イーダはハノーを誤解していた．³⁾ハノーは，そ

V　識別が困難な体験話法

ういう名前なら，少なくとも部分的にはようく覚えていた．
（森川訳 403ページ）

ここでも2)の „Sie mißverstand ihn" にはシグナルがなく地の文として訳されています．しかし，その前後の文1)と3)が „ach"，„ja" などのシグナルから体験話法と考えられます．するとそれに挟まれた文も体験話法と考えるのが自然で，その際には「イーダはわかっちゃいない」というハノーの思考を再現した訳が可能になります．

このような例文はすでに触れたカフカの『変身』(例文(103))にもみられます．

(135)　1)»Himmlischer Vater!«, dachte er. 2)Es war halb sieben Uhr, und die Zeiger gingen ruhig vorwärts, es war sogar halb vorüber, es näherte sich schon dreiviertel. 3)Sollte der Wecker nicht geläutet haben?　　　　　（F. Kafka：*die Verwandlung*, in S.E. S.57)

1)の直接話法(「なんてこった」と彼は思った)と，3)の明らかな体験話法(目覚まし時計が鳴らなかったのか)に挟まれた下線部分2)は，明確なシグナルがありません．そのため邦訳では「時計は6時半だった．針はそのまま平然と進み，半もあっさり過ぎて，たちまち45分に近づいた．(川村訳 48ページ)」のように地の文と訳されたり，「もう6時半だ．しかも針は悠然と先へ進んでいる．それどころか，半もすぎて，もう45分に近づいている．(辻訳 378ページ)」のように作中人物の視点，つまり体験話法として訳されたりします．この場合も，dachte er という導入文があること，コンテキストから考え，途中に語り手の視点を挿入するより，„Himmlischer Vater" という直接話法部分から一貫して作中人物の思考と考えるほうが自然であること，さらにドイツ人も　一聞いた限りでは—　グレゴール・ザムザの思考と読むようです．このように明確なシグナルはなくても体験話法と考えられる部分は多くあります．

もう一例ノンフィクションの例からみます．小さい頃ペルシャ(イラン)からフンボルト大学への留学生が，筆者ベルクグリューンの家に下宿することになります．最初は外国人が自分の家に住むのが嫌だった筆者も，しばらく

すると下宿人アフシャールを友人と思うようになります．ある日アフシャールのもとに女性が訪ねてきます．いぶかしむ母と「どうしていけないんだ，彼の部屋なんだ」という父親．筆者は父と同じ意見ですが，やはり気になります．

(136) Neugierig war ich dennoch. Vom Balkon sah ich, daß die Vorhänge des Herrenzimmers zugezogen waren, obwohl es noch nicht dunkel war. Ich betrat den Salon und legte mein Ohr vorsichtig an die Tür seines Zimmers. Es war ganz still. Auf Fußspitzen verließ ich den Salon, beschämt. *Herr Afschar war mein Freund, und was im Herrenzimmer geschah, war schließlich seine Sache.*
(H. Berggruen : *Der liebe Herr Afschar*, in : *FAZ* 31. Oktober 2002, S.35)

　とはいえ私も興味津々であった．バルコニーから見ると，まだ暗くないにもかかわらず，彼の部屋のカーテンが引かれていた．私はサロンに入り，彼の部屋のドアに聞き耳を立てた．とても静かだった．恥じ入りながら，つま先立ちで私はサロンを去った．アフシャールさんは私の友達なんだ，彼の部屋でなにがあろうとそれは結局彼のことなのだ．

最後の箇所は明確なシグナルがありませんので，授業などで読んでも学生は例外なく過去形で訳しますが，やはり当時の筆者の気持ちを再現した1人称体験話法であると考えられます．ただシグナルのない体験話法を，作中人物の視点から訳すのは勇気のいることかもしれません．

5.2. 因由文における思考・発言の再現

5.2.1. denn に続く思考・発言の再現

(137) Er(der kleine Henri) hatte kleine Freunde, die waren nicht nur barfuß und barhäuptig wie er, sondern auch zerlumpt oder halb nackt. Sie rochen nach Schweiß, [...] Sie lehrten ihn Vögel fangen und sie

V　識別が困難な体験話法

braten. Mit ihnen zusammen buk er zwischen heißen Steinen sein Brot und aß es, nachdem er es mit Knoblauch eingerieben hatte. **Denn** *vom Knoblauch wurde man groß und blieb immer gesund.*

(H. Mann: *Die Jugend des Königs Henri Quatre*, S.13)

　同じ年頃の仲間たちは，少年（アンリ）同様，帽子もかぶらずはだしのままで，おまけにぼろをまとうか裸同然だった．汗…のにおいがすることも少年と同じだった．［…］鳥のつかまえ方，あぶり方までみんなに教わった．パンににんにくをなすりこみ，焼け石でやいて食べるのも仲間と一緒だった．にんにくを食えば背がのび，一生じょうぶでいられるのだった．

(小栗訳 17ページ)

　ハインリヒ・マン『アンリ四世の青春』の冒頭部分です．イタリック部の denn に続く文は，邦訳からもうかがえるように地の文にみえます．ところが，この部分を語り手の地の文ではなく，幼いアンリやその仲間たちの思考を，語り手が共感的に再現した体験話法の例として最初にあげたのは Riesel (1954 : 327) でした．そして因由文として語り手の地の文に続くため，一般の体験話法と異なり，必ずしも構文的に独立文ではない思考・発言の再現があり，それを副文（因由文）の体験話法として詳しく論じたのは Steinberg (1971 : 100f.) でした．さらのその Steinberg を踏まえ，Stanzel は『物語の理論』のなかで，この『アンリ四世の青春』の箇所を次のように述べています．「Denn 以下の理由づけが，語り手によるものでないことが明言されていないにもかかわらず，読者はこの理由づけを少年アンリが頭の中で考えたものと理解するであろう (S.253)」．つまりドイツ語を母国語とする読者は，この部分を語り手の地の文ではなく，幼いアンリの思考が再現されていると読むと断言しています．その根拠の一つは wurde と blieb の過去時称への同化です．もし語り手が「にんにくのもつ民間信仰的な力」について語るなら現在形が用いられるのが普通です．とはいえ私たちには，この文章を「にんにくを食えば背がのび，一生じょうぶでいられるからさ」といったアンリの思考を再現した体験話法と捉えるのはそれほど容易とは思えません．ただ，このように denn の後に作中人物の思考・発言が再現されることがあることを踏まえて文学作品を読んでいきますと，一見地の文とみえながらも，実は体験話法

と解釈できる denn 文に出会うことがあります．

そこで体験話法と識別するのが難しいと思われるトーマス・マンの『ブデンブローク家の人々』の例をみます．

(138) Herr Grünlich kehrte bald nach dem Weihnachtsfeste nach Hamburg zurück, ***denn*** *sein reges Geschäft forderte unerbittlich seine persönliche Gegenwart*, und Buddenbrooks stimmten mit ihm stillschweigend darin überein, daß Tony vor der Verlobung Zeit genug gehabt habe, seine Bekanntschaft zu machen.

(Th. Mann: *Buddenbrooks*, S.161)

グリューンリヒ氏は，クリスマスが過ぎると，ほどなくハンブルクへ引き揚げた．商売が忙しくどうしても当人が顔を見せていなければならなかったからである．(グリューンリヒ氏は，クリスマスが過ぎると「商売が忙しくどうしても自分が顔を見せていなければならないから」と言って，ほどなくハンブルクへ引き揚げた．)そしてブデンブローク家のほうは，トーニは婚約するまで十分暇をかけて相手の人柄を見たはずだ，というグリューンリヒ氏の意見を暗々裡に認めた．

(森川訳 130ページ，(　)の訳は筆者)

トーニに捧げられた第3部，その14章ですが，この denn 以下の文をグリューンリヒの発言と読む日本人読者はまずいないと思います．事実，邦訳はこの箇所を語り手の地の文として訳しています．ドイツ人読者ですら，この箇所は地の文と読むのではないかと思われます．かつて1914年から1994年までの80年間の『ブデンブローク家の人々』における体験話法に言及した60あまりの文献を調べたことがありますが，興味深いことに，この箇所を体験話法としてあげたのは『ブデンブローク家の人々』における最初の体験話法文献の著者 Lerch(1914：486)一人でした．ただ Lerch の場合は，体験話法の例としてあげられているだけで，なぜ体験話法なのかは説明されていません．それではなぜこの箇所がグリューンリヒの発言を再現した体験話法と考えられるのでしょうか．

まず作品の内容的な解釈からですが，後から明らかになるように，グリュ

V　識別が困難な体験話法

ーンリヒはトーニが好きで結婚を申し込んだ訳ではありません．むしろ持参金が目当てだったと言っていいでしょう．すると，グリューンリヒにとってクリスマスとはいえトーニの家族，つまりブデンブローク家の人々と付き合うことは必ずしも本意ではなかったと考えられます．したがってクリスマスは仕方ないとしても，クリスマスが終わればなんとか口実をつけてブデンブローク家を去りたいと考えていた筈です．つまり「商売が忙しくてどうしても当人が顔を見せていなければならない」というのは，客観的な事実を伝えた語り手の地の文というより，ハンブルクへ帰る口実を述べたグリューンリヒの発言と考えられるということです．また，それに続く文章も間接話法によるグリューンリヒの発言の再現であることもこの見方を強めます．

次に，この文章中の「sein reges Geschäft（商売が忙しい）」という言葉が，グリューンリヒの発言として作品の中でライトモチーフのように繰り返して用いられていることが大きな根拠の一つになります．

(139) »Ich (Grünlich) habe meinen Wohnsitz in Hamburg, allein ich bin viel unterwegs, ich bin stark beschäftigt, *mein Geschäft ist ein außerordentlich reges*... hä-ä-hm, ja, das darf ich sagen.« (S.94)

「ハンブルクに住んでいます．ただ出かけることが多く，とても忙しいのです．私の商売はとても繁盛していて…へーま，ええそう申せます．」

(140) In der Tat, sie (Tony) fand Herrn Grünlich ... eingenistet im Landschaftszimmer, woselbst er der Konsulin aus Walter Scotts ›Waverley‹ vorlas — und zwar mit mustergültiger Aussprache, denn die Reisen im Dienste *seines regen Geschäftes* hatten ihn, wie er berichtete, auch nach England geführt. (S.100f.)

事実トーニは，[…]グリューンリヒが風景の間に居続けているのを目にした．彼は領事夫人にウォルター・スコットの『ヴェイヴァリ』から一節を朗読していた．—しかも模範的な発音で，というのもグリューンリヒによれば，彼の商売が忙しく出張でイギリスに行くこともあるからであった．

例文 (**139**) は直接話法によるグリューンリヒの発言の再現，例文 (**140**) も明らかにグリューンリヒの発言ですが，wie er berichtete（グリューンリヒの言うところによれば）を除けば，そのまま denn に導かれた体験話法になります．またトーニによる，皮肉をこめたグリューンリヒの発言の再現である例文 (**3**) にもこの言葉は現れます．これらの例から „sein reges Geschäft" がグリューンリヒの口癖の発言，ないし ―トーニが直感的に見抜いていたように― ブデンブローク家に取り入るためのグリューンリヒの虚言であったと考えることができます．そしてその言葉を含む例文 (**138**) „sein reges Geschäft forderte unerbittlich seine persönliche Gegenwart" もグリューンリヒの発言の再現と考えられることになります．数種の邦訳にはこの箇所を「彼の活気のある仕事のためどうしてもかえらないわけにはいかなかったのだった」とし，「彼の商売が活況を呈している」ことを事実として伝える語り手の報告と解釈しています．しかしこれにはテキスト上の矛盾が生じます．後に銀行家ケッセルマイヤーとの会話から明らかになるように，グリューンリヒの商売は活況を呈するどころか，借金で首が回らない状態でした．その意味でも，ここはグリューンリヒの虚言を再現した文であると考えることで，テキストの整合性が生ずることになります．

　これはある意味でコンテキストからの体験話法の識別 [4.8. 参照] とも言えます．またこの箇所は，複数のドイツ人のゲルマニストに母語話者としてどう読むか尋ねたことがあります．例文 (**138**) だけでは考え込んでいましたが，例文 (**139**) (**140**) 等が別にあることを示すと「この箇所は間違いなくグリューンリヒの発言の再現である」という返事でした．ジョイスの『ユリシーズ』ほどではないかもしれませんが，この作品にも作品解釈の鍵が作品中にちりばめられているとすれば，このような発言にも，後のトーニの破局の伏線がひかれていたという見方もできるかもしれません．もう一例だけあげます．

(**141**)　Als alles stimmte, ward Diederich jovial. Er aß zu Abend mit den Damen und wollte schon, ohne lange zu fragen, das Dienstmädchen nach dem Verlobungssekt schicken. Dies kränkte Frau Daimchen, **denn** natürlich hatte sie welchen im Hause, das verlangten die Herren Offiziere, die bei ihr verkehrten.　　　(H. Mann: *Der Untertan*, S.264)

V　識別が困難な体験話法

　万事よしということになって，ディーデリヒは上機嫌になった．彼は婦人連と夕食を共にしたが，ろくにききもしないで，さっそく女中に命じて婚約を祝うシャンパンをとってこさせようとした．これはダイムヘン夫人の気にさわった．<u>むろんわが家にそなえてはあるが，それはこの家を訪れる将校さんたちがほしがるからやたらにあげられないというのである</u>．

（小栗訳 266ページ）

　例文(**141**)はハインリヒ・マンの『臣下』からですが，ディーデリヒがダイムヘン夫人の娘グステと婚約する場面です．ダイムヘン夫人が気を悪くした理由を述べる denn 以下の文章は「むろん彼女はシャンパンを家にそなえていたが，それはこの家を訪れる将校たちがほしがるものだったからである」という語り手の説明としてもよさそうですが，また体験話法とも解釈できます．事実，邦訳ではダイムヘン夫人の発言として訳されています．このように denn に続く文章はなかなか識別がやっかいなものがあります．なお，接続詞 denn は Steinberg も述べているように，作中人物の発言としてそのまま取り込まれたものと，語り手により加えられた場合があるといえます．

　なお，同じようなことは英語の „for" やフランス語の „car" でも見られます．(Steinberg (1971：100-5.), Fludernik (1933：241f.) 参照．)

5.2.2.　weil に続く思考・発言の再現

　さて，以上のように denn に導かれる因由文としての体験話法を扱ってきましたが，因由を表わす接続詞には denn 以外にも weil があります．しかし weil 文の体験話法は　―かなり頻繁にという Steinberg の主張と異なり―経験的にはごくまれであるように思います．weil 文が定形後置に対して denn 文が主文形式をとることが一つの理由といえるかもしれませんが，最近では日常会話だけでなく，ハースの推理小説『きたれ，甘き死よ』などに見られるように，文書でも weil 文は主文形式をとるようになっています．するとこの相違は weil と denn の語順の相違によるだけではないといえるかもしれません．weil と denn の相違に関しては，わが国でも貴重で，興味深い研究がありますが，最近有田(1998)は，関口(1994)の研究を踏まえ，weil と denn の相違をつぎのようにまとめています．

［１］ 立言者と異なる第三者の因由(客観的因由)の表現には weil を用いる

［２］ 立言者自身の因由(主観的因由)の表現には denn, weil を適宜使い分ける

体験話法の場合，もっぱら作中人物の主観的因由が再現されることを考えれば，［２］の denn が用いられることが明らかになります．そして Steinberg があげている以下の weil 文の間接的な発言再現とも取れる箇所は ―私の知る限り体験話法研究における唯一の例文であることからも― まれな例であると思われます．

(142) ［…］ ebenso töricht ［…］ sind die ［…］ verächtlichen Libertins, die sich auf ihn[Goethe] berufen, wenn sie ein Mädchen sitzen lassen wollen, ***weil** sie[Libertins] so genial sind und das Mädchen so beschränkt ist.* 　　(F. Gundolf : *Goethe*, S.144, Steinberg 1971 : 103より)

自分は天才的で，少女は愚昧であるという理由から(自分は天才的で，少女は愚昧であるからさ，と言って)，少女たちを見捨てようとするとき，ゲーテを引き合いに出す軽蔑すべき放蕩児たちは馬鹿げている．

グンドルフの『ゲーテ』のフリーデリケとの関係を扱った箇所からの引用です．weil 文は著者グンドルフによる理由づけとも考えられますが，同時に(　)内の訳のように高慢な放蕩児たちの発言を再現したものであるという解釈もできます．しかし，私たちがこの文から weil 文を思考・発言の再現と解釈するのはむずかしいと思われます．

このように一見語り手の地の文としてのみ解釈しがちな denn 文章ないし weil 文章ですが，しばしば作中人物の思考や発言が再現されているため，作品講読の際には注意が必要といえます．

V　識別が困難な体験話法

5.3.　地の文と識別困難な体験話法

　今までの例文は，識別はむずかしくても一応体験話法と考えられました．しかし実際にはどちらにも解釈可能と思われるものもあります．

(143)　［…］In seinem Fach hatte er ein neues und nicht eben billiges Lehrbuch gefunden, das ihm der Verlag mit einem kleinen Brief ins Institut geschickt hatte. Sein erster Blick ging ins Register. *Wie oft war er da erwähnt . . . ?* Mit einer Erregung, . . . suchte er nach den entsprechenden Seiten. Da stand er : Berstecher, Benedikt, Das SEM-Modell, 3. Aufl., Berlin/New York 1998. *Allerdings war er nur einmal erwähnt . . . Sigmund Freud hingegen füllte eine ganze Seite.*

(-ky : *Alle meine Mörder*, S.21)

　彼(ベルステッヒャー)は自分の学科に一冊の新しい，そして安からぬ教科書があるのを見つけた．それは出版社がちょっとした手紙をそえて彼の研究室に送ったものだった．まず索引に目が行った．<u>どのくらい自分は言及されているのだろうか．</u>興奮しながら自分のことが触れられているページを探した．そこにはベネディクト・ベルステッヒャー，『SEM―モデル』3版，ベルリン／ニューヨーク　1998年とあった．<u>ただし，自分が(彼が)言及されているのは一度だけ…それに対してジークムント・フロイトはほぼすべてのページにある(あった)．</u>

　最初のイタリック部は明らかに体験話法ですが，あとのイタリック部の最後の文は，体験話法とも地の文ともとれそうです．ただ erwähnt の後に . . . があること，また自分がどのくらい言及されているかが気になる学者の心理はどこでも同じという意味では体験話法ととりたい気がします．
　さらに，明確な体験話法の前後にあるシグナルのない文章はどちらにも解釈できると思われるものが多くあります．

(144)　»Aber ich beleidige Sie nicht, Herr Grünlich«, sagte Tony, denn sie bereute, so heftig gewesen zu sein. [1)]*Mein Gott, mußte gerade ihr dies*

体 験 話 法

*begegnen！*²⁾*Sie hatte sich so eine Werbung nicht vorgestellt.*
(Th. Mann：*Buddenbrooks*, S.108f.)

　「あなたを侮辱なんかしていませんわ，グリューンリヒさん」とトーニは言った，今までの激しい態度が悔やまれたからである．<u>¹⁾何ということだろう，他ならぬわたしがこんな目にあわねばならないとは！</u>　²⁾トーニは，求婚がこんな形になることもありうるとは想像もしていなかった．(<u>わたしはこんな求婚なんて想像もしていなかったわ．</u>)
(森川訳 87 ページ，（　）は筆者)

　1) は明らかに体験話法ですが，2) は普通には地の文と考えていいように思われます．邦訳も地の文と訳されています．ただ Matthias (1967：34) のトーマス・マンに関する著作を読んでいたとき，Matthias はこの箇所をトーニの思考と捉えていました．確かにそのように考えれば，そのように解釈してもおかしくありません．上記の（　）内の拙訳でもコンテキスト上の矛盾は生じないように思います．
　最後はやはり『ブデンブローク家の人々』の中から，これも本当に体験話法なのか，といった例文をみてみます．

(145)　»... Kurz, es ist nicht der gewöhnliche Maßstab an sie (Gerda) zu legen. Sie ist eine Künstlernatur, ein eigenartiges, rätselhaftes, entzückendes Geschöpf.«
　»Ja, ja«, sagte Tony. Sie hatte ihrem Bruder ernst und aufmerksam zugehört. ... Da öffnete sich die Korridortür, und von der Dämmerung umgeben stand vor den beiden, ... eine aufrechte Gestalt.［…］
　Es war Gerda, die Mutter zukünftiger Buddenbrooks.
(Th. Mann：*Buddenbrooks*, 303)

　「…要するに，ゲルダは普通の物差しでは測れないんだよ．芸術家肌でね，独特で，不可解で，魅惑的な人間なのさ」
　「そうなのね」とトーニは言った．真剣に注意をこらして兄の言葉に聞き入っていた．［…］

V 識別が困難な体験話法

　すると廊下側の扉が開いて，二人の前に，夕闇に包まれて，…すらりとした姿が立った．［…］
　<u>それは，未来のブデンブローク家の母たるゲルダだった．</u>

（森川訳 240ページ）

　第5部9章の一番最後の文です．ゲルダとの新婚旅行から帰ってきたトーマスは，妹のトーニと話をしています．一方ゲルダは，旅の疲れを癒していましたが，しばらくしてからドアが開きゲルダが入ってくる場面です．多分『ブデンブローク家の人々』を原文で読まれた方の中でも，この箇所を体験話法と解釈された方はおられないでしょう．事実この部分のすべての邦訳は「それは未来のブデンブローク家の母たるゲルダであった」のように地の文で訳しています．しかしこの箇所を地の文ではなく，トーマスないしトーニの思考を再現した体験話法であると考える研究者がいます．J.Petersen(1993：63)です．しかし今回はLerchと異なり，Petersenはなぜこの箇所が地の文ではなく体験話法であるかを説明しています．Petersenによれば「この文は語り手の地の文ではない．なぜならゲルダは一人の子供，ハノーを産むが，ハノーは16歳で死んでしまうため「将来のブデンブローク家の母」にはならないからである．先のことを知っているはずの語り手が―読者を意識的に惑わす以外―このようなことを書くわけがない．したがってここは体験話法である．もちろん，自分の妻に次の世代の期待をこめたトーマスの思考とも考えられるが，むしろトーニの誇らしい期待を再現したものと考えるほうが妥当であろう．」

　このように作品全体の内容からテキスト部分を体験話法と識別することはすでにみました．もちろん16歳で亡くなるとはいえ，ハノーを産んだのだから「ブデンブローク家の母」になったのではないか，という考えもできます．しかしゲルダが，ハノーの死後オランダに帰り，ブデンブローク家を去ってしまうことを考えれば，トーニのブデンブローク家の将来に対する期待と考えることもできるかもしれません，少なくともそのように解釈する可能性はあります．実はこの箇所を，ドイツ語を母国語とする3人の体験話法の知識をもつ学者に，どのように読むか尋ねたことがあります．すると一人はPetersenの言うように体験話法であるとし，一人はやはり地の文であると解釈し，もう一人はどちらも可能であるという答えでした．

体 験 話 法

　このような識別がむずかしい箇所を，地の文として訳すことに問題があるわけではありません．ただ，これらの箇所は体験話法の知識をもつと，作中人物の思考・発言の再現ではないかと直感されます．そしてそのような箇所は，ドイツ語を母国語とする読者には自然に体験話法として読まれていることがしばしばあります．あるいは母国語の読者が，地の文と読んだとしても，さらに作家自身すら地の文として書いたとしても，体験話法と解釈しても無理のないテキスト部分もあるかもしれません．ある意味で文学作品とは，このような解釈の多様性をもつテキスト，開かれたテキストと言ってもよいと思います．したがってあるテキストを解釈するにせよ，翻訳するにせよ，まずこの多様性としてテキストを捉えたほうが良いといえるのではないでしょうか．上記の例も，語り手の地の文としてだけ考えるのではなく，トーマスの妻に対する願望，あるいはトーニのブデンブローク家の繁栄への期待（それは裏切られることになりますが）と解釈を広げることができます．そのような多様性の中から自分なりの解釈や訳を考えていくほうがよいのではないでしょうか．体験話法がしばしば作品のハイライト部分で使われることを考えても，体験話法の知識は作品解釈や翻訳に一役買うものであるといえます．

VI　特殊な体験話法

Faust. **Ich** bin's !
Margarete. **Du** bist's ! ... **Er** ist's !

ファウスト「おれだ．」
マルガレーテ「あなたなの．…あなたって言ったわ．」
(J.W. Goethe : *Faust erster Teil*, S.136)

6.1.　エコー表現と体験話法

　トーマス・マンの『ブデンブローク家の人々』の中で，子供のためにもう一人使用人を雇ってほしい，というトーニと夫グリューンリヒに次のようなやり取りがなされます．

　(146)　»Liebst du mich überhaupt noch ?« wiederholte Tony . . .
　»Dein Schweigen ist so ungezogen, daß ich mir sehr wohl erlauben darf, dich an einen gewissen Auftritt in unserem Landschaftszimmer zu erinnern . . . Anfangs nahmst du wenigstens einige Rücksicht auf meine Wünsche. Aber seit langer Zeit ist es auch damit zu Ende. Du vernachlässigst mich !«
　»Und du ? [1]***Du ruinierst mich*.«
　»Ich ? . . . [2]***Ich ruiniere dich***. . .«
　»Ja. Du ruinierst mich mit deiner Trägheit, deiner Sucht nach Bedienung und Aufwand. . . .«　　　(Th. Mann : *Buddenbrooks*, S.199)

　「あなたは，わたしをまだ愛していらっしゃるの？」とトーニが繰り返した．…
　「黙っていらっしゃるなんて失礼よ．それならば，いいたくはないけど，

うちの風景の間でのことを思い出していただくわ．…あなたは，はじめのうちはわたしの希望にいくらか配慮をしてくださったわ．でも，もうずいぶん前からそれもおしまい．あなた，わたしをないがしろにしていらっしゃるわ！」

「それなら，きみは？ (1)**きみはぼくを破綻させてしまう！**」

「あたしが？… (2)**あたしがあなたを破綻させるですって**…」

「そうさ．きみは怠け者で，むやみに女中をほしがって，浪費家でぼくを破綻させるんだ．」

(2)はグリューンリヒの発言「きみはぼくを破綻させてしまう！」に驚いたトーニの反応です．これが後で触れます**エコー疑問文**です．グリューンリヒの発言(1)を語り手が読者に伝える場合，本文のような直接話法以外では間接話法があります．あるいはコンテクストによっては体験話法で再現することも可能です．しかしこのように語り手の視点ではなく，トーニがグリューンリヒの発言(1)を，トーニの視点から第三者に伝えればどのようになるでしょうか．つまり語り手が読者に伝えるのではなく，トーニが第三者に伝えたらどうなるでしょうか．事実このやり取りの後すぐやってきた銀行家ケッセルマイヤーに，トーニは，グリューンリヒの発言(1)を次のように伝えます．

(147) »Kommen Sie her, Herr Kesselmeyer«, sagte Tony. »Setzen Sie sich hin. Es ist hübsch, daß Sie kommen... Passen Sie mal auf. Sie sollen Schiedsrichter sein. Ich habe eben einen Streit mit Grünlich gehabt... Nun sagen Sie mal: Muß ein dreijähriges Kind ein Kindermädchen haben oder nicht! Nun?...«...

»Nämlich«, fuhr Tony fort, (3)»*Grünlich behauptet*, **ich** *ruiniere* **ihn**!«
Hier blickte Herr Kesselmeyer sie an... und dann blickte er Herrn Grünlich an... und dann brach er in ein unerhörtes Gelächter aus! »Sie ruinieren ihn...?« rief er. »Sie... ruin... Sie... Sie ruinieren ihn also?... O Gott! Ach Gott! Du liebe Zeit!... Das ist spaßhaft!... Das ist höchst, höchst *höchst* spaßhaft!«

(Th. Mann: *Budenbrooks*, S.202)

VI 特殊な体験話法

　「こちらへどうぞ，ケッセルマイヤーさん」とトーニが言った．「まあおかけになって．来てくださってよかったわ…まあ聞いてください．あなたに審判になっていただきます．いまグリューンリヒと言い争いをしていたところですの…三歳の子に子守がいるか，いらないか，あなたのお考えをおっしゃってください！　さあ？…」
　「つまり」とトーニはつづけた．(3)「グリューンリヒはこう言うんですの，**きみはぼくを破綻させてしまう**，て」
　するとケッセルマイヤー氏はトーニを見つめ…それからグリューンリヒ氏を見つめた．…そして聞いたことないような笑い声をあげた！　「あなたが彼を破綻させるんですって？…」と彼は叫んだ．「あなたが…破綻…あなたが…あなたが彼を破綻させるというんですか…いやはや！なんとも！こりゃ驚いた…こりゃおかしい！　なんとも，なんとも，なんともおかしい！」

　(3)ではトーニは „behauptet（〜と言う）" という導入動詞を用いてグリューンリヒの発言(1)をケッセルマイヤーに伝えています．しかしコンテクストしだいではイントネーションにより，導入動詞を用いることなくグリューンリヒの発言(1)を再現することができます．例えば »Grünlich kritisiert mich. **Ich *ruiniere ihn*** !（グリューンリヒは非難しますの．**きみはぼくを破綻させるって**）« とすることができます．この場合イタリック部は導入文のない直説法によるグリューンリヒの発言(1)の再現であり，しかもオリジナルの発言における2人称 „du" はトーニの視点から1人称 „ich" に変換されています．この変換により，ここに体験話法が成立することになります．最初に考察しましたように，これが対面的コミュニケーションにおける体験話法で，**皮肉，非難**をともないます．

　さて，ではこのような体験話法と**エコー表現**（Echo Ausdrücke）には，どのような関係があるのでしょうか．典型的なエコー表現の一つであるエコー疑問文（Echofrage）に関しては，英語やドイツ語はもちろん日本語についても研究がなされています．しかし，最近まで体験話法とエコー表現を関係づけることは考えられませんでした．なぜなら体験話法は文学作品に，エコー表現はコミュニケーションにおいてのみ現れると考えられていたからです．例

えば Banfield(1982：125f.)は両者の類似性を指摘しましたが，その相違をやはり体験話法がコミュニケーションにおいては用いられない点にみていました．しかし今までの考察からも明らかなように，体験話法は対面的なコミュニケーションにおいても現れます．山口(治)(1989, 1992, Echoes：From Dialogue to Narrativ［Manuscript］)と Fludernik(1993：170-7))は体験話法とエコー表現を比較し，その関係について述べています．両者の見解を踏まえ，まずエコー疑問文についてみてみます．

　エコー疑問文は，ある人物の発言を取り込み，そのことによりその発言に対する話者の怒り，驚き，疑問などの態度を表明します．例えばトーマス・マンの『トリスタン』にはエコー疑問文が多用されていますが(*Die Erzählungen*, S.177f.)，ここでは先ほどの『ブデンブローク家の人々』からのトーニとグリューンリヒの会話の例をみます．

　　Grünlich： »Und du？ Du ruinierst mich.«
　　　　　　　（きみはぼくを破綻させてしまう）
　　Tony： 　»Ich？... **Ich** ruiniere dich...«
　　　　　　　（**あたしが**あなたを破綻させるですって…）

　トーニは，グリューンリヒの発言を，彼女の視点から繰り返すことにより，驚きの感情を表明しています．エコー疑問文の形式的な特徴は　1）話者の視点からの人称の変換　2）話者のイントネーションです．エコー疑問文の他の話法との相違は，人物の発言が第三者ではなく，大抵その発言者自身に向けられることです．Fludernik(1993：174f.)はさらに以下の点に体験話法とエコー表現の相違をみています．

1．体験話法があらゆる発言や思考を再現できるのに対し，エコー表現では発言の再現だけしかできない．
2．体験話法だけが „er dachte" などの挿入句をもつことができる*．
3．エコー表現では，先行する現在の発言を再現するため時制の変換がない．
4．体験話法は，苛立ち，驚き，疑問等を表現できない．それらはエコー表現の主要目的である．それに対して体験話法はイロニーが再現され

VI 特殊な体験話法

うる．

*
ただし山口(治)氏からの私信によれば，思考を再現するエコー表現もあり，また，つっかかったような調子で相手に言うときには"..., you say ?"のように挿入句をともなったエコー表現もあるとのことです．

　これらの相違点は，しかしながら逆に対面的コミュニケーションにおける体験話法は，エコー疑問文に近いことを示唆しています．なるほど最初の三つの相違点は，一般的な体験話法には当てはまりますが，対面的なコミュニケーションにおける体験話法には当てはまりません．相違点の1.に関連することですが，山口(治)(1992)は，感嘆詞の再現は，エコー疑問文では不可能であることを指摘しています．それに対して体験話法では感嘆詞がしばしば現れますし，感嘆詞は体験話法の判断基準にもなります．なぜ感嘆詞はエコー疑問文には現れないのでしょうか．それはエコーされる人物の主観性を表す感嘆詞が，怒り，驚きなどのエコーする人物の主観性を伴って発せられるエコー疑問文に同時に再現されるのは矛盾となるからです．それに対して，本来自分とは係わりのない(作中)人物の発言を読者に伝えるとき，語り手は自分の主観性を表す必要がないため，物語においてはこれが可能になります．このことは逆に，感嘆詞が対面的コミュニケーションにおける体験話法でもめったに現れないことを示唆しています．なぜなら，コミュニケーションにおける体験話法もしばしば語り手の主観性(皮肉・疑惑・非難)が問題となるからです[例文(3)(4)(5)(6)(7)(27)参照]．この意味でも両者は近いと言えます．

　相違点の2.と3.に関しましても，当てはまるのは一般の体験話法の場合だけです．なぜなら，通常対面的コミュニケーションにおける体験話法にも，挿入句はありませんし，やはり先行する現在の発言を再現するため時制の変換もありません．

　結局，対面的コミュニケーションに当てはまる相違点は4.だけです．これは必然です．Fludernik が述べているように，体験話法が"reporting"であるのに対して，エコー疑問文は"interactive"，つまり相互影響的な言語現象だからです．しかしその点を除くと，しばしば体験話法とエコー表現は近いものになるように思われます．例えば Herdin(1905)が『ゼーリッケ一家』で

あげた例文(**6**)でみれば，ゼーリッケ夫人の „**Ich bin schuld**" という発言が，苛立ちとともに彼女の夫に向けて発言されればエコー表現(私が悪いですって)になりますが，彼女が皮肉をもって，その発言を第三者に伝えれば体験話法(私が悪いって夫は言うんです)になります．また，3人の会話で夫と第三者に同時に発した場合には区別がつきにくいかもしれません．

さらに大沼(1970：40)はエコー疑問文以外に次のような表現を「エコー命令文(Echo Imperative)」として，エコー表現の一つに数えています．

(**148**)

In case anybody comes, *I'm out.*

誰か来たら「私(彼)はいない」と言っておいてくれ．

この文は，他者の発言のエコーではありませんが，聞き手にその内容(I'm out)を人称変換してエコーするように命じています．これと関連して，山口(Echoes, p.11)にあげられている例文を少し変えたものをみてみます．

(**149**)

OSCAR： ［The phone rings. Oscar picks it up quickly］
　　　　　Hello? Oh, hello, Frances!
FELIX： ［Stops clearing and starts to wave his arms wildly.
　　　　　He whispers screamingly］
　　　　　I'm not here.　I'm not here.
OSCAR： ［Into the phone］
　　　　　He's *not here.*

オスカー：　［電話が鳴る．オスカーがすばやく受話器をとる］
　　　　　　もしもし，あー，やぁフランシス
フェリックス：［クリーニングするのをやめ，手を荒々しく振り，金切り声で囁く］
　　　　　　<u>ぼくはいないよ，ぼくはいないよ．</u>
オスカー：　［電話に］
　　　　　　<u>(彼は)いないよ．</u>

フランシスと話をしたくないフェリックスはオスカーに「ぼくはいないよ」

と囁きます。この表現(I'm not here.)は Oscar の返答を先取りするとともに，半強制的に Oscar の発言を規定します。この先取りは想定される文(He's not here.)の直接話法(Please say Felix isn't here.)でも，間接話法(Please say that I'm not here.)でもありません。むしろ形態的には体験話法に近く，対面的コミュニケーションにおける体験話法の一種と考えることができます。事実吉田(1969：24f.)ではこのような文が体験話法と捉えられています。

(150) "Luck," said Charles, coming back from a phone box. "In, and expecting you; I'd drop if you like. **You are keen on modern art** (= Please say I am keen on modern art)..."
　　(N. Freeling : *Criminal Conversation,* 吉田1969：24より（　）内は筆者)

　「よかった」と公衆電話から戻るとチャールズは言った。「先方は家にいて君を待っていてくれるそうだ。もしよかったら，そこまで車で送っていくよ。君は現代芸術に熱心ということになっているからね。」

ここで "**You** are keen on modern art." は，先方に行ったら "I'am keen on modern art."（自分は現代芸術に熱中している）と言ってくれ，あるいはそういう事情であると心得ておいてくれということです。もちろん実際そのように発言されるとは限りませんが，この表現は想定される発言の一種の体験話法と考えることができます。するとこのような先取り表現は体験話法にもエコー表現にも近いといえます。

大沼(1970：41)に基づいて，山口はさらに以下の表現を「エコー平叙文(Echo Declarative)」と呼んでいます。

(151)
X : Do **I** look silly?
Y : What?
Z : [to Y, in whisper] Does **he** look silly.
Y : [to Z] Oh, I see. [to X, with confidence] Yes.

X : おかしい？
Y : なに。

Z：［Yに囁いて］おかしいかって
　　Y：［Zへ］ああ，わかった．［Xへ自信をもって］ああ．

　Fludernikも触れているように，このZの発言は対面的コミュニケーションにおける体験話法とみなすことができます．なぜなら人称"I"が，Zの視点から3人称"he"に変換されているからです．このように大沼，山口がエコー表現と考えているものは，別の研究者(Thibaudet(1922), Spitzer(1928), Lerch(1928)など1920年代のヨーロッパの研究者や吉田(1969))からは体験話法の一種と考えられてきたものです．
　しかしエコー表現は(とりわけエコー疑問文)は引用としてではなく，大抵「問い返し疑問文」としてだけ考えられてきました．類似点を指摘したFludernikも語りの体験話法と相互影響的な言語表現のエコー疑問文を明確に区別しています．それに対して山口は，体験話法をエコー表現の拡張と捉えようとします．そこに両者の大きな相違がありますが，私自身は，Fludernikより山口に近く，体験話法とエコー表現の境界線はかなり流動的な場合があるのではないかと考えています．すでに「エコー命令文」や「エコー平叙文」が対面的コミュニケーションにおける体験話法に近いことをみました．エコー疑問文に関してもFludernik(1993：176)自身が"Echo report"として興味深い例をあげています．

(152)　Now let's see about this form. Today is the 9th of March. You are called Jill Rutgers. **You** live where ? Ah, 17 Sesame Lana. That's 94275 right ? OK. **You** were born when ?

　さあ，この点についてみておきましょう．今日は3月9日．あなたはジル・ルトガアスという名前．<u>**あなたは(私は)**どこに住んでいるって</u>．そうセサミ・ラナ17番地，(郵便番号は)94275，わかった？．O.K.<u>**あなたは(私は)**いつ生まれたって</u>．

　Fludernikは特殊な場合としてこの例をあげていますが，このようなエコーリポートはしばしば現れます．例えば一部変更したRiesel(1954：327)の例をみます．

VI 特殊な体験話法

(153) Wenn bei uns etwas nicht in Ordnung ist, wird alles gleich mir in die Schuhe geschoben. Gestern wurde ein Fenster zerbrochen. ***Ich habe es getan. Ich** hatte es unvorsichtigerweise offenstehen lassen. **Ich habe es nicht eingehakt.***

　ここでなにかうまくいかないことがあれば，すべてがすぐ私のせいにされてしまう．昨日窓が一つ壊された．<u>**私（おまえ）**がやった，**私（おまえ）**が不注意に窓を開けっ放しにしておいた，**私（おまえ）**が窓の煽りを止めなかったからっていうんだから</u>．

　この文はある発言のエコーではありませんが，ある人物の想定される発言をエコー疑問文のように先取りしています．ある意味で話者はエコーを皮肉をこめて伝達しています．それゆえ，この文章は体験話法ともエコー表現とも解釈できるかもしれません．
　また，少し意味は異なるかもしれませんが，3人以上の会話ではエコー表現が，皮肉に用いられた体験話法のように機能することがあります．例文**(147)**に少し変更を加えた『ブデンブローク家の人々』の例からみることにします．

(154) »Grünlich kritisierte mich.« fuhr Tony fort, [3]»***Ich ruiniere ihn**!*«
　Hier blickte Herr Kesselmeyer sie an ... und dann blickte er Herrn Grünlich an ... und dann brach er in ein unerhörtes Gelächter aus! [4]»***Sie ruinieren ihn...*?**« rief er. »***Sie ... ruin ... Sie ... Sie ruinieren ihn** also*?... O Gott! Ach Gott! Du liebe Zeit!... Das ist spaßhaft!... Das ist höchst, höchst *höchst* spaßhaft!«

　「グリューンリヒは非難しますの．」トーニは続けた．[3]「<u>**きみは（私が）ぼくを（彼を）破綻させるって．**（言うんです）</u>」するとケッセルマイヤーはトーニを見つめ，それからグリューンリヒ氏を見つめた．そして聞いたこともないような笑い声をあげた．[4]「<u>**あなたが彼を破綻させるって**（グリューンリヒが言ったのですか）？．</u>」と彼は叫んだ．「あなたが…破綻…あなたが

…あなたが彼を破綻させるって？…いやはや！　なんとも！　こりゃ驚いた…こりゃはおかしい！　なんとも，なんとも，なんともおかしい！」

　ケッセルマイヤーの発言(4)はトーニの発言(3)のエコー疑問文です．しかしケッセルマイヤーのエコー疑問文は，トーニではなく，グリューンリヒに向けられたものであると考えることもできます．その際には「トーニの持参金であなたは破産から救われたのに，その彼女があなたを破綻させると(あなたは)彼女に言ったのですか」という皮肉が再現されることになります．グリューンリヒは持参金を目当てにトーニと結婚したからです．したがってこの表現は，**形式的にはエコー疑問文**でありながら，**機能的には体験話法**と変わらない役割を果たしているといえます．エコー疑問文は，その内容がエコーされる人物(トーニ)だけでなく，第三の聞き手(グリューンリヒ)も関係する場合，このようにイロニーを表すことも可能になります．またケッセルマイヤーの発言(4)　„**Sie ruinieren ihn**" は，最初のグリューンリヒの発言　„**Du ruinierst mich**" の体験話法になっているとも考えられます．

　このように対面的コミュニケーションにおける体験話法とエコー表現はしばしば密接な，錯綜した関係にあるといえます．とりわけ，このような境界線部分の考察は，その人称変換のメカニズムなど「体験話法」や「エコー表現」，さらに「引用」や「語り」などの解明にも有益な視点を提示してくれるように思えます．

6.2.　浮き彫りの体験話法（現在形の地の文に過去形群で現れる体験話法）

　2人称の場合を除きますと，地の文の形態と体験話法ないし内的モノローグの文法形態の組み合わせには以下の場合［次ページの図参照］が考えられます．図は一見複雑ですが，本来1人称現在形群の作中人物の思考が，語り手の視点から人称・時称とも変換され，3人称過去形群の体験話法として小説に現れれば，AタイプかDタイプです．AタイプとDタイプの相違は，その体験話法が現れた小説が過去形群で語られているのか(Aタイプ)，現在形群で語られているのか(Dタイプ)の違いです．

　1人称小説の思考再現では人称の変換はありませんので，体験話法の形態

VI 特殊な体験話法

は1人称過去形群だけです．その際その1人称小説が過去形群で語られていればEタイプ，現在形群で語られていればFタイプになります．（Bタイプ，Cタイプはここでは無視して構いません．）

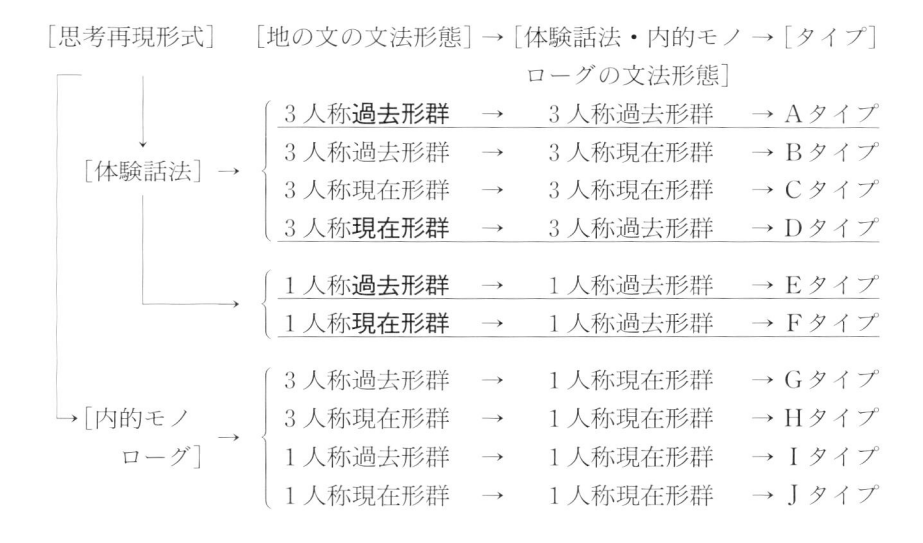

[思考再現形式]　　[地の文の文法形態] → [体験話法・内的モノ → [タイプ]
　　　　　　　　　　　　　　　　　　　　ローグの文法形態]

```
          ┌─ [体験話法] →  ┌ 3人称過去形群  →  3人称過去形群  → Aタイプ
          │                │ 3人称過去形群  →  3人称現在形群  → Bタイプ
          │                │ 3人称現在形群  →  3人称現在形群  → Cタイプ
          │                └ 3人称現在形群  →  3人称過去形群  → Dタイプ
          │
          └──────────→    ┌ 1人称過去形群  →  1人称過去形群  → Eタイプ
                            └ 1人称現在形群  →  1人称過去形群  → Fタイプ

→ [内的モノ →  ┌ 3人称過去形群  →  1人称現在形群  → Gタイプ
   ローグ]     │ 3人称現在形群  →  1人称現在形群  → Hタイプ
               │ 1人称過去形群  →  1人称現在形群  → Iタイプ
               └ 1人称現在形群  →  1人称現在形群  → Jタイプ
```

　次に体験話法のAからFタイプを時称と人称の変換の視点から整理すれば次のようになります．

　　　　　　　　　[体験話法における時称，人称の変換]

[想定される → [ダブル変換]　→ [時称，人称　　→ Aタイプ，[Dタイプ]
　直接話法に　　　　　　　　　　ともに変換]
　おける時称
　と人称[1人 → [シングル変換] → [時称のみ変換] → Eタイプ，[Fタイプ]
　称現在群]]　　　　　　│
　　　　　　　　　　　　└→ [人称のみ変換] → Bタイプ，Cタイプ

　ドイツ語では小説の地の文の時称は過去形群が一般的であり，体験話法においても時称と人称が地の文と同化しているAタイプとEタイプが標準タイ

プです．一方，本来１人称現在形の思考再現が，現在形の地の文の中でわざわざ過去形群によって再現されるＤタイプとＦタイプはきわめて稀であるといえます．それはまさにテキストから体験話法が**浮き彫り**になるように思考再現がなされます．

このような体験話法は―私の知る限り―ドイツ語ではカフカの短編においてのみ見られます．カフカの作品には三つの長編小説『アメリカ』『審判』『城』をはじめ『判決』『火夫』『変身』『流刑地にて』『最初の悩み』『断食芸人』『ある戦いの手記』『田舎の婚礼準備』『ブルームフェルト，あるいは中年の独身者』『橋』『ある犬の探求』『夫婦』『すみか』等々に体験話法が現れます（詳しくは鈴木（1987）参照）．これらのカフカの作品には，先ほどあげたＡからＦタイプのすべての体験話法が含まれています．もちろん圧倒的に多いのはＡタイプ（『アメリカ』『審判』『城』『判決』『変身』『流刑地にて』『断食芸人』等）とＥタイプ（『ある戦いの手記』『橋』『ある犬の探求』『夫婦』『城』の初稿）ですが，『城』の20章の原文で延々16ページにおよぶペーピの発言を再現した体験話法（Steinberg（1971：261f.）にはＢタイプが，『ブルームフェルト』にはＣタイプが現れます．そして『ブルームフェルト』にはさらにＤタイプが，『すみか』にはＦタイプの体験話法が現れます．ここではきわめて稀なＤタイプとＦタイプをみます．

(155)［Ｄタイプ→３人称現在形群の地の文に３人称過去形群の体験話法］
［…］Da sie (Bedienerin) schwerhörig ist, zieht er (Blumfeld) sie gewöhnlich am Arm zu jenen Stellen des Zimmers, wo er an der Reinlichkeit etwas auszusetzen hat. Durch diese Strenge hat er es erreicht, daß die Ordnung im Zimmer annähernd seinen Wünschen entspricht. *Mit der Einführung eines Hundes* **würde** *er aber geradezu den bisher so sorgfältig abgewehrten Schmutz freiwillig in sein Zimmer* **leiten**. *Flöhe, die ständigen Begleiter der Hunde,* **würde** *sich* **einstellen**. **Waren** *aber einmal Flöhe da, dann* **war** *auch der Augenblick nicht mehr fern, an dem Blumfeld sein behagliches Zimmer dem Hund überlassen und ein anderes Zimmer suchen* **würde**. *Unreinlichkeit* **war** *aber nur ein Nachteil der Hunde*. Hunde werden auch krank...

(F. Kafka：*Blumfeld*, in：S.E. S.265)

VI　特殊な体験話法

　掃除女は耳が遠いので，ブルームフェルトはいつもその女の腕をとり，部屋の中の，清潔さの点で気に入らぬ所がある場所へ彼女を引っ張っていく．このような厳格さによって彼は部屋の秩序をだいたい自分の希望にそうようにしてきた．しかし犬を飼えば，それこそ今まで慎重に防いできた汚れをすすんでおれの部屋にもちこむことになるだろう．犬につきもののノミも出て来るだろう．いったんノミがわけば，快適なおれの部屋を犬にゆずり，おれは別の部屋をさがすことになるのもそう遠いことではないだろう．不潔さはしかしまだ犬の欠点の一つにすぎない．犬も病気になるし…．

(156)　[Fタイプ→１人称現在形群の地の文に１人称過去形群の体験話法]
[…] Aber abgesehen von seinen Eigentümlichkeiten ereignet sich jetzt doch nur etwas, was ich eigentlich immer zu befürchten gehabt hätte, etwas, wogegen ich hätte immer Vorbereitungen treffen sollen : Es kommt jemand heran ! *Wie **kam** es nur, daß so lange Zeit alles still und glücklich **verlief** ? Wer hat die Wege der Feinde gelenkt, daß sie den großen Bogen machten um meinen Besitz ? Warum **wurde** ich so lange beschützt, um jetzt so geschreckt zu werden ? Was **waren** alle kleinen Gefahren, mit deren Durchdenken ich die Zeit hinbrachte gegen diese eine !*　　　　　　　　(F. Kafka : *Der Bau*, in : S.E. S.384)

　どんな特質をもつものであるかは別として，今なにかが起こっている．自分が本来なら絶えず気づかっておかなければならなかったこと，それに対してつねづね備えをすべきであったことが，つまり誰か侵入者が近づいている．こんなに長い間すべてが静かで幸運であったのはどうしてなのか．敵たちは大きな弧をえがいて，私のすみかにやってこようとしている．このように彼らを導いたのは誰なのだろう．なぜ私はかくも長く守られ，今こんな恐ろしい目にあわされるのか．この今の危険に比べたら，今まで小さな危険によくもくよくよ考えて過ごしてきたことか．

　『ブルームフェルト』では小説の地の文は３人称現在形群です．体験話法では本来１人称現在の作中人物の思考や発言が地の文の人称・時称に同化(変

— 149 —

換)するのが一般的です．ところが，ここではブルームフェルトの思考(しかし犬を飼えば，それこそ今まで慎重に防いできた汚れをすすんでおれの部屋にもちこむことになるだろう．…)が過去形群(würde＋不定詞，war などの過去形)で再現されています．また次の『すみか』でも，小説の地の文は１人称現在形群ですが，思考再現部(こんなに長い間すべてが静かで幸運であったのはどうしてか．敵たちは大きな弧をえがいて，私のすみかにやってこようとしている．…)は過去形群(kam, wurde, waren usw.)になっています．過去時称のコンテキストの中で現在形が用いられ，出来事を生き生きと再現する**歴史的現在**(historisches Präsens)というものがありますが，ここでは逆のことがなされていて，地の文から浮き彫りになった体験話法といえるかもしれません．同時にカフカがいかに意図的に体験話法を用いていたかがわかります．その意味で，カフカの「語り」に関する研究や翻訳では体験話法は避けて通ることができない問題といえます．

6.3. 手話や読み取りを再現した体験話法

　言葉による発言ではなく「手話」の内容や「読み取り」による発言や思考の再現が体験話法でなされることがあります．以下のテキストは，語り手の「わたし」とその母親との会話ですが，母は聾啞で，娘の「わたし」には手話で話しかけます．

(157)　Ich cremte ihr Gesicht sorgfältig ein ... Meine Mutter kam ins Zimmer, ... hob es empor. Sie legte Marie in ihr Bettchen. Damit war ich nicht einverstanden. Ich protestierte.
　»Nicht, Mama. Ich wollte ihr doch noch eine Geschichte vorlesen. ...«
　Mama erklärte mir, daß [1)]Marie jetzt müde sei und schlafen müsse.
　»Woher willst du das denn wissen? Hat sie dir das erzählt?«
　Meine Mutter deckte Marie zu und schloß die Vorhänge, [2)]*ich sollte leise sein und sie schlafen lassen*. Sie ging aus dem Zimmer...
(C. Link : *Jenseits der Stille,* S.44)

　私は(まだ赤ちゃんの)妹の顔にクリームを入念に塗りこんでいた．母が

VI　特殊な体験話法

　部屋に入ってきて妹を抱き上げベットに寝かせた．私は理由がわからず，抗議した．
　「ダメよ，ママ，私はマリーにもう一つお話を読んであげるの．」
　ママは，[1)]マリーはもうおねむなのと(手話で)言った．
　「どうしてそんなことがママにわかるの，マリーが言ったとでもいうの．」
　私の母は，マリーに布団をかけ，カーテンを閉めた．「[2)]<u>静かにしてマリーを寝かせてあげてね．</u>」と母は(手話で)言うと部屋から出て行った．

　ここでは聾唖である母の「手話」が，娘である語り手によって1)は間接話法で，2)は体験話法で再現されています．イタリック部の命令文が，母の手話の再現であることは映画『ビヨンド・サイレンス』の場面[例文(**99**)の説明参照]からもうかがえます．次にもう一箇所カロリーヌ・リンクの例をみてみます．

(**158**)　[…] In seinem Schmerz und seiner Trauer machte er nun mich als Teil der hörenden Welt für Mamas Tod verantwortlich. *Hatte ich damals nicht von ihr verlangt, was sie aufgrund ihrer Gehörlosigkeit eigentlich nicht konnte ? Sie hatte für mich radfahren gelernt. Für mich.*
(C. Link : *Jenseits der Stille,*　S.99f.)

　ママを失った悲しみからパパは耳の聞こえる世界の住民の一人である私にも，ママを死なせた責任があるというのだ．<u>おまえが，耳の聞こえないママに無理なことをあの時要求したじゃないのか．おまえのためにママは自転車の練習をしたんだ．おまえのために．</u>

　聾唖の両親をもったララ，しかし自分自身は聾でないララが，自転車事故で母を失った際の父との確執です．ここでは父の態度，表情からララが読み取った父の思考が再現されています．この物語では，語り手のララはしばしば父や母の発言を体験話法で再現していますが，聾唖である両親の「手話」や上記のような顔の表情からの読み取りによる再現であり，思考や発言の再現パターンが一様でないことを示す例であるともいえます．
　また，ここでは1人称小説における「思考再現」で，人称変換が起こって

いるという意味でも興味深いものです．すでに１人称体験話法の理論化でみましたように，１人称小説の体験話法では思考再現においては時称の変換だけでした(2.2.と3.1.2.参照)．なぜなら語り手が作品の中にあり，自分以外の人の内面に入り込むことが無理だからです．しかし他者の心理を読み取り，体験話法で再現することが可能なことをこの例は示しています．これはなぜノンフィクションにおいても体験話法が現れうるかを説明しています[2.7.2.参照]．

6.4. vox populi（人々の声）を再現した体験話法

小説における体験話法では，一般に主人公を中心に作品の中で性格づけされた人物の思考や発言が再現されるのが普通です．例えばトーマス・マンの『ブデンブローク家の人々』(1989年版)には，700行あまりの体験話法が現れますが，おおよそトーマスが260行(40%)，トーニが170行(25%)，ハノ―100行(15%)で，この３名で全体の80%になります．あとはトーマスの父のヨーハン，仲買人ゴッシュ，グラボー医師などが続きます．中心人物の中でクリスチャン（トーマスの弟）とゲルダ（トーマスの妻）にはほとんど体験話法は用いられていません．ある意味でトーマス・マンはこの二人には距離をとったともいえます．

ところで，これらの中心人物や作品の中で性格づけられた人々の体験話法以外に10箇所程度に，あわせて17行(2.5%)ほどですが，名もなき人々の声(vox populi)が再現されています．ここではLerch(1914：473)以来多くの研究者に引用された例をみてみます．

(159)　Der Herbst kam, graues Gemäuer stürzte zu Schutt zusammen, und über geräumigen Kellern erwuchs, während der Winter hereinbrach und wieder an Kraft verlor, Thomas Buddenbrooks neues Haus. Kein Gesprächsstoff in der Stadt, der anziehender gewesen wäre！*Es wurde tipptopp, es wurde das schönste Wohnhaus weit und breit！Gab es etwa in Hamburg schönere？. . . Mußte aber auch verzweifelt teuer sein, und der alte Konsul hätte solche Sprünge sicherlich nicht gemacht. . .*

(Th. Mann：*Buddenbrooks*, S.424)

VI　特殊な体験話法

　秋が来て，灰色の壁は粉々に崩れ落ち，広い地下室の上に，冬が訪れ再び力を失って行く間に，トーマス・ブデンブロークの新居が出来上がってきた．<u>市中でこれほど人々をひきつける話題はなかったろう！　飛び切りになるぞ，かなり広い範囲を見ても，これ以上きれいな家はないだろう！たとえばハンブルクにこれ以上きれいな家があるだろうか？…　しかしまたおそろしく金がかかるに違いない，老領事だったらこれほど思いきったことは確かにやらなかったろう</u>．
（森川訳 334-5ページ）

　ここではトーマスの建てた新しい家をめぐる人々の声（vox populi）が再現されています．もう一例ヘッセの『車輪の下』から，ハンス・ギーベンラートの水死の原因をめぐる人々の声を再現したものをみます．ただし，ここは語り手の推測ともとれる微妙な箇所です．

(160)　［…］ Niemand wußte auch, wie er (Hans) ins Wasser geraten sei. *Er war vielleicht verirrt und an einer abschüssigen Stelle ausgeglitten; er hatte vielleicht trinken wollen und das Gleichgewicht verloren. Vielleicht hatte der Anblick des schönen Wassers ihn gelockt, daß er sich darüberbeugte, ... trieb ihn Müdigkeit und Angst mit stillem Zwang in die Schatten des Todes.*
（H. Hesse: *Unterm Rad*, S.164）

　どうしてハンスが川に落ちたか，誰も知らなかった．<u>たぶん道に迷い，傾斜が急なところで足をすべらしたのだろう．ひょっとしたら水を飲もうとして，体のバランスを失ってしまったのかもしれない．あるいは美しい川の眺めに誘われ，身をかがめ，…疲れきり，不安に苛まれていたハンスは，死の影に引きずりこまれてしまったのかもしれない</u>．

　このような vox populi は文学作品だけでなく，演説においてもみられます．例えば最初に触れたイェニンガー演説の体験話法は典型的な vox populi でした．ここではフォン・ヴァイツゼッカー前大統領のあの有名な演説の中に現れる例をみます．

(161)　Die meisten Deutschen hatten geglaubt, für die gute Sache des eigenen Landes zu kämpfen und zu leiden. ... es hatte den unmenschlichen Zielen einer verbrecherischen Führung gedient. Erschöpfung, Ratlosigkeit und neue Sorgen kennzeichneten die Gefühle der meisten. *Würde man noch eigene Angehörige finden？ Hatte ein Neuaufbau in diesen Ruinen überhaupt Sinn？*

　　　　　　　　　　　　　(Von Weizsäcker： *Von Deutschland aus*, S.12)

　大抵のドイツ人は自らの国の正義のために戦い，耐え忍んでいるのだと思っていました．…ところが，それは犯罪的な指導者たちの非人間的な目的のためであったのです．疲労困憊し，途方にくれ，新たな不安にさいなまれる，これが当時の大抵の人々の心情でした．<u>親兄弟はまだ見つかるだろうか．この廃墟のなかで新たに建設することにいったい意味があるのだろうか</u>．

　1945年5月ドイツ敗戦の廃墟を前にした人々の困惑，不安が体験話法で再現されています．ここにもヴァイツゼッカー前大統領の敗戦下の人々への共感がうかがわれます．先に見ましたイェニンガー演説も vox populi の再現でしたが，この二つの演説の結果は対照的でした．フォン・ヴァイツゼッカー前大統領の演説は世界中から賞賛を受けました．一方イェニンガー議長は，演説（の体験話法）のため辞任に追い込まれます．問題はそれほど単純ではありませんが，ヴァイツゼッカーが被害者としての戦後のドイツ人の心情再現に体験話法を用いたのに対して，イェニンガーが加害者としての30年代のドイツ人の心情を再現したことが，この二つの演説の体験話法の一つの対照点となっています．

　最後に vox populi というわけではありませんが，無名の人の発言や思考が再現されている例をみます．

(162)　Montag morgen ging es immer noch nicht besser； ich rief im Büro an und meldete mich krank. Eine Darmgrippe, gab ich an. *Man wünschte mir gute Besserung, und ich sollte bloß nicht zu früh wieder aufstehen und im Betrieb erscheinen, bei meinem ehernen Pflicht-*

VI 特殊な体験話法

bewußtsein müßte man das mal betonen.
(I. Noll: *Der Hahn ist tot*, S.104)

　月曜日の朝になっても調子はよくならなかった．私は職場に病欠の電話をし，胃腸風邪ですと告げた．（すると電話の声は言った．）<u>「お大事に，治りきらないうちに会社に出てくることがないようにしてくださいね．ヒルテさん責任感が強いですから言っておくんですけど．」</u>

　ここでは無名の電話の相手の発言が語り手の私の視点から体験話法で再現されています．実際の電話の最初の文（お大事に）は „Ich wünsche Ihnen(dir) gute Besserung." であったはずで，Ich → man, Ihnen(dir) → mir に変換されています．さらに変わった例として Neuse(1990 : 245)はシュトルムの小説『ハーデルスレフフース異聞』から犬の思考の再現例をあげています．

(163)　Als sie bei den Zinnen hinaustraten, stand der Hund(die Dogge Heudan) und schaute wie verwundert vor sich hin : *die Pappel, wo war sie denn?* Dann wandte er den Kopf und lief plötzlich in Sprüngen ein Stückchen seitwärts auf die Mauer zu.
　(Th. Storm : *Ein Fest auf Haderslevhuus*, S.62, Neuse 1990 : 245より)

　彼らが鋸壁に現れたとき，犬（ホイダン）は立ち止まり，怪訝そうに前方を見つめた．<u>ポプラは，ポプラの木はいったいどこにいったのだろう．</u>それから犬は頭の向きを変え，突然壁の方へななめに飛ぶように走っていった．

　イタリック部は飼犬ホイダンの思考（語り手の想像？）の再現です．あるいは語り手の犬の気持ちへの一体化といえるでしょうか．

6.5. 直接話法を再現した体験話法

　体験話法の中に想像の直接話法が再現されることがあります．

体 験 話 法

(164) […] Er zählte während zweier Stunden die Sekunden und Minuten, indem er sich vorstellte, was indes mit Tobias geschehen mochte. *Jetzt kam Lene mit ihm an ; jetzt stand sie vor dem Arzte. Dieser betrachtete und betastete den Jungen und schüttelte den Kopf.*

»Schlimm, sehr schlimm — aber vielleicht ... wer weiß ?« Er untersuchte genauer. »Nein« sagte er dann, »nein, es ist vorbei.«

»Vorbei, vorbei« stöhnte der Wärter, ...

(G. Hauptmann: *Bahnwärter Thiel*, S.33)

　彼(線路番ティール)は２時間の間，１秒，１分と数え上げ，その間にトビーアスがどうなっているかを思い描いていた．今頃レーネはあの子とともに到着し，レーネは今医者の前に立ち，医者はあの子を眺め，診察しているだろう．医者は頭を振り，「よくない，とてもよくない，が，あるいは…いやわからない」と言い，さらに詳しく診察する．彼はそれから「いや，いや，もうだめだ．」と言っているのではないか．
　「もうだめだ，もうだめだ」と線路番は呻いた．

　ここでは列車事故に遇い医者のもとに連れて行かれた息子トビーアスの安否を気遣う気持ちが再現されています．しかもその中には線路番ティールによって想像された医者の発言(直接話法)が再現されています．この部分をティールの想像ではなく，実際の医者が発言したように過去形で訳すとコンテクストが繋がらなくなります．
　上記は思考を再現した体験話法のうちに，直接話法が再現されていましたが，逆に直接話法の中に，思考(vox populi)が再現された体験話法が現れることがあります．

(165)
　»Was macht er jetzt ?«
　»Sie haben ihn in ein Dorf gesteckt, das nicht einmal Bahnanschluß hat ; da predigt er über die Köpfe der Bauern, […] sie hassen ihn nicht, verstehen ihn einfach nicht, verehren ihn sogar auf ihre Weise wie einen liebenswürdigen Narren ; *sagt er* **ihnen** *wirklich, daß alle Menschen Brüder sind ?* Sie wissen es besser und denken wohl heimlich : ›Ist er

— 156 —

nicht doch ein Kommunist?〈...》
(H. Böll : *Billard um halbzehn*, S.232)

「彼はいまどうしてる？」
「電車の駅すらない村に押し込められているよ．そこで農夫たちを相手に説教しているが，農夫たちには上の空．[…]でも農夫たちは彼を憎んではいない，彼の言うことはわからないが，いわば愛すべき変人として，彼らなりに彼を尊敬しているさ．<u>あの人は俺たちに，人間はみな兄弟だなんて本当に言うのだろうか</u>．そんなことは農夫たちの方がよく知っていて，ひそかに「あの人は共産主義者じゃないのかな」と思っているのさ．…」

　直接話法内の文章ですが，イタリックの文は農夫たちの思考が体験話法で再現されていると考えられます．ただ，この文をどう読むかはドイツ語の母語話者でも一様ではないかもしれません．

6.6. 新聞の見出し文の体験話法

　新聞の見出し文で，ある人物の発言が伝えられる場合一般的には Köhler : Ich bin kein Instrument des Machtwechsels(ケーラー：私は政権交代の道具ではない)[Frankfurter Allgemeine Zeitung 8. März 2004]という形で，発言者，コロン，直接話法による発言内容となります．ところがしばしばある人物の発言が本来の1人称(ich)から固有名詞に変換されて再現されることがあります．

(166)
　　Möllemann will weiterhin in der FDP arbeiten
　Der frühere FDP-Landesvorsitzende Möllemann hat man Mittwoch vor dem Landgericht Münster „an Eides statt" bekräftigt, daß das Geld, jene etwa 840 000 Euro, die auf das Konto 150 7818 bei der Lampe Bank in Düsseldorf eingezahlt worden waren, „sämtlich aus meinem eigenen Vermögen stammt". ***Er*** *wolle weiterhin in der FDP arbeiten*, versicherte er.
(in : *FAZ*, 9 Januar 2003, S.1)

体験話法

　<u>メレマン（私）は引き続き FDP で働くつもりである．</u>［見出し］
　FDP の前州議長メレマンは水曜日ミュンスターの地方裁判所で，デュッセルドルフのランペ銀行の口座1507818に振り込まれた約840,000ユーロの金額はすべて自分の資産であるという宣誓を改めて強調した．<u>私は引き続き FDP で働くつもりであると彼は断言した</u>．

　上記の新聞記事の見出し „Möllemann will weiterhin in der FDP arbeiten" は本文中の間接話法 „Er wollte weiterhin in der FDP arbeiten, versicherte er" から明らかなようにオリジナルな発言は „Ich will weiterhin in der FDP arbeiten"（私は引き続き FDP で働くつもりだ）であり，見出し文では ich が Möllemann という固有名詞に変換され発言が再現されています．これも一種の体験話法と言えるのでしょうか．もう一つ別の例をみてみます．

（167）
　　Eichmann hat mitgedacht
　　Zwischen 1956 und 1959, bevor er vom Mossad in Argentinien entführt wurde, hatte Eichmann einem ehemaligen SS-Man in langen Gesprächen seine Ansichten über die Nazis und das eigene Tun erklärt. Sein Gegenüber war der holländische SS-Offizier Wilhelm Sassen, ein guter Zuhörer, dem gegenüber Eichmann kein Blatt vor den Mund nahm ［…］ Eichmann gab an: „Mich reut gar nichts. Ich krieche in keinster Weise zu Kreuze. Eichmann wollte zuständig gewesen sein: „ich war kein normaler Befehlempfänger, sondern ***ich*** habe mitgedacht."　　　　　　　(F. Augstein in: *FAZ*, 1. Dezember 2000, S.44)

　<u>アイヒマン（私）は一緒に考えた．</u>［見出し］
　アルゼンチンでイスラエルの特殊工作機関モサドによって（イスラエル）へ誘拐される前の1956年から1959年の間に，アイヒマンはナチス親衛隊だった男との長い会話の中で，ナチスや自分の行為に関する考えを述べていた．その相手はオランダの親衛隊の仕官でヴィルヘルム・ザッセンといったが，よい聞き手で，彼に対してはアイヒマンは自分の考えをはっきり述べた．［…］アイヒマンは述べた．「私はなにも後悔してはいない．私は決し

VI　特殊な体験話法

て降参しない」アイヒマンは権限をもっていたと主張していた．「私は普通の受命者ではなく，<u>私は一緒に考えていたのだ．</u>」

　ここでも新聞の見出し „Eichmann hat mitgedacht" は本文中のアイヒマンの発言の直接話法 „ich habe mitgedacht" から，アイヒマンの発言の „ich" から固有名詞に変換されて再現されていると考えられます．これらは新聞記事の見出しとして，報告と発言の一体の効果をねらったものであると考えられます．これらは形態的には体験話法の形式をそなえていますが，一般化することはまた別問題かもしれません．ただ Fludernik などヨーロッパの学者たちに問い合わせると，彼女たちはこれらも体験話法と考えることが可能であるということでした．

6.7.　ピアニスト，ブレンデルの詩「オテロ」における体験話法

　体験話法研究史でも詩における体験話法の実例は多くありません．詩にも体験話法が用いられることを明確に述べたのは Karpf（1933：273）で，テニスンの『イノック・アーデン』の例をあげています．ドイツ語では Günther（1928：119f.）が，シラーのバラード「イービュクスの鶴」に，Steinberg（1971：338f.）が，ハイネの『歌の本』に言及しています．本書でもビートルズ（例文**(41)**）の詩における体験話法についてみました．
　ここでは Steinberg が私信（Brief vom 8.12.1998 und 5.4.2004）でピアニスト，アルフレート・ブレンデルの詩「オテロ」（シェイクスピアの悲劇『オセロ』を題材としたヴェルディの4幕のオペラ　1886年）に体験話法が用いられていることを指摘してくれましたので，最後にこの詩の体験話法をみることにします．

(168)
Als er die Einladung
den Othello zu spielen
in der Hand hielt
spürte er ein leichtes Zittern
Einen Grund mußte das ja haben

体 験 話 法

Schließlich hatte er es schwarz auf weiß
An den Othello hätte er nie gedacht
Eifersucht kannte er nicht
Mohren erfüllten ihn mit Mißtrauen
Venedig haßte er
ein lautes Wort
hatte er noch nie gesprochen
Andererseits konnte man nicht nein sagen
Eine solche Chance kam nie wieder
. . . （A. Brendel：*Störendes Lachen während des Jaworts*, S.39）

彼はあの「オテロ」を
演ずる招待を
手にしたとき，
武者震いした．
<u>理由があるに違いない</u>
<u>ついにその招待を文書で得た</u>
<u>オテロとは思わなかった</u>
<u>(オテロの)嫉妬は知らない</u>
<u>ムーア人たちは不信の念を抱かせる</u>
<u>自分はベネチアを憎んでいる</u>
<u>大言壮語を</u>
<u>したことはない</u>
<u>他方断ることもできない</u>
<u>そんなチャンスは二度と来ないだろう</u>

　これは非常に難しいブレンデルの詩「オテロ」（全81行）の最初の14行です．ブレンデルは1931年生まれ，ベートーベン，シューベルトはもとより，バッハからシェーンベルクまでの幅広いレパートリをもった世界的なピアニストですが，音楽に関する著作もあり，また詩人でもあります．
　さて，体験話法は5行目から始まりますが，そこでは「私」の思考が3人称過去形のまま再現されています．思いもよらず「オテロ」を演ずる招待を

VI 特殊な体験話法

受けるが，その理由がわからない．むしろ自分には招待に適さないことばかり思い浮かぶ，しかしこの招待を断ることはできない，そんな気持ちが 3 人称過去形の体験話法で再現されています．Steinberg からの私信によれば，「文書で（schwarz auf weiß「白の上の黒」）」はピアノの鍵盤のイメージとともに，黒は黒人将軍オテロを暗示している．「嫉妬」「ムーア人」「ベネチア」などもシェイクスピアの『オセロ』と関係します．

　この詩はその後，デズデモーナ（オテロの妻，不義の嫌疑で夫オテロに絞殺される）役としてのユッタ・ランペやイアーゴ（オテロに恨みをもち，副官カッシオとデズデモーナが不倫の関係にあるとオテロに思いこませる）役としての R. マルコヴィッチなどの配役や嫉妬のあまり妻を絞め殺すことになるオテロ役としての自分のさまざまな準備について体験話法で述べられていきます．その準備は最初のこっけいなものから，しだいに不気味なものにかわっていきます．そして

　　Seine bessere Hälfte **würde** *staunen*
　　wenn *er sie*
　　heute abend
　　probeweise
　　mit einem Kissen **erstickte**

　　<u>もし妻を</u>
　　<u>今晩</u>
　　<u>ためしに</u>
　　<u>枕で窒息させたら</u>
　　<u>妻は驚くだろう</u>

といったぞっとする結末で終わります．最後の文は，wenn＋...過去形の条件文を副文とした主文形式の würde 文で，体験話法であることは明らかです．この詩の解釈は難しいと思いますが，体験話法の理解が，詩のより正確な解釈に一役買うことは間違いありません．

VII　体験話法と日本語

　ドイツ語，英語，フランス語における体験話法ないし自由間接話法と日本語との比較に関しては，保坂・鈴木(1993：14)，山口(美)(1994)が整理しているように，以下の三つの視点からの研究が比較的早い時期からなされてきました．

　１．体験話法の日本語訳について
　２．日本語における体験話法について
　３．日本文学のドイツ語，英語，フランス語訳における体験話法

　ここでは上記の点にそって簡単に述べてみたいと思います．

7.1.　体験話法の日本語訳について

　まず，体験話法を日本語に訳す場合，原文の体験話法を「直接話法（１人称現在形）に還元」して訳す(松田(1954)他)，ないし還元し基本的な意味関係を確認してから日本語にする(鈴木(1987))という指摘があります．それに対して谷村(1978)，中川(1983：201ff.)は３人称や過去形の使用を含めたアンチテーゼを立てています．ただ，体験話法は初級者にはわかりにくいので，直接話法に還元することで基本的な意味を捉えることは外国語教育では有効ですし，本書でも体験話法であることを明示するためにしばしばこのような訳し方をしてきました［III章］．一方，専門家の翻訳など，テキストにあった日本語訳を考えていく場合には，日本語の表現の様々な可能性を探る必要があるでしょう．
　そして山口(美)も指摘しているように，実際の翻訳を調べてみると，人称に関しては１人称だけでなく，主語が省略されたり(保坂(1981))，「自分」が用いられることが多くあります．また原文にはない伝達部が訳文に補われることもあります(松井(1959))．これはすでに wollte の例文**(95)(96)**でも考察

VII 体験話法と日本語

しました．それでは今までどのように訳されてきたかを，まず『ブデンブローク家の人々』の例でみてみます．参考に英訳を添えます．

(169) »Aber ich beleidige Sie nicht, Herr Grünlich«, sagte Tony, denn sie bereute, so heftig gewesen zu sein . *Mein Gott,* ***mußte*** *gerade* ***ihr*** *dies begegnen !* Sie hatte sich so eine Werbung nicht vorgestellt.

(Th. Mann : *Buddenbrooks*, S.108f.)

(169)′ "But I am not insulting you, Herr Grünlich," said Tony, repenting her brusqueness. *Oh, dear, oh dear, why* ***did*** *all this have to happen to* ***her*** *?* Such a wooing as this she had never imagined.

(translated by H.T. Lowe-Porter, p.90)

「あなたを侮辱なんかしていませんわ，グリューンリヒさん」とトーニは言った，今までの激しい態度が悔やまれたからである．何ということだろう，他ならぬわたしがこんな目にあわねばならないとは！ トーニは，求婚がこんな形になることもありうるとは想像もしていなかった．

(森川訳 87ページ)

すでに例文**(144)**で識別の難しい箇所（Sie hatte sich so eine Werbung nicht vorgestellt.）としてあげたものですが，ここでは明確な体験話法である Mein Gott, **mußte** gerade **ihr** dies begegnen！の訳についてみたいと思います．英訳ではドイツ語と同じく3人称(her)過去形(did)で訳されていますが，日本語の場合それではトーニの思考の再現にならず，上記の森川訳は1人称（わたし）現在形（ならない）で訳しています．同じ箇所を成瀬訳は「ああ，人もあらうに**自分**がこんな目に遭はなきゃならないとは！(97-8ページ)」と訳し，人称は「自分」を用いています．また円子訳は「どうしてこんな羽目になったのだろう(89ページ)」と人称が省略されています．7つの『ブデンブローク家の人々』の翻訳を調べると人称は「わたし」が二つ（望月，森川），「自分」が二つ（成瀬，実吉），省略が三つ（川村，松浦，円子）になり，時称はすべて現在時制が用いられています．この例だけみても体験話法の翻訳には，人称に関しては1人称に還元された「わたし」や *「自分」が用いられたり，

人称が省略されていることがわかります．時称はすべて現在時制で訳されています．作中人物の心的現在の感情を再現する場合，日本語の過去「た」の利用はやはり抵抗が感じられます．事実体験話法の訳に意識的に「た」を用いてきた訳者はいません．それでは3人称の場合はどうでしょうか．しばしば体験話法の箇所が3人称「彼」で訳されることがありますが，多くの場合，体験話法ではなく，地の文と捉えられたためと思われます．

(170) 　［…］Gregor kroch noch ein Stück vorwärts und hielt den Kopf eng an den Boden, um möglicherweise ihren Blicken begegnen zu können. *War **er** ein Tier, da **ihn** Musik so ergriff ?*
（F. Kafka：*Die Verwandlung*, in：S.E. S.92）

　グレゴールはさらに少し前進し，首をぴたりと床に着け，何とか妹と眼を見かわそうとした．<u>これほど音楽の力に捉えられるとは，やはり**彼**(俺)は動物なのか？</u>　　　　　　　　（川村訳 85ページ，(　)内は筆者）

(171) 　［…］Er(Eduard) entfernte sich, ohne zu wissen, was daraus entstehen konnte. ***Er** sollte sie wenigstens jetzt nicht wiedersehen ; ob er sie je wiedersähe, welche Sicherheit konnte **er** sich darüber versprechen ?*　　　　　　（J.W. Goethe：*Wahlverwandtschaften*, S.110）

　彼は，その結果がどうなるのかも知らずに離れて行くのである．<u>少なくとも今はもう，オッティーリエと会うことはできない．しかも，いつか再び彼女を見る日があるかどうか—そのためのどんな保証が**彼**にあるのだろうか？</u>　　　　　　　　　　　　　　　　　　（柴田訳 185ページ）

例文(170)はグレゴールの思考を再現した体験話法と考えられますが，多くの邦訳は「彼はまだ動物なのだろうか」と「彼」で訳しています．ただ，『変身』の他の体験話法箇所にはどの訳も「彼」を用いていません．前後の訳文からもやはり地の文と訳していると思われます．例文(171)の『親和力』でも体験話法部分の訳に「彼」が用いられていますが，訳文からはエドゥアルトの思考というより，語り手の地の文に近い印象を受けます．その理由の一つ

はすでに述べましたように(3.2.5.2.)，『親和力』では，現代の小説であればwürde＋不定詞を用いるところに，上記のようにsollteが用られていることにもあります．

ところが，中川が指摘するよりずっと以前に体験話法の訳に意識的に3人称を用いた訳者がいました．作家である生田春月(1892～1930)は，ズーダーマンの『猫橋』の翻訳(1930年)において，多用される主人公ボレスラァフの思考の再現を，日本語訳では一般的な「俺」，「自分」，「主語省略」を用いず，すべて3人称の「彼」で訳し通しました．任意に二箇所を引用してみます．

(172)

  Regine ― wahrhaftig ― Regine.

  „Was tust du hier ? Steh auf !"

  Kein Laut ―keine Regung

  *Wo war **er** ihr doch zuletzt begegnet ? Richtig ― dort unten vor der Kirchhofspforte, als die Mündung des Gewehrs ―* und plötzlich stand das Bild des fürchterlichen Augenblicks in Tagesklarheit vor seiner Seele.

  *Für **ihn** hatte sie sich dem Mörder entgegengeworfen...*   (S.131)

  レギイネだ―たしかに―レギイネだ．

  「こんな處で，どうしたんだ？　立たないか！」

  何の聲もない―身動き一つしない．

  <u>一體，何處で**彼(俺)**は最後にこの女に會ったのだろう？さうだ―あの村の墓地の入口でだった，鉄砲の銃口が―すると忽ち，あの恐るべき瞬間の光景が，はっきりと彼の心に浮び上った．**彼(俺)**のために，女はかの殺人者に飛びかかって行ったのだ．</u> (生田訳78ページ，（　）内は筆者)

(173) Noch einmal ließ er das Wagestück der letzten Stunden an sich vorüberziehen. ... *Wie sorgsam sie sich und ihr Bereich vor **seinen** Blicken zu schützen gewußt hatte ! Sie mußte doch wissen, was **sein** Erscheinen dort unten bedeutete. Mußte doch wissen, daß **er** morgen von dannen zog, um vielleicht niemals wiederzukehren.*

体 験 話 法

(H. Sudermann: *Der Katzensteg*, S.316)

　もう一度，彼(ボレスラァフ)は先刻の冒険を思ひ返してみた．［…］　何と用心深く，彼女(レギーネ)は自分と自分の領分とを，彼(俺)の眼の前に護る事を知つてゐた事だろう！　だが彼女は，彼(俺)があの下の廣場に現れた意味を知つてゐなければならない筈だ．彼(俺)が明日は此處を去つて，多分もう二度と帰つて来ない事を知つてゐなければならない筈だ．
　　　　　　　　　　　　　　　(生田訳 190ページ，( )内は筆者)

　この箇所は疑問文やdoch **(172)**，morgen＋過去形 **(173)** などからもボレスラァフの思考を再現したことが明らかですが，ここにはドイツ語における語り手と作中人物(ボレスラァフ)のdual voice(２重の声)を日本語でなんとか再現しようとした生田の苦悩がうかがえます．同時に生田の訳は体験話法の日本語訳に大きな問題を提起したといえますが，生田がこの(疲労困憊した)翻訳の後で播磨灘に投身自殺してしまったことは残念なことです．

　　　　　　　　　　　　　　　＊
　7.2.1.にも関連しますが，牧野(1978：165)は日本語の「自分」を共感の印とし，日本語ではゼロになるべき主語の位置に「自分」がくると，読者は共感しやすいと述べています．体験話法の邦訳に「自分」が用いられる理由もここにあります．この点との関連で「自分」に関して，廣瀬(1997)，野村(2000)，岸谷(2003)にも興味深い指摘があります．

7.2. 日本語における体験話法

7.2.1. 主語省略や「自分」の使用

　日本語における体験話法に関しては早くから保坂による優れた業績があります．(保坂(1977)(1981)，保坂・鈴木(1993：24-37)参照.)またこの問題について最近ではFludernik(1993)，寺倉(1995)，柴田(1995)，工藤(1995)，Yamaguchi(1995)，三瓶(1996)，Hosaka, Suzuki und Fludernik(1999)，Hirose(2000)，野村(2000)，Suzuki(2002)，砂川(2003)などが貴重な視点を提供しています．ここでは一つのテーマ[体験話法の欧米文学からの受容？]にしぼって簡単に触れるにとどめたいと思います．

VII 体験話法と日本語

　日本語，あるいは日本文学における体験話法といいましても，言語構造の異なる日本語に，ドイツ語や英語とまったく同じ文法形態の体験話法が現れるという訳ではありません．また逆に作中人物と語り手の視点（声）が重なった文体，いわゆる体験話法の"dual voice"の機能という点に関しましては，主語省略や「自分」の使用などといった形で『源氏物語』から現代まで日本語には頻繁に現れます．例えば，落語家の春風亭小朝が映画『アマデウス』について触れた「朝日新聞」の記事の一部をみてみましょう．

(174)
　彼（宮廷音楽家サリエリ）はモーツァルトから散々，馬鹿にされ，いろいろな仕打ちを受けながらも，モーツァルトに対しての怒りの感情から仕返しを思いつく訳ではなく，むこうばかりに才能を与えた神に対して復讐をしてやるという思いで，主人公を死の床へと追いこんでいくのです．
　なぜサリエリはモーツァルトを恨まなかったのでしょう．それはモーツァルトの作品を愛していたからです．ここが実はこの映画の泣かせる所で，<u>どうして神は，こんなに素晴らしい曲を**自分**に書かせてくれなかったのか．なぜ，あんな下品なモーツァルトを神は選んだのか</u>．
　　　　　　　　　　　　　　　（朝日新聞　1990年12月22日　12ページ）

　下線部分はサリエリの神に対する恨みの気持ちが再現されていますが，ここに語り手の小朝のサリエリへの共感が明らかに重なっています．事実この後で「本当によくわかります．このサリエリの気持ち」という小朝の文が続きます．このように日本語では小説に限らず，語り手（小朝）と作中人物（サリエリ）の声が重なる文が可能です．これらがドイツ語に訳されれば体験話法が最も適した形式になると思われます．ただ，ここでは欧米文学からの受容ではないかと考えられる人称変換を伴った，つまり形式的にもドイツ語や英語の体験話法に近い日本語の話法記述にしぼって考察してみたいと思います．

7.2.2.　固有名詞への変換（文三，重松）

　思考再現における人称変換という点であまりにも有名なものが二葉亭四迷の『浮雲』（1887年）です．例えばよく引用される次のような文章をみてみましょう．

体 験 話 法

(175)
　およそ相愛する二ツの心は，…一方の心が苦しむ時には他方の心も共に苦しみ，嬉笑にも相感じ怒罵にも相感じ，…気が気に通じ心が心を喚び起こして決して齟齬し扦格する者でないと今日が日まで文三は思っていたに，<u>今文三の痛痒をお勢の感ぜぬはどうしたものだろう</u>．
　<u>どうも気が知れぬ，文三(俺)には平気で澄ましているお勢の心意気がのみ込めぬ</u>．　（二葉亭四迷『浮雲』岩波文庫 99ページ，（　）内は筆者）

　野口は『小説の日本語』の中で，下線の箇所を次のように述べています．「この言述は，いったいだれによってなされているのだろうか．文三自身だろうか．そうではない．小さな子供ではあるまいし，文三が「文三には」などというはずがない．では，くだんの語り手だろうか．それにしてはこの言述は，文三自身の口気を帯びすぎている．要するにこれは，「**文三**にはお勢の気が知れ**なかッた**」と「**おれ**にはどうもお勢の気が**知れぬ**」の中間にある話体である．西欧の文芸批評家だったら，これを自由間接話体(die erlebte Rede)と呼ぶだろう．（129～30ページ）」つまり本来1人称の「おれ」から固有名詞「文三」に変換されていることから，ヨーロッパ文学における体験話法に相応するものと認定されているのです．
　このような記述は『浮雲』の中に他にも見出されます．小森(1988)のようなロシア語の読める国文学者や木下(1993)のようなロシア文学者の比較研究から，二葉亭四迷が『浮雲』執筆時に，多くの体験話法(ロシア語の場合**擬似直接話法**といいますが)を含んだ作品を読み，翻訳していたことがわかります．そこからもこのような記述にロシア文学からの影響を見てとることができます．同じような例をもう一つ井伏鱒二の『黒い雨』からみてみましょう．

(176)
　これで矢須子の一日ぶんの記録が終りになっている．
　<u>家内の云う通り，黒い雨に打たれた記述の部分は省略するに越したことはない．しかし省略して清書した日記を結婚の世話人に渡してから，もし矢須子の日記の現物を見せてくれと云いだされるとすればどんなことになるだろう</u>．［…］
　<u>爆弾の落ちた八月六日の午後八時すぎ，矢須子は爆心地から十キロ以上も離れたところにいた筈だ．**重松**はあのとき爆心地から二キロくらいの横

VII 体験話法と日本語

川町で頬を火傷したが，それでもまだこうして生きている．あのとき横川あたりで火傷を免れた人のうち，今では無事に結婚している人があるそうだ．あのときのことを書いた<u>重松</u>の日記を，結婚の世話人に見せてやりたいくらいなものである．今度こそ矢須子の結婚を破談にさしてはいけないのだ．…
　<u>重松のいらいらするこの気持ち</u>は，いきなり大きな声となって出た．
「おいシゲ子，わしの被爆日記を出してくれ．…」

（井伏鱒二『黒い雨』新潮文庫 32-33ページ）

ここでは最後の地の文「重松のいらいらするこの気持ち」から，この上の部分が主人公重松の思考が再現されていることが明らかです．しかも『浮雲』と同様に人称が「おれ」といった１人称の変わりに，固有名詞「重松」が用いられています．

このように作中人物の思考の再現に，日本語では一般的な１人称（俺，私），自分，主語省略の代わりに固有名詞を用いた例は，田山花袋の小説（例えば『生』の銑之助）にもみられます．田山花袋も井伏鱒二も体験話法が頻出するズーダーマンの小説『猫橋』の翻訳にかかわっていることをはじめ，欧米の体験話法を多用する作家の影響を受けていますので，その影響はこのような語りや文体にも及んでいると考えることができます．

なお，『浮雲』や『黒い雨』は英語やドイツ語に翻訳されています．上記の部分は体験話法で訳されていますが，固有名詞「文三」「重松」は用いられず，３人称（„he" や „er"）で訳されています．これはドイツ語や英語では固有名詞は一般に語り手の地の文に用いられ，体験話法には用いられないためであると思われます．（もちろん例外［例文**(32)(116)**など］はありますが）ここでは体験話法の部分の英訳とドイツ語訳をあげておきます．

(175)′　［『浮雲』の英訳］
［…］ <u>Believing this</u>, how could Bunzō explain the fact that Osei did not sympathize with him in his present ordeal？
　　He could not understand it. **He** could not comprehend why Osei was indifferent to him.　　　　（*Ukigumo*, translated by M.G. Ryan, p.273）

— 169 —

(176)′　[『黒い雨』のドイツ語訳]

[…] *Und doch,* <u>sagte er sich</u>, *als am 6. August kurz nach acht die Bombe fiel, muß Yasuko ... entfernt gewesen sein.* **Er** *selbst war in Yokogawa nur zwei Kilometer vom Zentrum entfernt gewesen, wenn* **er** *auch Verbrennungen im Gesicht hatte, war* **er** *doch am Leben geblieben.*
　　　　　　　　　(*Schwarzer Regen*, übersetzt von O. Brandstätter, S.36)

7.2.3.　3人称への変換(彼)

　山田(1957)は「現代作家と代行描写」という興味深い論文の中で，モームの『凧』の例文を用いて体験話法の概略を述べた後，この話法の日本文学への影響だろうとして，石川達三の『自分の穴の中で』から，次の箇所を引用しています．参考のためドイツ語の拙訳を添えます．

(177)

　さっき，彼(順二郎)は別れた妻から久しぶりに手紙を受けとったところだった．その手紙を，彼は五回もくり返して読んだ．短い手紙だったから，文章は全部暗記していた．桂子からの縁切り状だった．一度縁を切って去った女からの，二度目の縁切り状だった．

　(いつも愛情にみちたお手紙を頂いて，感激して居ります)と書いてあった．わかり切った嘘だ．<u>彼</u>を怒らせないように，そっとなだめさとしているのだ．(いろいろな事情がございまして，今後はお手紙を御辞退申さねばなりません．…)それが解らないのだ．いろいろな事情とは，どんな事情であるのか．<u>肺病患者からの手紙が来るうるささに耐えられなくなったのかも知れない．</u>(どうぞ一日も早く健康になられますように，陰ながら祈って居ります)…<u>早く死んでくれという意味だ．</u>桂子はそういう薄情な女だった．順二郎は別れてからもひたすらに追慕の心をこめて手紙を書いて来たけれども，彼女を信じてはいなかった．信じない女に，愛の手紙を書き綴ることの虚しさ．…その虚しさを知り切って居りながら，虚しい自分の努力に夢を託していたのだった．<u>無害な夢ではないか．いわば何の力もない，何の影響もない，鳥のなき声のようにむなしい恋文ではなかったか．</u>それすらも佳子は拒絶しようというのだ．

　(石川達三『自分の穴の中で』新潮文庫 179ページ，山田1957：62f. より)

(177)′　Kürzlich erhielt er nach langer Zeit einen Brief seiner geschiedenen Frau. Er las den Brief fünfmal hintereinander durch. Weil der Brief kurz war, lernte er die Sätze auswendig. Das war der zweite Brief Keikos seit der Auflösung der Beziehung, den (ihm) seine geschiedene Frau sandte und der (ihm) noch einmal (ihren) Abschied von (ihm) mitteilte.

　(Ich) danke (Dir) allerzeit für (Deine) Briefe mit voller Liebe — so stand es im Brief. *Das ist eine offensichtliche Lüge! Sie besänftigt **ihn**, damit (er) sich nicht ärgert. Aus verschiedenen Gründen muss (ich) von jetzt an Deinen Brief versagen... Das kann (er) nicht verstehen. Was sind denn die verschiedenen Gründe? Was für Gründe gibt es? Vielleicht kann (sie) es doch nicht mehr ertragen, von einem Lungenkranken Briefe zu erhalten. Im Stillen wünsche (ich) (Dir) gute Besserung. Das bedeutet, (sie) wäre froh, wenn (er) bald sterben würde.* Keiko war eine herzlose Frau. Junjiro schrieb (ihr) nach der Scheidung zwar sehnsüchtig Briefe, aber (er) traute ihr nicht. Es ist eine Eitelkeit, wenn man einer unzuverlässigen Frau Liebesbriefe schreibt. Obwohl (er) diese Eitelkeit erkannte, hatte (er) (seine) Hoffnung auf diese sinnlosen Briefe gesetzt. *Was für ein unschuldiger Traum ist das? Sind solche sinnlosen Liebesbriefe nicht wie Vogelstimmen, die keine Macht, keinen Einfluss haben? Aber selbst diesem Brief wollte sich Keiko versagen.*

　この例文では，伝達動詞を伴わず，作中人物(順二郎)の思考が再現されていること，とりわけ7行目の「彼を怒らせないように，そっとなだめさとしているのだ」における「彼」が，日本語として自然な1人称「おれ」から3人称に変換されていて，欧米の小説における体験話法と非常に近い形になっています．

　そしてこの論文のより興味深い点は，山田が，作家の石川達三に書面でこの例文について　1) 外国文学から学んだものか　2) 翻訳文学あるいは他の日本作家から学んだものか　3) 自ら工夫，創造したものであるのかを尋ねている点です．石川の答えからは，それが外国文学からの影響であるのか

は明確には確認されませんが，「彼」への人称変換について，石川は次のように述べています。「はっきり意識して書いたことを記憶しています。…彼と云う言葉は，そこで何分か考え，読み返す時にも再び考えたことを覚えています。この彼を俺とすれば，この登場人物にツキ過ぎるので，従って地の文に入れるには強すぎます。ここが彼であることによって，その後の文章が主観と客観との二重映しになり，複雑な投影を読者に与えるでしょう。」石川自身もその後で「順二郎が自分を彼と呼ぶような妙な形になりますが」と述べているように，日本語としてはやや不自然ながらも，意識的に地の文と作中人物の思考を重ねるような文体を作り出したことは重要です。現代の小説ではしばしばこのような例がみられます。もう一つ例をみます。

(178)
［…］　いま更めて追想すると，どうしようもない空虚さが胸を浸した。病院はいつの日か再建されるかもしれない。しかしあの文献をふたたび集め直すことはむずかしい。いや，彼は病院の再建のため身を粉にして働かねばならぬだろう。してみると，無に帰した病院と書物とは彼の生涯を決定づけたことになる。彼は，徹吉は，つまるところ研究という道には縁がなく，一臨床医として生涯を終えることになるのだろう。
　　　　　　　　　　（北　杜夫『楡家の人びと』新潮文庫　上巻257ページ）

　ここでは徹吉の学者になることへの諦めの気持ちが再現されていますが，3人称の「彼」が用いられています。『楡家の人びと』における思考再現は多くは「自分」によってなされますが，しばしばこのような3人称の「彼」が用いられます。

7.2.4.　なぜ人称の変換が日本語における体験話法と言えるのか

　ドイツ語や英語と異なり，思考再現において人称と時称の両方を変換することは日本語ではむずかしいといえます。今まで見た例でも時称は変換されていませんでした(文三にはのみ込めぬ，彼をさとしているのだ)。なぜ日本語では時称より人称の変換が見られるのでしょうか。ここではもう一度石川達三の例でみてみます。
　コンテクスト上の矛盾を生じさせることなく，順二郎の思考を再現した下

VII 体験話法と日本語

線部の現在形を過去(た)で代えることができます．

　　さっき彼は別れた妻から久しぶりに手紙を受けとったところだった．…
　(いつも愛情にみちたお手紙を頂いて，感謝して居ります)と書いてあった．
　(a′)　わかりきった嘘だった．
　(b′)　彼を怒らせないように，そっとなだめさとしているのだった．
　　　　(いろいろな事情がございまして，今後お手紙を御辞退申さねば
　　　　なりません．)…
　(c′)　いろいろな事情とは，どんな事情であったのか．

　もし文が(a′)(c′)のように過去になれば，原文の独白的な表現は弱まり，語り手の地の文に近づきます．しかしコンテキストの助けで，順二郎の声が完全に消えるわけではありません．この意味では時称の変換が日本語でも可能といえますが，明確な作中人物の声の再現とはいえません．さらにもし(b′)のように時称だけでなく人称まで変換されると，このコンテキストでも作中人物の声の再現とはとれません．他方「た」のような過去のかわりに現在形(わかりきった嘘だ)が用いられると，作中人物の声が聞こえます．するともし文(b′)「なだめているのだ」が現在形や文末の「のだ」などに支えられると，仮に人称が3人称であってもこのコンテキストでは作中人物の思考再現と捉えられます．それは現在形の主観性(作中人物の視点)の方が3人称の客観性(語り手の視点)より日本語では強く感じられるからかもしれません．したがって語り手の関与をともなった日本語における体験話法を生み出す場合，現在時制と3人称の組み合わせがもっとも適していたといえるのではないかと思います．
　作中人物と語り手のスカラーを考えた場合，右にむかって語り手の視点に近づくように思えます．

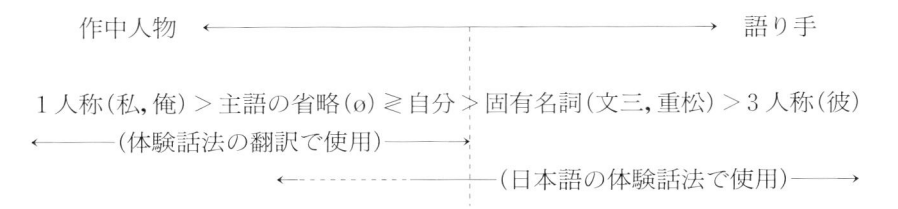

```
　　　　　作中人物　←─────────┊─────────→　語り手

1人称(私，俺) ＞ 主語の省略(o) ≧ 自分 ＞ 固有名詞(文三，重松) ＞ 3人称(彼)
←────(体験話法の翻訳で使用)────→
　　　　　　　　　　　　　　　←────(日本語の体験話法で使用)────→
```

体験話法

　すでに例文(**169**)の『ブデンブローク家の人々』の翻訳の中でみたように，体験話法の翻訳に固有名詞と3人称が用いられることはありませんでした．固有名詞や3人称は語り手の領域に属しているからです．要するに日本語でドイツ語のような語り手の関与した体験話法を作ろうとすれば，「現在の時制」と「3人称」の彼(ないし固有名詞や自分)の組み合わせが最も適しているということです．日本の作家たちは意識，無意識的にこの形態を使ってきました．工藤(1995：193f., 204f.)が述べているように，過去形(た)と主語省略や自分の組み合わせも可能かもしれません．しかしこの場合すでに述べたように，体験話法と地の文との境があいまいな，微妙なものになると思われます．上記の点を図で示せば以下のようになります．

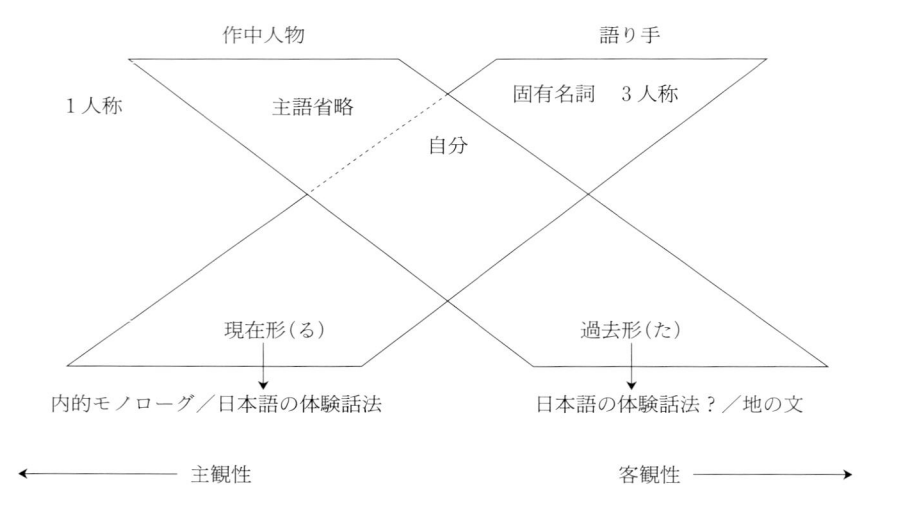

```
        作中人物              語り手
1人称        主語省略       固有名詞    3人称
                     自分

            現在形(る)        過去形(た)

内的モノローグ／日本語の体験話法  日本語の体験話法？／地の文

←――――― 主観性              客観性 ―――――→
```

　　＊
　牧野は『くりかえしの文法』(1980：208)で代名詞による共感のハイアラーキーとして再帰代名詞(自分)＞ゼロ代名詞＞非ゼロ代名詞(彼)を提案しています．体験話法の日本語訳にも，日本語における体験話法(牧野によれば共感話法)にも「自分」が共通して用いられる理由がここにあります．

7.3. 日本文学のドイツ語訳における体験話法
　　　　―『源氏物語』「浮舟」から―

　日本文学のドイツ語訳における体験話法に関してはすでに保坂(1981)，保坂・鈴木(1993)，三瓶(1996)などの研究があります．最近では―フランス語訳の場合ですが―中山(1995)に研究があります．前節で見ました二葉亭四迷，井伏鱒二，北杜夫などの人称が変換された例文の英訳やドイツ語訳には体験話法が用いられていました．ここでは日本語では普通になされる主語省略などの文が，しばしばドイツ語訳では体験話法で訳されることをオスカー・ベンル訳の『源氏物語』からみてみます．ベンルの独訳には内的モノローグや体験話法が多く用いられていますが，特に体験話法が頻出する「浮舟」の中から典型的な例をみることにします．まず，原文と円地文子の現代語訳をあげ，その後にドイツ語訳を引用します．

(179)
[…]　何ばかりの親族にかはあらむ，いとよくも似通ひたるけはひかな，と思ひくらぶるに，心恥づかしげにてあてなるところは，かれは(中君)いとこよなし，これは(浮舟)，ただ，らうたげにこまかなるところぞいとをかしき．よろしう，なりあはぬところを見つけたらむにてだに，さばかりゆかしと思ししめたる人を，それと見てさてやみたまふべき御心ならねば，まして隈もなく見たまふに，いかでかこれをわがものにはなすべきと，(わりなくおぼしまどひぬ．物へいくべきなめり，親もあるべし．いかでかここならで又はたづねあはむ，こよひのほどにはいかがすべきと，)心もそらになりたまひて，なほまもりたまへば，…
(新編日本古典文学全集 25 小学館　『源氏物語 6 』(阿部秋生他校注・訳)
122〜3 ページ，(　)内は筆者)

(179)′
　(浮舟は)中の君とは，どの程度の親族なのであろうか，よくもまあ様子が似通っているものだ，と宮はお思いになりながら，較べてごらんになると，気の置けるほど深みがあって上品なところは，対の上のほうが遥かに優れている．こちらはただ可愛らしくて，何事にも心遣いのこまやかなのが好もしい．まあどうやらの器量で，かりに欠点を見つけたとしても，あれほど心ひかれて思いつめた女を見出しては，そのままおやめになるよう

― 175 ―

な御気質ではないので，この美しさをまして今，残りなく御覧になっては，どうすれば自分のものに出来ようかと，しきりに思い悩んでいらっしゃる．女は，どうやら物詣でに行くらしい．親の家はあるようだ．ここで逢わなければ，いつまた尋ね出して逢うことが出来るというのだろう．さればといって，今宵のうちに，何が出来ようかと，うわの空で，なおも凝っと見守っておいでになると…

(円地文子訳『源氏物語』巻5　新潮文庫 226〜7ページ)

(179)″

Auf welche Weise sie wohl mit ihr verwandt ist, überlegte Prinz Niou. Sie war ihr wirklich sehr ähnlich. Als er die beiden noch weiter miteinander verglich, fand er Naka no Kimi in ihrer großen, geradezu beschämenden Vornehmheit der anderen weit überlegen. Ukifune bezauberte hingegen durch ihren Liebreiz. Selbst wenn er irgendeinen Makel an ihr entdeckt hätte, zog ihn nun, nachdem er ihren Anblick so lange ersehnt hatte und nun endlich bei ihr war, ihr ganzes Wesen machtvoll an, und er sann bekümmert darüber nach, wie er sie jetzt ganz für sich gewinnen könnte.

Offenbar **trug** *sie sich mit der Absicht, irgendwohin fortzureisen. Vielleicht* **wartete** *ihre Mutter auf sie. Wo* **konnte er** *sie aber besser aufsuchen als hier？ Möglicherweise* **ergab** *sich schon etwas für diese Nacht？* Mit solchen Gedanken spähte er unverwandt weiter in das Innere des Hauses.　　　(Übersetzt von Oscar Benl, S.779-780.)

匂宮の思考が，主語省略，現在形で再現されている「物へいくべきなめり，親もあるべし．いかでかここならで又はたづねあはむ，こよひのほどにはいかがすべき」は，ベンルのドイツ語訳では3人称過去形群の典型的な体験話法で再現されています．訳せば「彼女（浮舟）はどうやら出かけるつもりらしい．多分母親が待っているのだろう．（私は）ここでなくてどこで彼女を捜し訪ねることができよう．ひょっとすると今夜のうちにまだなにかおこるかもしれない．」この部分は玉上琢彌の『源氏物語評釈』によると後人によって付け加えられたものではないかとのことですが，重要なことはあくまで，主語省略で現在形の思考再現部が直接話法ではなく，体験話法で訳されているこ

と，しかも体験話法が最適なものとして用いられていることです．それは，原文でも現代語訳でもこの部分は匂宮の思考再現であるとともに，やはり語り手の影が感じられるからであると思います．

　かつて金田一春彦は『日本語』の中で『源氏物語』の「桐壺」の章にある「宮は大殿ごもりにけり」が地の文か会話文であるのかわからないと述べ，最近では三谷(1994：55)が「明石」の「淡路島なりけり」が語り手の地の文であるとともに作中人物光源氏の声でもあると述べているように，『源氏物語』をはじめ日本語ではコンテクストにより，作中人物の思考再現であっても語り手が感じられるような，あるいは作中人物の思考とも語り手の地の文とも解釈できる文が可能です．それはすでに見ましたサリエリに対する春風亭小朝の例文**(174)**からもうかがえます．小朝のサリエリに対する共感の気持ちは，サリエリの思いを追体験させることにより読者によく伝わります．それにより，読者もサリエリの気持ちの中に入っていきます．主語省略や「自分」の使用による日本語の「２重の声」は，小説やエッセイでは必ずしも「あいまいだ」と嘆く必要はなく，日本語のすばらしい特質の一つと捉えることもできると思います．

付論　Duden 文法の体験話法記述について

　Duden 文法は1984年に出版された第4版まで，版を改めるたびに(初版1959年，2版1966年，3版1973年)，体験話法に関する記述も改めてきました．そしてこれらの改訂点については，すでにわが国でも研究報告がなされています[海老原(1968)，保坂(1974b)，Suzuki(1988a)]．現在第6版(1998年)がでていますが，第5版(1995年)とともに体験話法の記述に関しては4版と変わっていません．ここでは Duden 文法6(4)版における体験話法と内的モノローグに関する記述の問題点を指摘してみたいと思います．

　まず Duden 文法第6版(1998：785〜6)の体験話法と内的モノローグに関する記述をみてみましょう．

　　直接話法と間接話法のほかに(散文)作家は，主人公の口に出さない思考や感情を再現するためにしばしば体験話法や内的モノローグを用いる．

(直接話法：)　　Er dachte: „Morgen gehe ich ins Theater. Ich werde mir ‚Die Nashörner' ansehen."
　　　　　　　　彼は「あす『犀』という芝居を見にいこう」と思った．
(間接話法：)　　Er dachte [daran], dass er am anderen Tag ins Theater gehe. Er werde sich „Die Nashörner" ansehen.
(体験話法：)　　Er dachte: Morgen ging er ins Theater. Er würde sich „Die Nashörner" ansehen.
(内的モノローグ：[Ich dachte：])　　Morgen ginge ich ins Theater. Ich würde mir „Die Nashörner" ansehen.

　　体験話法も内的モノローグも，直接話法から導き出される形態である限り，間接話法と類似している．個々に体験話法と内的モノローグは，とりわけ次のような特徴をもつ．

体験話法：代名詞と時制は語り手のパースペクティヴにしたがって変換される．つまり1人称は3人称に，現在形と現在完了はそれぞれ

過去形と過去完了に変えられる．未来を表す現在形や未来形は，おもに würde 形式によって再現される．そのほかに法（Modus）は変換されない，すなわち直説法と接続法はそのまま保持される．同様に空間や時間の表示も変換されない．

Hans würde „Don Carlos" lesen, und dann würden sie etwas miteinander haben, worüber weder Jimmerthal noch irgendein anderer mitreden **könnte**! Wie gut sie einander verstanden! Wer wusste, — vielleicht brachte er ihn noch dazu, ebenfalls Verse zu schreiben?... Nein, nein, das wollte er nicht!... (Th. Mann)
（下線強調は筆者，例文(**58**)参照）

ハンスは『ドン・カルロス』を読むだろう．そうなると僕とハンスはインマータールだって他の誰だってそれに口を出せないものをもつことになるんだ．なんて僕たちは理解しあうことか．ひょっとしたら―僕はハンスに詩を作らせることになるかもしれない…いやいや，それはよそう．

内的モノローグ：1人称の代名詞(ich, mein)はそのまま保持される，直説法の時制形態は接続法Ⅱ式ないし würde 形式に変えられる，そして空間や時間の表示はそのまま取り込まれる．

Alle bei meiner Mutter versammelten Idioten **würden** mein Auftreten für einen herrlichen Witz erklären, meine Mutter selbst **würde** es mit saurem Lächeln als Witz durchgehen lassen müssen — und keiner **würde** wissen, dass es todernst **war**. (Böll)
（下線強調は筆者）

母親のところに集まったバカどもはみな，僕の登場をすばらしいしゃれととるだろう．僕の母ですら苦笑いしながらしゃれとして大目に見ざるをえないだろう．そしてだれも，それが大まじめなんてわからないんだ．

このように体験話法と内的モノローグの最も目立った相違は，体験話法が3人称でおおむね直説法であるのに対して，内的モノローグが1人称接続法である点である．(しかしここでは多様に変化しうる表現手段が問題となっているため，逸脱や混合形態はいつもありうる．)［以上 Duden 文法］

　このような記述の問題点はまず，体験話法と内的モノローグの相違に関する「体験話法が3人称でおおむね直説法であるのに対して，内的モノローグが1人称接続法である」という箇所です．この記述には二重の問題点があります．というのもまず内的モノローグは1人称小説においても3人称小説においても接続法ではなく，おもに直説法で現れるものであるし，さらに体験話法はすでにみましたように3人称だけでなく1人称においても現れるからです［2.2. 参照］．つまり Duden 文法の内的モノローグの説明(ないしモデル例)はむしろ導入文のない間接話法の説明であり，Duden 文法が内的モノローグの例としてあげるハインリヒ・ベルの『道化師の告白』の例文は，実は1人称小説における体験話法の例である点です．これらの2点のうち最初の問題については，すでに保坂(1974b)が明快なモデル例を示して Duden 文法を批判，訂正しています．

　そこでここでは，なぜ Duden 文法のあげる内的モノローグの例が実は1人称体験話法であるのかという点を考えてみます．そのためには体験話法と内的モノローグの内容的な相違と文法形態の区別をもう一度確認する必要があります．体験話法も内的モノローグも Duden 文法の言うように「主人公の口に出さない思考や感情を再現するために」用いられるわけですが，その際内的モノローグはモノローグである以上，その思考や感情の叙述は作中人物にまかされます，つまり語り手の後退です．したがって内的モノローグの文法形態は，語り手が作中人物の背後に隠れる直説法・1人称現在形です［2.1.2. 参照］．それに対して，語り手の視点と作中人物の視点が重層的に重なり合う体験話法では，必ずどこかに語り手の存在が感じとられます．それは一般には語り手の視点から変換された3人称ないし過去形群という文法形態です．したがって体験話法の文法形態は3人称過去形群が最も典型的なものになりますが，3人称ないし過去形のどちらか一つであっても語り手の存在は感じとられます．それゆえ3人称現在形の小説［2.3. 参照］や1人称過去形群の小説(例えばここで問題になっているベルの『ある道化師の告白』)においても体

付論　Duden 文法の体験話法記述について

験話法の可能性は存在することになります．Duden 文法は2版以来3人称においてのみ語り手の存在をみているようですが，Duden 文法の初版と2版を比較した海老原(1968)も正しく指摘しているように，過去形にも語り手の存在は感じとられます．

以上の点を考慮して Duden 文法のあげる内的モノローグの例文をみてみます．Duden 文法の例は体験話法(Duden 文法に従えば内的モノローグ)の部分だけが引用されていて，その前後のテキストが欠けています．これをもう少し前から引用すると次のようになります．

(180)　Ich hatte nicht einmal Gewissensbisse, als ich das Geld für mich verwendete, *und wenn ich morgen »für ein notleidendes Mitglied der Familie« **sammelte**, **würde** ich nicht einmal **lügen**: Ich **war** ein notleidendes Mitglied der Familie — und später könnte ich noch in die Küche gehen, an Annas Busen weinen und mir ein paar Wurstreste einstecken. Alle bei meiner Mutter versammelten Idioten **würden** mein Auftreten für einen herrlichen Witz erklären, meine Mutter selbst **würde** es mit saurem Lächeln als Witz durchgehen lassen müssen — und keiner **würde** wissen, daß es todernst **war**.*

(H. Böll: *Ansichten eines Clowns*, S.192)

　僕はそのお金を自分のために使ってしまったときも良心の呵責すら感じなかった．もし明日「この家族の苦境にある者のために」寄付を集めても，うそをついたことにすらならないだろう．だって僕はこの家族の困窮せる一人であるのだから—そしてあとで台所に行って，アンナの胸で泣き，ソーセージの残りの2，3本くすねることもできるだろう．母親のところに集まったバカどもはみな，僕の登場をすばらしいしゃれととるだろう．僕の母ですら苦笑いしながらしゃれとして大目に見ざるをえないだろう．そしてだれも，それが大まじめなんてわからないんだ．

例文(180)の原文の下線部が Duden 文法の引用部分です．しかしすでにその前のイタリックの部分から主人公ハンスの心的現在の思考の再現が始まっ

ています．しかも文法形態は接続法だけでなく war などの直説法過去形が二つ（一つは Duden 文法の引用部）含まれています．すでにここで「内的モノローグは接続法である」という記述にもかかわらず，その実例に直説法を含む Duden 文法の矛盾があきらかですが，さらに wenn 構文も sammelte, würde を接続法II式ととり，この文を Irrealis（非現実の仮定）と考えるより，本来 „und wenn ich morgen . . . sammle, werde ich nicht einmal lügen." という直説法現在形の条件文であるものが「語る私」の視点から過去形群に変換されたものであると考える方が自然です．事実ベルの作品をよく調べてみると，体験話法部分の wenn 構文が接続法II式とは重ならない直接話法過去形（war, kam, hatte など）と結びつき，しかも würde と組み合わされ用いられているからです．その例をみてみます．

(181) ［…］ *Ich trat vom Spiegel zurück, tiefer in mich hinein. . . Wenn Marie mich so sah und es dann über sich brachte, ihm (Züpfner) die Wachsflecken aus seiner Malteserritteruniform rauszubügeln — dann war sie tot, und wir waren geschieden. ［…］ Ich hoffte, sie* **würden** *alle genug Kleingeld bei sich haben,* **wenn** *sie* **vorbeikamen** : ［…］ *und Großvater,* **wenn** *er aus Ischia* **kam** *— er* **würde** *mir wenigstens einen Verrechnungsscheck ausschreiben.*

(H. Böll：*Ansichten eines Clowns,* S.251f.)

<u>　僕は鏡から離れ，物思いに深く沈んだ…．マリーがこんな僕を見て，そのうえツュップナーのマルタ騎士修道会士の制服にアイロンをかけ，蠟のしみをとろうというなら―それならマリーは死んだのだし，僕たちは別れるしかない．［…］みんなが僕のところに立ち寄るとき，小銭をたくさんもっていてくれればと思う．…そして祖父はイスキアから戻れば，僕に少なくとも小切手を一枚切ってくれるだろう．</u>

(182) ［…］ *Dann dachte ich daran, wieviel Namen wohl auf dem Kriegerdenkmal stehen würden, wenn sie es wieder einweihten, . . . und plötzlich wußte ich es :* **wenn** *ich wirklich in meiner alten Schule* **war**, **würde** *mein Name auch darauf stehen, eingehauen in Stein, und im*

付論　Duden 文法の体験話法記述について

Schulkalender **würde** *hinter meinem Namen stehen* — »*zog von der Schule ins Feld und fiel für...*«

(H. Böll: *Wanderer, kommst du nach Spa...*, S.39f.)

そして僕は，あの戦士の記念碑の除幕式がまた行なわれれば，どのくらいの名前がそこに載ることになるのだろうと考えた．…そして突然わかった，<u>もし僕が実際かつての自分の学校にいるのなら，僕の名前も石に刻まれて，そこに載ることになるだろう，学校の年報には僕の名前のあとに次のように書かれるだろう—「この学校より戦場に赴き，…により戦死」と．</u>

これらの例文の wenn＋直説法過去形(kam, war)が，例文**(181)**では想像的な先取り，例文**(182)**では体験している私の現在の思考であることはコンテキストから明らかです．例えば『道化師の告白』の場合，wenn 構文は「体験する私」にとってまだ生じていない未来のことです．つまり本来 (Ich hoffe :) „Sie **werden** alle genug Kleingeld bei sich **haben**, wenn sie **vorbeikommen** ... und Großvater, wenn er aus Ischia **kommt**, er **wird** mir wenigstens einen Verrechnungsscheck ausschreiben." という条件文が，「語る私」の視点から語りの時制(vorbeikamen, kam, würde)に変換されたものであることがわかります．同様に Duden 文法の例文も以下のように書き換えることできます．

(Ich dachte :) „und wenn ich morgen »...« **sammle**, **werde** ich nicht einmal lügen : ich **bin** ein notleidendes Mitglied der Familie.... Alle bei meiner Mutter versammelten Idioten **werden** mein Auftreten für einen herrlichen Witz erklären, meine Mutter selbst **wird** es mit suarem Lächeln als Witz durchgehen lassen müssen — und keiner **wird** wissen, daß es todernst **ist**...."

このような直接話法への還元により，sammle だけでなく，三つの外見上は接続法の würde も機能的には直説法であるといえます．つまり Duden 文法の例文は，コンテキスト全体を見れば „ist" から „war" への変換からも明らかなように，接続法ではなく，直説法過去(war, sammelte, würde)に変換さ

— 183 —

れているといえます．この変換から1人称小説における「語る私」の関与が見られる以上，ここは内的モノローグではなく，1人称体験話法であることがわかります．

　最後にもう一つ Duden 文法の問題点を指摘しておきたいと思います．それは Duden 文法の体験話法の例文『トーニオ・クレーゲル』にある „könnte"（下線部）です．Duden 文法の体験話法の例文は，初版(1959年)はトーマス・マンの『ブデンブローク家の人々』からでした．『トーニオ・クレーゲル』に変わったのは第2版(1966年)からですが，おもしろいことに第2版では „konnte" になっていました．„könnte" になったのは3版(1973年)からで，現在に至っています．しかしトーマス・マンの『トーニオ・クレーゲル』のどの版をみてもここは „konnte" で „könnte" になっているものはありません．浜崎(1991)の指摘するように，これは単なる Duden 文法の誤植なのでしょうか．そうであるなら4版(1984年)以来誤植の指摘(Suzuki(1988))，ならびにそれに対して「検討する」という Duden 編集局の返事にもかかわらず，この部分が訂正されない理由はどこにあるのでしょうか．

　一つは Duden 文法にとって「体験話法」に関する記述は瑣末なことという意識があるかもしれません．しかし，明らかなミスである以上瑣末なことでも訂正するに越したことはないはずです．むしろ，ここは Duden 文法の構造的な誤りとも考えられます．Duden 文法は「法(Modus)は変換されない，すなわち直説法と接続法はそのまま保持される」と記したにもかかわらず，„können" を接続法の „könnte" に変換しました．Duden 文法引用部には „würde" が用いられているため，多分 Duden 文法は „werden" が „würde" に変換されるように „können" を „könnte" に変換してしまったのかもしれません．すでにみましたように現代ドイツ語では未来の助動詞としての „werden" は現在形の定形しかもたず，英語の „would" に対応するものがありません．そこでドイツ語では過去未来を表すために接続法の形態である „würde" を借用します（3.2.5.参照）．しかし話法の助動詞としての „können" には „konnte" という過去形がありますので，体験話法では過去形(konnte)に変換しさえすればよいことになります．事実トーマス・マンの実際の作品では „konnte" になっています．

付論　Duden 文法の体験話法記述について

　Duden 文法の 4 版の序文に「あらゆる部分が，最新の研究を考慮し，根本的に手が入れられた」とありますが，体験話法の記述には新しい研究は考慮されなかったようです．Steinberg(1971)や Fludernik(1993)の研究を踏まえれば，このような欠陥をもった記述にはならなかったでしょう．体験話法研究において文学的研究と語学的な研究に断層がある顕著な例といえるかもしれません．私自身も Suzuki(2000b : 55f.)で再度 Duden 文法の体験話法記述を批判し，改めて Duden 文法編集局より「再検討する」との返事をいただきました．その後一橋大学の三瓶裕文氏が，私の論点を改めてドイツ側に伝えてくださいました．また最近では Socka(2004 : 20)のように，ドイツの研究者自身も Duden 文法の体験話法記述の問題点を指摘していますので，Duden 文法の新しい版では体験話法記述に関して訂正があるのではないかと期待しています．

あ と が き

　1989/90年にGünter Steinbergのもと，ドイツ，ミュンスター大学で学んだとき，ある老夫婦の2階を借りることになりました。ミュンスター駅には娘さんが迎えに来てくれ，車で下宿先へ向かう途中，私が「婚約者と一緒でもかまいませんか？」と尋ねると，娘さんから„*Sie sind verheiratet.* *Meine Mutter gehört zur alten Generation.*（母にはもう結婚しているって言ってください。母は古い世代ですから。）" と笑いながら言われたのを今でも覚えています。これが体験話法の一種［例文150参照］であることに，当時は気づくことすらありませんでしたが，最初から体験話法の洗礼を受けていたことになります。

　それ以来体験話法を中心に研究してきましたが，今回このようにまとめることができたのは，岸谷敞子先生のお勧めによります。ただ，先生からは「一冊の本として自分の言葉でわかりやすく」ということでしたが，今まで書いたものをつなげ，例文を寄せ集めただけのものになってしまいました。

　ささやかな本ですが，多くの先生方と友人にめぐまれたおかげです。まず保坂宗重先生とGünter Steinberg先生に感謝申し上げます。研究書ではありませんが，本書をこの二人の師に捧げることができればと思います。

　また大学院時代に筑波大学の洲崎恵三先生とKäte Hamburgerの『文学の論理学』を読み，Hamburgerと手紙で直接議論できたことがこのテーマへの大きな刺激になりました。その後Franz K. Stanzel教授（グラーツ大学），Gerold Hilty教授（チューリヒ大学），Manfred von Roncador博士（バイロイト大学）などヨーロッパの研究者と知り合い，直接指導を受け，共同研究できたのは幸運でした。また1996/97年のフライブルク大学留学でお世話になった友人のMonika Fludernik教授にも感謝します。日本語における体験話法のヨーロッパでの紹介は彼女との共同研究でした。Fludernikはすでに師Stanzelを越え，一線の物語論研究者として活躍していますが，こちらからの質問や例文のチェックにはいつでもすぐ答えてくれました。体験話法に関する資料やフランス語の体験話法にはゲッティンゲン大学のDorothea Kullmann博士にお世話になりました。彼女は現在体験話法の国際文献を作成しています。

あ と が き

　体験話法研究で互いに刺激しあうことが多く，また拙稿を読みいろいろ貴重な指摘をいただきました一橋大学の三瓶裕文氏にお礼申し上げます．最近体験話法に関する博士論文を書かれた神田和恵氏からも有益な助言をいただきました．また専門とする言語は異なりますが，いろいろと刺激を受けました筑波大学の廣瀬幸生氏（英語学），神戸市立外大の山口治彦氏（英語学），京都府立大学の山口美知代氏（英文学），九州大学の中里見敬氏（中国文学），上越教育大学の野村眞木夫氏（日本語学）にお礼申し上げます．またドイツ語学一般について若いときから千石　喬先生，川島淳夫先生，乙政　潤先生にもいろいろお世話になりました．ドイツでは家内とともに Karl Lüke 氏や Hildegard Zillekens さんが研究をささえてくれました．

　最後に，マイナーな分野にもかかわらず，ご関心をもちいただき，いつも電話で励ましてくださいました大学書林の佐藤政人氏に心よりお礼申し上げます．

使用テキスト

Austen, Jane : *Emma* [1816], Penguin Books 1996
Austen, Jane : *Emma*, übersetzt von Helene Henze, Frankfurt am Main (Fischer Taschenbuch Verlag) 2002
Bachmann, Ingeborg : *Simultan Erzählungen*, München Zürich (Piper) 1994
Beatles, The : *Past Masters*. Volume one, 1988 EMI Records Ltd.
Becker, Jurek : *Jakob der Lügner*, Frankfurt am Main (Suhrkamp) 1982
Berend, Alice : *Die Bräutigame der Babette Bomberling*, Berlin (S.Fischer Verlag) 1922
Berggruen, Heinz : *Hauptweg und Nebenwege Erinnerungen eines Kunstsammlers*, Frankfurt am Main (Fischer Taschenbuch Verlag) 2002
Böll, Heinrich : *Wanderer, kommst du nach Spa... Erzählungen*, München (dtv) 1986
Böll, Heinrich : *Wo warst du, Adam ?*, München (dtv) 1986
Böll, Heinrich : *Ansichten eines Clowns,* München (dtv) 1981
Böll, Heinrich : *Billard um halbzehn,* München (dtv) 1986
Brecht, Bertolt : *Aufstieg und Fall der Stadt Mahagonny*, Frankfurt am Main (Suhrkamp) 1981
Brendel, Alfred : *Störendes Lachen während des Jaworts*, München Wien (Carl Hanser Verlag) 1997
Broch, Hermann : *Die Schlafwandler*, Frankfurt am Main (Suhrkamp) 1978
Butor, Michel : *La Modification*, Paris (Les Éditions de Minuit) 1957
Butor, Michel : *Paris-Rom oder Die Modifikation*, übersetzt von Helmut Scheffel, Frankfurt am Main (Suhrkamp) 1973
Deutschkron, Inge : *Ich trug den gelben Stern*, München (dtv) 1985
Döblin, Alfred : *Berlin Alexanderplatz*, München (dtv) 1965
Doerry, Martin : *»Mein verwundetes Herz« Das Leben der Lilli Jahn 1900-1944*, Stuttgart München (Deutsche Verlags-Anstalt) 2002
Fittko, Lisa : *Mein Weg über die Pyrenäen. Erinnerungen 1940/41*, München Wien (Carl Hanser Verlag) 1985
Flaubert, Gustave : *Madame Bovary* [1856], Paris (GF Flammarion) 1986
Flaubert, Gustave : *Madame Bovary*, übersetzt von Ilse Perker und Ernst Sander, Stuttgart (Reclam) 1991
Flaubert, Gustave : *Madame Bovary*, übersetzt von Walter Widmer, München (dtv) 1991
Frisch, Max : *Burleske* in : Gesammelte Werke in zeitlicher Folge II, hrsg. von Hans Mayer, Frankfurt am Main (Suhrkamp) 1976, S.556-561
Goethe, J.Wolfgang : *Die Leiden des jungen Werthers* [1774], Stuttgart (Reclam) 1976
Goethe, J.Wolfgang : *Unterhaltungen deutscher Ausgewanderten*, Stuttgart (Reclam)

使用テキスト

1999
Goethe, J.Wolfgang: *Wahlverwandtschaften* [1809], Stuttgart (Reclam) 1998
Goethe, J.Wolfgang: *Elective Affinities*, translated by R.J.Hollingdale, (Penguin Books) 1983
Goethe, J.Wolfgang: *Elective Affinities*, translated by David Constantine (Oxford University Press) 1999
Goethe, J. Wolfgang: *Faust erster Teil*, Stuttgart (Reclam) 1976
Gotthelf, Jeremias: *Die schwarze Spinne*, Stuttgart (Reclam) 1994
Gundolf, Friedrich: *Goethe*, Berlin (Bei Georg Bond) 1920
Haas, Wolf: *Komm, süßer Tod*, Hamburg (Rowohlt Taschenbuch Verlag) 2001
Hauptmann, Gerhart: *Vor Sonnenaufgang*, in: Sämtliche Werke, Band 1 Dramen, hrsg. von Hans-Egon Hass, Berlin (Propyläen Verlag) 1966
Hauptmann, Gerhart: *Der Ketzer von Soana*, Frankfurt am Main, Berlin (Ullstein) 1996
Hauptmann, Gerhart: *Bahnwärter Thiel*, Stuttgart (Reclam) 1994
Hein, Christoph: *Drachenblut oder Der fremde Freund*, Frankfurt am Main (Luchterhand Literaturverlag) 1989
Hesse, Hermann: *Unterm Rad*, Frankfurt am Main (Suhrkamp) 1972
Hesse, Hermann: *Narziß und Goldmund*, Frankfurt am Main (Suhrkamp) 1975
Heym, Georg: *Der Dieb*, München (Martus Verlag) 1995
Hoffmann, Gabriele: *Heinrich Böll Leben und Werk*, München (Wilhelm Heyne Verlag) 1991
Holz, Arno/Schlaf, Johannes: *Die Familie Selicke*, Stuttgart (Reclam) 1992
Holz, Arno/Schlaf, Johannes: *Papa Hamlet Ein Tod*, Stuttgart (Reclam) 1999
Jenninger, Philipp: *Gedanken über Deutschland*, Stuttgart・Leipzig (Hohenheim Verlag) 2002
Kafka, Franz: *Der Prozeß*, Frankfurt am Main (Fischer Taschenbuch Verlag) 1985
Kafka, Franz: *Das Schloß*, Frankfurt am Main (Fischer Taschenbuch Verlag) 1985
Kafka, Franz: *Amerika*, Frankfurt am Main (Fischer Taschenbuch Verlag) 1992
Kafka, Franz: *Sämtliche Erzählungen*, Frankfurt am Main (Fischer Taschenbuch Verlag) 1976
Kafka, Franz: *Brief an den Vater*, Stuttgart (Reclam) 1997
Kästner, Erich: *Das fliegende Klassenzimmer*, Hamburg (Cecilie Dressler) 2001
Kästner, Erich: *Fabian Die Geschichte eines Moralisten*, München (dtv) 1990
Kleist, Heinrich von: *Die Marquise von O* . . . [1810] Stuttgart (Reclam) 1999
-ky: *Zu einem Mord gehören zwei, u.a. Kriminalromane*, Hamburg (Rowohlt Taschenbuch Verlag) 1980
-ky: *Alle meine Mörder*, Hamburg (Rowohlt Taschenbuch Verlag) 2001
Laqueur, Renata: *Bergen-Belsen Tagebuch 1944/45*, Hannover (Fackelträger-Ver-

使用テキスト

lag) 1983
Lebert, Benjamin : *Crazy*, Goldmann Manhattan Taschenbuchausgabe 2001
Lenz, Siegfried : *Einstein überquert die Elbe bei Hamburg*, München (dtv) 1996
Link, Caroline : *Jenseits der Stille*, Berlin (Aufbau Taschenbuch Verlag) 2001
Link, Caroline : Der Geruch Afrikas in : *Abenteuer Afrika*, C.Link und P.Herrmann (Hrsg.) München (Langen Müller) 2002
Ludwig, Otto : *Zwischen Himmel und Erde*, Stuttgart [1856] (Reclam) 1989
Mann, Heinrich : *Der Untertan*, München (dtv) 1988
Mann, Heinrich : *Die Jugend des Königs Henri Quatre*, Frankfurt am Main (Fischer Taschenbuch Verlag) 1991
Mann, Thomas : *Buddenbrooks*, Frankfurt am Main (Fischer Taschenbuch Verlag) 1989
Mann, Thomas : *Buddenbrooks*, translated by H.T.Lowe-Porter (Vintage) 1999
Mann, Thomas : *Die Erzählungen*, Frankfurt am Main (Fischer Taschenbuch Verlag) 1977
Mann, Thomas ; *Der Zauberberg*, Frankfurt am Main (Fischer Taschenbuch Verlag) 1975
Mann, Thomas : *Königliche Hoheit*, Frankfurt am Main (Fischer Taschenbuch Verlag) 1976
Mann, Thomas : *Lotte in Weimar*, Frankfurt am Main (Fischer Taschenbuch Verlag) 1976
Mann, Thomas : *Goethe und Tolstoi*, in : *Gesammelte Werke*, Oldenburg (S.Fischer) 1960 Band IX (Reden und Aufsätze 1)
Noll, Ingrid : *Der Hahn ist tot*, Zürich (Diogenes) 1993
Noll, Ingrid : *Die Apothekerin*, Zürich (Diogenes) 1996
Pressler, Mirjam : *Ich sehne mich so Die Lebensgeschichte der Anne Frank*, Weinheim, Basel, Berlin (Belz Verlag) 1999
Schlink, Bernhard : *Der Vorleser*, Zürich (Diogenes) 1997
Schlink, Bernhard : *Liebesfluchten*, Zürich (Diogenes) 2001
Schneider, Robert : *Schlafes Bruder*, Leipzig (Reclam) 1995
Schnitzler, Arthur : *Sterben* in : *Sterben Erzählungen* 1880-1892, Frankfurt am Main (Fischer Taschenbuch Verlag) 1992, S.132-222
Schnitzler, Arthur : *Ein Abschied* in : *Komödiantinnen Erzählungen* 1893—1898, Frankfurt am Main (Fischer Taschenbuch Verlag) 1990, S.94-111
Schnitzler, Arthur : *Leutnant Gustl*, in : *Der blinde Geronimo und sein Bruder Erzählungen* 1900-1907, Frankfurt am Main (Fischer Taschenbuch Verlag) 1989, S.9-42
Schwanitz, Dietrich : *Der Campus*, Goldmann Taschenbuch 1995
Seghers, Anna : *Das siebte Kreuz*, Frankfurt am Main (Luchterhand Literaturverlag)

1988
Seghers, Anna : *Aufstand der Fischer von St.Barbara,* Berlin (Aufbau Taschenbuch) 2000
Shakespeare, William : *Romeo and Juliet/Romeo und Julia*, Stuttgart (Reclam) Englisch/Deutsch 2001
Sloterdijk, Peter : *Der Zauberbaum*, Frankfurt am Main (Suhrkamp) 1985
Storm, Theodor : *Ein Fest auf Haderslevhuus*, Stuttgart (Reclam) 1978
Sudermann, Hermann : *Heimat,* Stuttgart (Reclam) 1989
Sudermann, Hermann : *Der Katzensteg*, Stuttgart/Berlin (J.G.Gotta'sche Buchhandlung) 1905
Süskind, Patrick : *Das Parfum Die Geschichte eines Mörders*, Zürich (Diogenes)1985
Von der Grün, Max : *Wie war das eigentlich ? Kindheit und Jugend im Dritten Reich,* Frankfurt am Main (Luchterhand Literaturverlag) 1989
Wagner, Richard : *Tristan und Isolde,* Stuttgart (Reclam) 1976
Weiss, Peter : *Die Ermittlung* in : *Stücke* I, Frankfurt am Main (Suhrkamp) 1976 S.257-449.
Weizsäcker, Richard von : *Von Deutschland aus, Reden des Bundespräsidenten*, München (dtv) 1988

新聞・雑誌からの引用（出典順）

Von der Verantwortung für das Vergangene, Fünfzig Jahre nach der „Reichskristallnacht" : Philipp Jenningers Rede bei der Gedenkveranstaltung im Deutschen Bundestag in : *Die Zeit* Nr.47 18.November 1988, S.4〜7
Dönhoff, Marion Gräfin : Ein verfehltes Kolleg, in : *Die Zeit* Nr.47 18.November 1988, S.3
Geyer, Paul : Flaubert und die Technik der erlebten Rede. Jenninger ist auch an einem literarischen Stilmittel gescheitert, in : *Frankfurter Allgemeine Zeitung* 5. Dezember 1988, S.29
Thenard, Robert : Leserbriefe in : *Der Spiegel* 19.Dezember 1977, S.14
Sou, Khem : „Du hast mein Gewehr beleidigt" Augenzeugenbericht über Vertreibungen und Massenmorde in Kamboscha(II), in : *Der Spiegel* 27. Februar 1978, S.174-186
kau : Das Morgen-Journal, in : *Frankfurter Allgemeine Zeitung*, 6. Dezember 2001, S.49
hor : Vorwürfe macht Kahn nur einer — er selbst, in : *Frankfurter Allgemeine Zeitung* 1. Juli 2002, S.26
Schneppen, Anne : Japans Fesseln, in : *Frankfurter Allgemeine Zeitung*, 9. Oktober 2002, S.1
Klein, Wolf Peter : Teletubbies oder Pokémon ? Wie die Wörter ins Wörterbuch

使用テキスト

kommen, in: *Frankfurter Allgemeine Zeitung*, 18. Dezember 2002, Seite N3
Berggruen, Heinz: Der liebe Herr Afschar. in: *Frankfurter Allgemeine Zeitung* 31. Oktober 2002, S.35
Möllemann will weiterhin in der FDP arbeiten, in: *Frankfurter Allgemeine Zeitung* 9. Januar 2003, S.1
Augstein, Franziska: Eichmann hat mitgedacht in: *Frankfurter Allgemeine Zeitung* 1. Dezember 2000, S.44

映画（参考にしたもの）
Buddenbrooks（1959）, ein Film von Alfred Weidenmann
Das Boot（1981）, ein Film von Wolfgang Petersen［例文2で使用］
Jenseits der Stille（1996）, ein Film von Caroline Link

春風亭小朝　アマデウス　『朝日新聞』1990年　12月22日　12ページ
二葉亭四迷　『浮雲』岩波文庫　1991年
Ukigumo, translated by Marleigh Grayer Ryan, New York and London（Columbia University Press）1971
井伏鱒二　『黒い雨』新潮文庫　1992年
Schwarzer Regen, Nach der englischen Fassung übersetzt von Otto Brandstätter,（Fischer Taschenbuch Verlag）1985
石川達三　『自分の穴の中で』新潮文庫　1982年
北　杜夫　『楡家の人びと』新潮文庫（上）（下）　1992年
阿部秋生他（校注・訳）　『源氏物語6』新編日本古典文学全集 25　小学館　1998年
『源氏物語』巻五　円地文子訳　新潮文庫　1990年
Genji-Monogatari（*Die Geschichte vom Prinzen Genji*）, übersetzt von Oscar Benl, Band II Zürich（Manesse Verlag）1966

（引用した邦訳）
J・W・ゲーテ　『親和力』（柴田翔訳）　講談社文芸文庫　1997年
イェレーミアス・ゴットヘルフ　『黒い蜘蛛』（山崎章甫訳）　岩波文庫　1995年
ミシェル・ビュトール　『心変わり』（清水徹訳）　河出書房新社　1969年
シェイクスピア　『ロミオとジュリエット』（松岡和子訳）　ちくま文庫　1996年
インゲ・ドイッチュクローン　『黄色い星を背負って』（馬場謙一訳）　岩波書店　1991年
アルフレート・デーブリーン　『ベルリン・アレクサンダー広場（上）（下）』（早崎守俊訳）　河出書房新社　1971年
イングリート・ノル　『女薬剤師』（平野卿子訳）　集英社　1996年
アルトゥーア・シュニッツラー　『みれん』（谷友幸訳）　新潮社（世界文學全集48）　1965年
トーマス・マン　『大公殿下』（山下肇訳）　新潮社　トーマス・マン全集II　1977年
フロベール　『ボヴァリー夫人』（山田爵訳）　中央公論社　世界の文学15　1974年

使用テキスト

オースティン 『エマ』(阿部知二訳) 中央公論社 世界の文学6 1973年
ハインリヒ・マン 『臣下』(小栗浩訳) 筑摩書房(世界文学全集45) 1967年
ハインリヒ・マン 『アンリ四世の青春』(小栗浩訳) 晶文社 1990年
リヒャルト・ワーグナー 『トリスタンとイゾルデ』(高辻知義訳) 新書館 1985年
ゲーテ 『若きウェルテルの悩み』(内垣啓一訳) 中央公論社(世界の文学5) 1974年
ヘルマン・ブロッホ 『夢遊の人々』(菊盛英夫訳) 中央公論社 1971年
ゼーガース 『聖バルバラの漁民一揆』(道家忠道訳) 集英社(世界文学全集21) 1965年
クライスト 『O侯爵夫人』(中田美喜訳) 中央公論社(新集世界の文学5) 1974年
トーマス・マン 『魔の山』(上)(高橋義孝訳) 新潮文庫 1992年
ヘルマン・ズウデルマン 『猫橋』(生田春月訳) 新潮社(世界文学全集10) 1930年
トーマス・マン 『ブデンブローク家の人々』(森川俊夫訳) トーマス・マン全集Ⅰ 新潮社 1975年,(円子修平訳) 中央公論社(新集世界の文学26) 1972年,(望月市恵訳) 岩波文庫(上)(中)(下) 1988年 [翻訳上の参考として:新潮社(成瀬無極訳) 世界文学全集(11)(19) 1932年,河出書房(実吉捷郎訳) 世界文学全集第二期20 1955年,河出書房(川村二郎訳) 世界文学全集Ⅱ－18 1968年,講談社(松浦憲作訳) 世界文学全集 1976年)]
オット・ルートヴィヒ 『天と地との間』(黒川武敏訳) 岩波文庫 1992年
フランツ・カフカ 『変身』(辻 瑆訳) 中央公論社(世界の文学39) 1972年,(川村二郎・円子修平訳) 新潮社(カフカ全集1) 1980年

＊＊
　これ以外にも既存の邦訳がある場合は,例文の邦訳に際して参考にさせていただきました.既訳に敬意を表すとともに,訳者の方々に感謝申し上げます.

参 考 文 献

［本書と直接関係なくても重要なものは参考にあげてあります．また＊印は研究上ないし研究史上重要と思われる文献です．］

* Bally, Charles(1912)：Le style indirect libre en français moderne, in：*Germanisch-Romanische Monatsschrift* 4, I S.549-556, II S.597-606. ［1910年代に体験話法に関する議論をはじめて引き起こす］

  Bally, Charles(1914)：Figures de Pensée et formes linguistiques, in *Germanisch-Romanische Monatsschrift* 6, S.405-422, 456-470.

* Banfield, Ann(1982)：*Unspeakable sentences. Narration and representation in the language of fiction,* Boston, London, Melbourne and Henley(Routledge & Kegan Paul) ［小説の思考再現部(自由間接話法など)を「語り手(話し手)のいない文」とした革新的なモノグラフィー］

  Beyerle, Dieter(1972)：Ein vernachlässigter Aspekt der erlebten Rede, in：*Archiv für das Studium der neueren Sprachen und Literaturen* 208(123), S.350-366.

  Bissinger, Helene(1953)：Die „erlebte Rede", der „erlebte innere Monolog" und der „innere Monolog" in den Werken von Hermann Bahr, Richard Beer-Hofmann und Arthur Schnitzler. Dissertation Köln

  Breslauer, Christine(1996)：*Formen der Redewiedergabe im Deutschen und Italienischen,* Heidelberg（Julius Groos Verlag）

  Brinkmann, Hennig(1971²)：*Die deutsche Sprache. Gestalt und Leistung.* Düsseldorf (Schwann)

  Bühler, Willi(1937)：*Die „Erlebte Rede" im englischen Roman. Ihre Vorstufen und ihre Ausbildung im Werke Jane Austens,* Zürich und Leipzig（Max Niehaus）

* Cohn, Dorrit(1969)：Erlebte Rede im Ich-Roman, in：*Germanische-Romanische Monatsschrift* 50(neue Folge 19) S.305-313. ［1人称体験話法を再発見］

  Cohn, Dorrit(1978)：*Transparent Minds. Narrative Modes for Presenting Consciousness in Fiction,* Princeton, NJ：Princeton University Press

  Coulmas, Florian(1986) (Ed.) *Direct and Indirect Speech,* Berlin・New York・Amsterdam（Mouton de Gruyter）

  Curme, George Oliver(1905)：*A Grammar of the German Language.* New York・London（Macmillan & Co）p.248-249/ Second Revised Edition New York (Frederick Ungar Publishing Co.) (1977) p.245-247.

  Duden(1998)：*Grammatik der deutschen Gegenwartssprache,* Mannheim 1.Auf. 1959 S.558, 2. Aufl. 1966 S.603, 3.Aufl. 1973 S.71-2, 4.Aufl. 1984 S.173-4, 5.Aufl. 1995 S.756-7, 6.Aufl. 1998, S.785-6.

  Engel, Ulrich(1988)：*Deutsche Grammatik,* Heidelberg（Julius Groos Verlag）

参考文献

Erben, Johannes(1980¹²): *Deutsche Grammatik Ein Abriss*, München(Max Hueber)

* Fludernik, Monika(1993a): *The Fictions of Language and the Languages of Fiction. The linguistic representation of speech and consciousness*, London and New York (Routledge) ［現在最も包括的な体験話法のモノグラフィー］

Fludernik, Monika(1993b): Second Person Fiction: Narrative *You* As Addressee And/Or Protagonist in: *Arbeiten aus Anglistik und Amerikanistik*, Band 18, Heft 2, S.217-247.

Fludernik, Monika(1994): Introduction: Second-Person Narrative and Related Issues, in: *Style* Volume 28, Number 3, p.281-311.

Fludernik, Monika(1996): *Towards a 'Natural' Narratology*, London and New York (Routledge)

Fujihira, Seiji(1976): Erzählhaltung und Erlebte Rede in Kafkas »Der Bau«. in: *Ibaraki Daigaku Kyoyobu Kiyo* 8, S.307-318.

Gather, Andreas(1994): *Formen referierter Rede. Eine Beschreibung kognitiver, grammatischer, pragmatischer und äußerungslinguistischer Aspekte*, Frankfurt am Main (Peter Lang)

* Güldemann, Tom and Roncador, Manfred von(2002): (Ed.) *Reported Discourse, A meeting ground for different linguistic domains*, Amsterdam/Philadelphia (John Benjamins) ［様々な言語における体験話法と精緻な文献一覧］

Günther, Werner(1928): *Probleme der Rededarstellung. Untersuchungen zur direkten, indirekten und „erlebten" Rede im Deutschen, Französischen und Italienischen*, Marburg a. d. Lahn. (N.G, Elwert'sche Verlagsbuchhandlung, G.Braun)

Hagenaar, Elly(1996): Free indirect Speech in Chinese, in: Jassen and Wurff(1966) Ed. *Reported Speech*, p.289-298.

Hamburger, Käte(1953): Das epische Praeteritum, in: *Deutsche Vierteljahrsschrift für Literaturwissenschaft und Geistesgeschichte* 27, S.329-357.

* Hamburger, Käte(1977³): *Die Logik der Dichtung*, Stuttgart (Klett-Cotta) ［戦後体験話法に関する新たな論争を引き起こす］

Heinermann, Theodor(1931): *Die Arten der reproduzierten Rede*, Münster i.W. (Aschendorffsche Verlagsbuchhandlung)

Herczeg, Giulio(1963): *Lo stile indiretto libero in italiano*, Firenze(Sansoni Editore)

* Herdin, Elis(1903): Würde+Infinitiv als Indikativ Futuri praeteriti gebraucht, in: *Zeitschrift für den deutschen Unterricht* 17, S.191-208. ［直説法としてのwürde＋不定詞の指摘は重要］

Herdin, Elis(1905): Über würde mit dem Infinitiv, in: *Zeitschrift für den deutschen Unterricht* 19, S.81-103.

* Herdin, Elis(1905): *Studien über Bericht und indirekte Rede im modernen Deutsch*, Dissertation Uppsala Almqvist & Wiksells Buchdruckerei-A.-G. ［ドイツ語の様々なタイプの体験話法を考案した初期の重要な研究］

参 考 文 献

Hilty, Gerold(1976): „Oratio reflexa" im Italienischen, in: *Lebendige Romania*, Festschrift für Hans-Wilhelm Klein, hrsg. von A.Barrera-Vidal, E.Ruhe und P. Schnuck, Göppingen(Alfred Kümmerle) S.143-175.

Hirose, Yukio(2000): Public and private self as two aspects of the speaker: A contrastive study of Japanese and English in: *Journal of Pragmatics* 32, p.1623-1656

Hoffmeister, Werner(1965): *Studien zur erlebten Rede bei Thomas Mann und Robert Musil*, London, The Hague, Paris (Mouton & Co)

Hosaka, Muneshige(1968): Die erlebte Rede in „Die Verwandlung" von F.Kafka. In: *Doitsu Bungaku* 41, S.39-47.

* Hosaka, Muneshige(1976): Die Erlebte Rede im Deutschen, in: *Ibaraki Daigaku Kyoyobu Kiyo* 8, S.231-263.

* Hosaka, Muneshige(1978): Die Erlebte Rede. Ihre verschiedenen Formen bei Franz Kafka und Bertolt Brecht, in: *Ibaraki Daigaku Kyoyobu Kiyo* 10, S.11-52. [Steinberg (1978)にも影響を与えた日本人による貴重な研究]

Hosaka, Muneshige, Suzuki, Yasushi und Fludernik, Monika(1999): Die erlebte Rede im Japanischen in: *Klagenfurter Beiträge zur Sprachwissenschaft* 25, S.31-47.

Hyldegaard-Jensen, Karl(1983): Die „Erlebte Rede im deutschsprachigen Schrifttum Ende des 19. Jahrhunderts, in: Dieter Nerius(Hrsg.) Arbeitstagung der Dilateralen Germanisten-Kommission DDR-UdSSR und der Sektion Sprache- und Literaturwissenschaft der Wilhelm-Pieck-Universität Rostock, Berlin, S.207-213.

Janssen, Theo A.J.M.and Wurff, Wim van der(1996): (Ed.) *Reported Speech: Forms and Functions of the verb*, Amsterdam/Philadelphia (John Benjamins)

Jauß, Hans Robert(1970): *Literaturgeschichte als Provokation*, Frankfurt am Main (Suhrkamp) [bes.S.203-207]

Kahn, Ludwig W.(1974): Erlebte Rede in Goethes „Wahlverwandtschaften" in: *Publications of the Modern Language Association of America* 89, S.268-277.

* Kalepky, Theodor(1899): Zur französischen Syntax Ⅶ u. Ⅷ, in: *Zeitschrift für romanische Philologie* 23, S.491-509(Ⅶ), S.509-513(Ⅷ) [ドイツ語の体験話法を最初に指摘]

Kalepky, Theodor(1913): Zum "Style indirect libre" ("Verschleierte Rede"), in: *Germanisch-Romanische Monatsschrift* 5, S.608-619

Kalepky, Theodor(1928): Verkleidete Rede, in: *Neuphilologus* 13, S.1-4

Karpf, Fritz(1933): Die Erlebte Rede im Englischen. in: *Anglia* 57, S.225-276

Kayser, Wolfgang(1957): Wer erzählt den Roman? in: *Die Neue Rundschau* 68, S.444-59.

Kühn, Ingrid(1988): Beziehungen zwischen der Struktur der "Erlebten Rede" und ihrer kommunikativen Funktionalität, in: *Zeitschrift für Germanistik* 9, S.182-209

Kullmann, Dorothea(1992): Zur Wiedergabe des *style indirect libre* durch die deut-

参考文献

　　schen Übersetzer von *Madame Bovary* in: Harald Kittel(Hrsg.), *Geschichte, System, Literarische Übersetzung*, Berlin(Göttinger Beiträge zur International Übersetzungsforschung 5) S.323-333.
* Kullmann, Dorothea(1995): (Herg.) *Erlebte Rede und impressionistischer Stil. Europäische Erzählprosa im Vergleich mit ihren deutschen Übersetzungen* Göttingen (Wallstein Verlag) [ヨーロッパの著名な体験話法研究者による論集]
* Kullmann, Dorothea: *Internationale Bibliographie der Forschung zur Erlebten Rede*. [完成すれば最も精緻な体験話法に関する国際的な文献一覧になる]

　Kuroda, S-K.(1973): Where Epistemology, Style, and Grammar Meet: A Case Study from Japanese, in: Stephen R. Anderson, Paul Kiparsky(Hrsg.), *A Festschrift for Morris Halle*, New York ets. P.377-391 [bes. P.389-391]

　Kurt, Sibylle(1999): *Erlebte Rede aus linguistischer Sicht: Der Ausdruck von Temporalität in Französischen und Russischen*, Bern u.a.(Peter Lang)

　Lämmert, Eberhard(1983⁸): *Bauformen des Erzählens*. Stuttgart (J.B.Metzlersche Verlagsbuchhandlung)

　Lee, Cheong-Hie(1994): *Die Wiedergabe gesprochener und gedachter Rede in Thomas Manns Roman »Buddenbrooks« Eine Untersuchung grammatischer Formen und narrativer Funktionen*, Dissertation Marburg

　Leech, Geoffrey N., and Short, Michael H.(1981): *Style in Fiction. A Linguistic Introduction to English Fictional Prose.* London(Longman)

* Lerch, Eugen(1914): Die stilistische Bedeutung des Imperfektums der Rede („style indirect libre") in: *Germanisch-Romanische Monatsschrift* 6, S.470-489. [早い時期に『ブデンブローク家の人々』における多彩な体験話法を指摘]

　Lerch, Eugen(1928): Ursprung und Bedeutung der sog. Erlebten Rede("Rede als Tatsache") in: *Germanisch-Romanische Monatsschrift* 16, S.459-478.

　Lerch, Gertraud(1922): Die uneigentlich direkte Rede, in: *Idealistische Neuphilologie, Festschrift für Karl Vossler*, hrsg.von V.Klemperer und E.Lerch, Heidelberg(Carl Winter) S.107-119.

* Lethcoe, Ronald James(1969): *Narrated Speech and Consciousness*, Ph.D. Dissertation University of Wisconsin [体験話法研究史の記述は貴重]

* Lips, Marguerite(1926): *Le style indirect libre*, paris(Payot) [Verschoor(1959)とならびフランス語の自由間接話法に関する重要な研究]

* Lorck, Etienne(1921): *Die „Erlebte Rede". Eine sprachliche Untersuchung*, Heidelberg (Carl Winters Universitätsbuchhandlung) [体験話法の名称はこの研究による]

　Lucas, Guy(1964): Die Darstellung der Gesellschaft in Thomas Manns „*Buddenbrooks*" Revue des langues vivantes/Tijdschrift voor levende Talen(Bruxelles) 30, S.193-220

　Markus, Manfred(1977): *Tempus und Aspekt, Zur Funktion von Präsens, Präteritum und Perfekt im Englischen und Deutschen*, München(Wilhelm Fink)

参考文献

Martin, Jean-Maurice(1987): *Untersuchungen zum Problem der Erlebten Rede. Der ursächliche Kontext der Erlebten Rede, dargestellt an Romanen Robert Walsers*, Bern usw. (Peter Lang)

Matthias, Klaus(1967): *Studien zum Werk Thomas Manns*, Lübeck (M.Schmidt-Römhild)

McHale, Brian(1978): Free Indirect Discourse: A Survey of Recent Accounts. in: *Poetics and Theory of Literature* 3, p.249-87

Mennicken, Franz(1919): Jüngere Verwendung von „würde+Nennform" im Schriftdeutsch. in: *Zeitschrift des Allgemeinen Deutschen Sprachvereins* 34, S.197-199.

Meyer, Kurt Robert(1957): *Zur erlebten Rede im englischen Roman des zwanzigsten Jahrhunderts*, Bern(Francke Verlag)

Meyer grosses Taschenlexikon(1990): Bibliographisches Institut, Mannheim

Mikame, Hirofumi(1996): Markierte Perspektive, perspektivische Annäherung des Sprechers an das Objekt und direkte Wahrnehmung —Zur Signalisierung der psychisch-kognitiven Nähe des Sprechers zum Objekt in: *Sprachwissenschaft 21*, S.367-420.

Mikame, Hirofumi(1997): Zum Demonstrativartikel *dieser* als Signal der subjektiven Einstellungen des Sprechers zum Referenten. in: *Sprache, Literatur und Kommunikation im kulturellen Wandel, Festschrift für Eijiro Iwasaki anläßlich seines 75. Geburtstags*, hrsg. von T.Hayakawa u.a. Tokyo(Dogakusha)

Neubert, Albrecht(1957): *Die Stilformen der „Erlebten Rede" im neueren englischen Roman*, Halle (VEB Max Niemeyer Verlag)

* Neuse, Werner(1990): *Geschichte der erlebten Rede und des inneren Monologs in der deutschen Prosa*, New York, Bern, Frankfurt am Main, Paris(Peter Lang) [17世紀、18世紀のドイツ語における体験話法例文の指摘は貴重]

* Pascal, Roy(1977): *The Dual Voice Free indirect speech and its functioning in the nineteenth-century European novel*, Manchester (Manchester University Press) [二重の声を指摘した重要な文献]

Pascal, Roy(1978): Free indirect speech(erlebte Rede) as a Narrative Mode in Die Wahlverwandtschaften, in: *Tradition and Creation*, ed. By C.P.Magill, Leed (W. S.Maney & sor Limited)

Pascal, Roy(1982): *Kafka's Narrators. A study of his stories and sketches*, London, New York, New Rochelle, Melbourne, Sydney (Cambridge University Press)

Petersen, Jürgen H.(1993): *Erzählsysteme. Eine Poetik epischer Texte*, Stuttgart・Weimar(J.B.Metzler)

Plank, Frans(1986): Über den Personenwechsel und den anderer deiktischer Kategorien in der wiedergegebenen Rede, in: *Zeitschrift für germanistische Linguistik* 14, S.284-308

Reber, Alfred(1967): *Stil und Bedeutung des Gesprächs in Werke Jeremias Gotthelfs*,

参考文献

Berlin (Walter de Gruyter & Co) [bes. S.64-70.]
Riesel, Elise (1954) : *Abriss der deutschen Stilistik*, Moskau (Verlag für fremdsprachige Literatur) [bes. S.322-336]
* Roncador, von Manfred (1988) : *Zwischen direkter und indirekter Rede. Nichtwörtliche direkte Rede, erlebte Rede, logophorische Konstruktionen und Verwandtes*, Tübingen (Max Niemeyer Verlag) ［言語学の観点からの重要な研究］
Schwanitz, Dietrich (1978) : Zwei Beispiele zur Erlebten Rede und ihrer Entstehungstheorie, in : *Germanisch-Romanische Monatsschrift* 59/N.F.28, S.349-353
Siever, Holger (2001) : *Kommunikation und Verstehen Der Fall Jenninger als Beispiel einer semiotischen Kommunikationsanalyse*, Frankfurt am Main (Peter Lang)
Socka, Anna (2004) : *Sprachliche Merkmale der erlebten Rede im Deutschen und Polnischen*, Tübingen (Max Niemeyer)
Spitzer, Leo (1928) : Zur Entstehung der sog. ‚erlebten Rede' in : *Germanisch-Romanische Monatsschrift* 16, S.327-332
Stanzel, K. Franz (1981, 1. Aufl.1964) : *Typische Formen des Romans*, Göttingen (Vandenhoeck & Ruprecht)
Stanzel, Franz K. (1985³) : *Theorie des Erzählens*, Göttingen (Vandenhoeck & Ruprecht)
Stanzel, Franz K. (2002) : *Unterwegs, Erzähltheorie für Leser*, Göttingen (Vandenhoeck & Ruprecht)
* Steinberg, Günter (1971) : *Erlebte Rede. Ihre Eigenart und ihre Formen in neuerer deutscher, französischer und englischer Erzählliteratur*, Göppingen (Alfred Kümmerle) ［Fludernik (1993) とならび最も重要なモノグラフィー］
* Steinberg, Günter (1972) : Zur erlebten Rede in Michel Butors „La Modification" in : *Vox Romanica* 31, S.334-364 ［2人称体験話法をはじめて指摘］
* Steinberg, Günter (1978) : Grammatische und stilistische Aspekte der Erlebten Rede (Oratio Reflexa) Ein Vortrag, gehalten am 9. November 1978 an der Universität Zürich [Manuskript]
Sternberg, Meir (1991) : How Indirect Discourse Means. Syntax, semantics, poetics, pragmatics. in : Roger D. Sell (Hrsg.), *Literary Pragmatics*, London S.52-93
Suzuki, Yasushi (1988a) : Erlebte Rede und Innerer Monolog im Ich-Roman -Zu einer Darstellung dieses Problems in der Duden-Grammatik (3. u. 4. Aufl.) in : *Gengo-bunka Ronshu (Tsukuba Daigaku)* 25, S.37-50
Suzuki, Yasushi (1988b) : Würde+Infinitiv in „*Wo warst du, Adam*" —Zur These von Elis Herdin in : *Gengo-bunka Ronshu (Tsukuba Daigaku)* 27, S.27-40.
Suzuki, Yasushi (1991) : Erlebte Rede und der Fall Jenninger, in : *Germanisch-Romanische Monatsschrift* 72 (Neue Folge 41), Heft 1 S.5-12.
Suzuki, Yasushi (1995) : Die Erlebte Rede in pragmatischer Kommunikation —Im Vergleich mit „Echoausdrücken" in : *Energeia* 20, S.52-66.

参考文献

Suzuki, Yasushi(1997): Als Philipp Jenninger nicht das „Musterhafte" sagte in: *Frankfurter Allgemeine Zeitung*, 27.Mai 1997 S.12

Suzuki, Yasushi(1999a): Die schwer erkennbare »Erlebte Rede« in „Buddenbrooks", in: *Doisu Bungaku* 103, S.161-69.

Suzuki, Yasushi(2000a): Erlebte Rede versus Indirekte Rede — Ignatz Bubis zitiert Jenningers umstrittene Passage, in: *Zeitschrift für Angewandte Linguistik* 33, S. 91-100.

Suzuki, Yasushi(1999b, 2000b und 2001): Materialien für die Erlebte Rede in Erzählungen bei Thomas Mann(Ⅰ), (Ⅱ) und (Ⅲ) in: *Litteratura* (Nagoya Kogyo Daigaku)20, 21 und 22, S.115-135, S.53-80 und S.49-78.

Suzuki, Yasushi(2002): The acceptance of „free indirect discourse" A change in the representation of thought in Japanese, in: *Reported Discourse*, Edited by T. Güldemann and M.v.Roncador, (John Benjamins) p.109-120.

Suzuki, Yasushi(2004): Das *futurum praeteriti* in Goethes Wahlverwandtschaften In: *Neue Beiträge zur Germanistik* Band 2/Heft 5, S.71-80

Thibaudet, Albert(1922): Gustave Flaubert, Paris(Gallimard)

Thiel, Rudolf(1957): Über die grammatische Funktion des Verbs werden in: *Muttersprache* 67, S.182-185.

Thieroff, Rolf(1992): *Das finite Verb im Deutschen. Tempus-Modus-Distanz*, Tübingen (Gunter Narr Verlag)

Thieroff, Rolf(2003): Tense and Future Time Reference in German Free Indirect Discourse in: *Linguistic and Literary Aspects of Free Indirect Discourse from a Typological Perspective*, Ed. by P. Tammi and H. Tommola, Tampere p.9-24

Thon, Luise(1928): *Die Sprache des deutschen Inpressionismus, Ein Beitrag zur Erfassung ihrer Wesenszüge*, München (Max hueber Verlag)

* Tobler, Adolf(1887): Vermischte Beiträge zur französischen Grammatik, Neue Reihe 1, in: *Zeitschrift für romanische Philologie* 11, S.433-441 ［体験話法をフランス語において最初に指摘］

Todemann, Friedrich(1930): Die erlebte Rede im Spanischen, in: *Romanische Forschungen* 44, S.103-184.

Tucker, Harry(1964): "Morgen ging der Zug" Epic Preterite or Conditional? in: *Monatshefte für deutschen Unterricht, deutsche Sprache und Literatur* 56, S.291-295

* Verschoor, Jan Adriaan(1959): *Etude de grammaire historique et de style sur le style direct et les styles indirects en français*, Groningen(V.R.B.Kleine)

Vogt, Jochen(1990[7]): *Aspekte erzählender Prosa. Einführung in Erzähltechnik und Romantheorie*, Opladen(Westdeutscher Verlag)

Vološinov, Valentin N.(1975, 1. Aufl.1930): *Marxismus und Sprachphilosophie*, dt. Fassung, hrsg.von Samuel M.Weber, Frankfurt am Main, Berlin Wien(Ullstein)

Wagner, Burkhardt(1972): *Innenbereich und Äußerung. Flaubertsche Formen indi-*

参 考 文 献

rekter Darstellung und Grundtypen der Erlebten Rede, München (Wilhelm Fink Verlag)

Walzel, Oskar(1924): Von „erlebter" Rede, in: *Zeitschrift für Bücherfreunde* 16, S.17-28

Weinrich, Harald(1985⁴): *Tempus Besprochene und erzählte Welt* (Kohlhammer)

Winkler, Emil(1924) ;*Das dichterische Kunstwerk*, Heidelberg (Carl Winter) [bes. 44-56]

Yamaguchi, Haruhiko(1989): On Unspeakable Sentences: A Pragmatic Review. in: *Journal of Pragmatics* 13, p.577-96.

Yamaguchi, Haruhiko(1994): Unrepeatable Sentences: Contextual Influence on Speech and Thougth Presentation in: *Pretending to Communicate*, Ed.H.Parret, Berlin, New York (Walter de Gruyter) p.239-252.

Yamaguchi, Haruhiko: Echoes. From Dialogue to Narrative. (Manuskript)

Yamaguchi, Michiyo(1995): A Study of the Speech and Thought Representation Model Proposed by Fludernik(1993). With Special Reference to Japanese. in: *Kyoto furitsu daigaku gakujutsuhoukoku* 47, p.33-64

Zenke, Jürgen(1976): *Die deutsche Monologerzählung im 20. Jahrhundert*, Köln Wien (Böhlau Verlag)

Bühler(1937), Hagenaar(1996), Hamburger(1977), Leech/Short(1981), Karpf(1933), Kayser(1957), Meyer(1957), Stanzel(1985), Stanzel(2002)の一部, Steinberg(1978), Thibaudet(1922), Volosinov(1930), Weinrich(1985)には邦訳があります。[保坂・鈴木(1993：55f.)参照]

有田 潤(1984)：würde の諸相 『早稲田大学語学教育研究所紀要』第29号 1―28ページ

有田 潤(1998)：W 2 と移轍 『語学フォーラム』（早稲田大学） 第 7 号 1～11ページ

*海老原晃(1961～64)：いわゆる「体験話法」について(一)(二)(三)(四) 『人文研究』（大阪市立大学文学会） 第12巻 2 号 100-125, 第13巻 2 号 130-159, 第14巻 1 号 105-116, 第15巻10号 30-86ページ

海老原晃(1968)：*Duden* 文法の旧版と新版を中心に 『人文研究』（大阪市立大学文学会） 第20巻 第 5 分冊 466―488ページ

顧那(2005)：自由直接話法と自由間接話法における語り手の視点 『言葉と文化』（名古屋大学大学院国際言語文化研究科） 第 6 号 35～51ページ

浜崎長寿(1991)：Duden 文法の erlebte Rede のことなど 『会誌』（阪神ドイツ語学研究会）2・3号併合 7 ～12ページ

波多野完治(1966)：『文章診断学』至文堂 ［特に193―222ページ］

廣瀬幸生(1997)：人を表すことばと照応(特に第1章) 廣瀬幸生・加賀信広著 『指示と照応と否定』研究社 所収 2～35ページ

参 考 文 献

保坂宗重(1965)：トーマス・マンにおける体験話法　『茨城大学文理学部紀要』人文科学　第16号　183～193ページ
保坂宗重(1966)：　Der Tod in Venedig　にあらわれた体験話法について　『茨城大学文理学部紀要』人文科学　第17号　179～197ページ
保坂宗重(1969)：　Tonio Kröger　における体験話法　『茨城大学教養部紀要』第1号　147～157ページ
＊保坂宗重(1972)：1人称小説における体験話法　『茨城大学教養部紀要』第4号　149～174ページ
保坂宗重(1973)：ブレヒトの短篇小説における体験話法　『茨城大学教養部紀要』第5号　95～113ページ
保坂宗重(1974a)：「ベルリン・アレキサンダー広場」における体験話法　『茨城大学教養部紀要』第6号　83～116ページ
保坂宗重(1974b)：Duden 文法第3版と「体験話法」　『ドイツ語教育部会会報』第6号　50～53ページ
保坂宗重(1977)：テキスト理論による文章の分析　―日本語の体験話法について―　『日本語と文化，社会5　ことばと情報』三省堂　161～196ページ
＊保坂宗重(1981)：日本語における体験話法　―西欧語の体験話法との比較において―　『茨城大学教養部紀要』第13号　95～109ページ
保坂宗重(1984, 85, 86)：G. シュタインベルクの体験話法研究，(2)，(3)　『茨城大学教養部紀要』第16号，17号，18号　189～209ページ，231～251ページ，229～245ページ　[Steinberg(1978)の翻訳と解説]
＊保坂宗重(1985)：体験話法　―その文法的形態について―　『ドイツ語学研究1』（千石ほか編）　クロノス　191～220ページ
保坂宗重(1989)：Elis Herdin の体験話法研究(1)　『茨城大学教養部紀要』第21号　441～456ページ
＊保坂宗重・鈴木康志(1993)：『体験話法(自由間接話法)文献一覧　―わが国における体験話法研究』茨城大学教養部　[1993年までのわが国の体験話法文献と研究史]
＊細江逸記(1931)：『英文法汎論』第10版　泰文堂　（初版1916年）　[わが国での最初の記述？もし「隠れたる間接叙法の文」という目次タイトルとその例文（C. ドイル『シャーロックホームズの冒険』の1人称体験話法）が初版(1916年)にもあれば国際的にも貴重な文献]
池上嘉彦(2000)：『「日本語論」への招待』講談社
井上　優(2001)：現代日本語の「タ」　―主文末の「…タ」の意味について―　『「た」の言語学』（つくば言語文化フォーラム編）ひつじ書房所収　97～163ページ
岩崎　卓(2000)：日本語における文法カテゴリーとしてのテンスとは何か　『日本語学』4月臨時増刊号　新・文法用語入門　28～38ページ
＊神田和恵(2003)：『体験話法研究』学位(課程博士)論文　（名古屋大学）
神田和恵：アンナ・ゼーガース　『第七の十字架』の話法研究(未発表原稿)
川島淳夫(1967)：「話法」の諸問題　―とくに A.Schnitzler, „Die Toten schweigen" を素材として　『独逸文学』（関西大学独逸文学会）第12号　79～110ページ

参 考 文 献

* 川島淳夫(1975)：体験話法と(コン)テキスト 『北海道大学文学部紀要』第23号 2～30ページ ［テキスト理論から体験話法を考察］
川島淳夫他編(1994)：『ドイツ言語学辞典』紀伊國屋書店
金田一春彦(1987)：『日本語』岩波書店
木之下忠敬(1989)：『フロベール論考 ―時称の問題を中心にして―』駿河台出版社
木下豊房(1993)：『近代日本文学とドストエフスキー』成文社
岸谷敞子(2003)：言行為の起点としての主体の機能について 『Sprachwissenschaft Kyoto』第2号 1～20ページ
小森陽一(1988)：『文体としての物語』筑摩書房
小森陽一(1997[7])：『構造としての語り』新曜社
小西甚一(1981)：『国文法ちかみち』洛陽社
工藤真由美(1995)：『アスペクト・テンス体系とテクスト ―現代日本語の時間の表現』ひつじ書房 特にⅢの3
工藤康弘・藤代幸一(1992)：『初期新高ドイツ語』大学書林
熊倉千之(1990)：『日本人の表現力と個性』中央公論社
前田彰一(1996)：『物語の方法論 ―言葉と語りの意味論的考察』多賀出版
前田彰一(2004)：『物語のナラトロジー 言語と文体の分析』彩流社
牧野成一(1978)：『ことばと空間』東海大学出版会
牧野成一(1980)：『くりかえしの文法』大修館書店
松田裕(1954)：いわゆる「描出話法」と日本語 『論攷』(関西学院大学) 第1号 14～28ページ
松井三郎(1959)：Le Style Indirect Libre ―日本語との比較― 『フランス語研究』第23号 10～14ページ
松井三郎(1983)：日本語における自由間接話法 『études françaises』第19号3～24ページ
三瓶裕文(1994)：心的態度，有標の視点と直接知覚 『ドイツ語学研究2』(千石ほか編) クロノス 233～271ページ
三瓶裕文(1996)：日本語とドイツ語の体験話法について ―間接話法と自由直接話法の間で― 『一橋論叢』第115巻 第3号 40～60ページ
三瓶裕文(2000)：視点，認知的距離，心的態度 『ドイツ文学』(日本独文学会) 第104号 78～89ページ
三瓶裕文(2004)：ドイツの子供の本の体験話法について 『言語文化』(一橋大学語学研究室) 第41巻 95～114ページ
三谷邦明［編］(1994)：『源氏物語の＜語り＞と＜言説＞』有精堂
三谷邦明(1997)：『入門源氏物語』ちくま学芸文庫 ［特にあとがき］
* 中川ゆきこ(1983)：『自由間接話法 ―英語の小説にみる形態と機能』あぽろん社
中里見敬(1996)：『中国小説の物語論的研究』汲古書院
中山眞彦(1995)：『物語構造論 『源氏物語』とそのフランス語訳について』岩波書店
奈良文夫(1954)：„Würde＋Infinitiv" に就いて 『信州大学紀要』第4号 33～48ページ
西尾光雄(1952)：源氏物語における体験話法(erlebte Rede)について 『実践女子大学紀

参 考 文 献

要』第1集　2〜15ページ　（『源氏物語　語りと表現』有精堂　1991年に再録）
西田谷洋(2000)：『語り　寓意　イデオロギー』翰林書房
野口武彦(1980)：『小説の日本語』中央公論社(日本語の世界13)
野村眞木夫(2000)：『日本語のテクスト―関係・効果・様相―』ひつじ書房　特に第5章
小日向恒夫(1953)：„Represented Speech"(„Erlebte Rede")　―その名称・特質・成立―
　　『人文学報』(東京都立大学)第9号　35〜47ページ
大野晃彦(1992)：『ボヴァリー夫人』におけるテクスト世界の構築と自由間接話法　『慶応
　　義塾大学言語文化研究所紀要』第24号　251〜280ページ
大沼雅彦(1970)：Echo Expression『英語研究』1970年8月号　40〜41ページ
＊大塚高信(1934)：Represented speech（上）『英語青年』第71巻　第1号　7-8ページ，
　　（中）第2号　46〜47ページ，（下）第3号　81〜82ページ
乙政　潤(2000)：『表現・文体』大学書林
相良守峯(1958)：『ドイツ文章論』岩波書店
相良守峯(1990)：『ドイツ語学概論』博友社
佐藤和代(1995)：漱石とジェイン・オースティン　―自由間接話法をめぐって―　『人文科
　　学研究』(新潟大学人文学部)第88号　97〜133ページ
＊関口存男(1935)：扮役的直接法（Indicativus minicus）『獨文評論』5月号　7-11ペー
　　ジ，6月号　7-12ページ
関口存男(1994)：『独逸語学講話』(初版は1939年)三修社　関口存男生誕100周年記念著
　　作集ドイツ語学3
千石　喬(1967)：言語表現における視点の問題　―Erlebte Rede その他についての覚え
　　書　『形成』第29号　41〜47ページ
申　丹(1998)：『叙述学与小説文体学研究』北京大学出版社［中国語］
柴田徹士(1995)：話法と視点　―再考―　『英国小説研究』(英潮社)　1〜52ページ
嶋崎　啓(2000)：体験話法における過去形の時制変換について　『会誌』(阪神ドイツ語学
　　研究会)12号　60〜72ページ
曾根博義(1990)：自由間接話法という鏡　『海燕』2月号　174〜175ページ
曾根博義(1995)：翻訳と日本語の壁　―ジョイス受容史の一側面―　『昭和文学研究』第
　　31集　1〜11ページ
スティンチクム，アマンダ・高橋亨共訳(1991)：「浮舟」―話声の研究　『源氏物語　語り
　　と表現』有精堂　208〜234ページ
杉野　正(1956)：近代小説の叙述方式―「体験話法」について　『美学』第26号　29〜38ペー
　　ジ
砂川有里子(2003)：話法における主観表現　『朝倉日本語講座5文法Ⅰ』北原保雄監修・編
　　所収　128〜156ページ
諏訪田清(1996)：体験話法に就いての一考察　『人文論集』(静岡大学)47号(1)　209〜228
　　ページ
鈴木康志(1987)：ドイツ語体験話法の訳し方　―時称・人称の変換操作―　『外国語教育論
　　集』(筑波大学外国語センター)第9号　213〜234ページ

参 考 文 献

鈴木康志(1988a)：Heinrich Böll における1人称体験話法 ― 『旅人よ，スパ…に至りなば』を中心に 『言語文化論集』(筑波大学) 第24号 131～144ページ

鈴木康志(1988b)：ノンフィクションにおける体験話法 『ドイツ文学』(日本独文学会) 第80号 80～91ページ

鈴木康志(1989)：体験話法をめぐる偏見について 『ドイツ文学』第82号 178～79ページ

鈴木康志(1992)：体験話法の識別法について 『ドイツ文学』第88号 77～88ページ

鈴木康志(1995)：イェニンガー事件について ―体験話法が暴露した「過去克服」の脆さ？― 『Litteratura』(名古屋工業大学外国語教室) 第16号 65～100ページ

鈴木康志(1998)：denn に続く思考・発言の再現 ―識別困難な体験話法の一例― 『ドイツ文学研究』第30号 129～139ページ

鈴木康志(2001)：„Morgen **war** Weihnachten"(あすはクリスマスだっ**た**?) ―この„war" は日本語の助動詞「た」に対応するのだろうか？― 『ドイツ文学研究』第33号 179～192ページ

田島 宏(1951)：Madame Bovary に於ける Style indirect libre について 『フランス語研究』第2号 9―13ページ

谷村淳次郎(1978)：描出話法の日本語訳について ―新しい訳文の必要性― 『表現研究』第27号 22～25ページ

寺倉弘치(1995)：「描出話法」とは何か 『日本語学』(明治書院) 11月号 80～90ページ

徳沢得二(1963)：トーマス・マンにおける体験話法 『明治大学人文科学研究所年報』第4号 36～38ページ

徳沢得二(1964a)：「体験話法」研究の沿革 『文芸研究』(明治大学文学部文芸研究会) 第11号 86～137ページ

徳沢得二(1964b)：わが国における「体験話法」の研究 『文芸研究』第12号 38～72ページ

徳沢得二(1965a)：「体験話法」小論 『文芸研究』第13号 77～105ページ

徳沢得二(1965b)：体験話法のもたらすもの 『文芸研究』第14号 32～65ページ

和田誠三郎(1937)：Style indirect libre なる叙述形態に就て ―仏蘭西語を研究對照として 『立命館文學』第4巻第2号 63～73ページ, 第3号 53～74ページ

渡辺伸治(1998)：「語り」の日本語の特性について ―歴史的現在・描出話法・主観的述語― 『京都ドイツ語学研究会会報』第12号 42～60ページ

山田良治(1957)：現代作家と代行描写 『言語生活』9月号 57―64ページ

山口治彦(1992)：繰り返せないことば 『グラマー・テクスト・レトリック』安井泉編 くろしお出版 所収 289～320ページ

山口治彦(2003a)：話法研究に潜む前提：英語話法再考(1) 『CLAVEL』1号 81～92ページ

山口治彦(2003b)：対話の話法，語りの話法 ―英語話法再考(2)― 『神戸外大論叢』第54巻第4号 15～34ページ

山口美知代(1994)：英語自由間接話法の日本語訳に引用符が与える影響：Jane Austen の小説と翻訳テキストの比較分析 『京都府立大学学術報告・人文』第46号 1～28ペー

参考文献

ジ
山口美知代(1998)：自由間接話法と情報の伝達構造：話法・引用の対照研究のために 『京都府立大学学術報告・人文・社会』第50号 61〜74ページ
吉田一彦(1969)：描出話法 ―内容と表現― 『神戸大学教養部人文学会論集』第6号 89〜99ページ
吉田・クラフト・バルバラ(1984年)：日本の小説の中の時間 『図書』(岩波書店) 9月号 2-9ページ

体験話法が用いられる言語

　体験話法は，本書の対象であるドイツ語はもとより，英語，フランス語，スペイン語，イタリア語，ロシア語などヨーロッパの重要な言語，さらにポルトガル語，オランダ語，チェコ語，ポーランド語，デンマーク語，ルーマニア語などほぼすべてのヨーロッパの言語には体験話法の実証例やその詳しい研究があります．例えばドイツ語では Herdin(1905), Steinberg(1971)，英語では Fludernik(1993)，フランス語では Lips(1926), Verschoor(1959)，スペイン語では Todemann (1931), Verdin(1970)，イタリア語では Herczeg(1963), Breslauer(1995)，ロシア語では Vološinov(1930), Kurt(1999)などで多くの例文が示されています．また古代ギリシャ語やラテン語，さらにインドゲルマン語以外のフィンランド語やトルコ語にも体験話法研究があるうえ，最近では実に様々な言語（ヨルバ語，スワヒリ語，ベンガル語，コーカサス諸語等々）における体験話法や Reported Speech に関する研究報告がされています(Coulmas(1986), Roncador(1988 : 137), Janssen and Wim van der Wurff(1996), Güldemann and Roncador(2002)など)．とりわけ私たちに興味深いのは，Hagenaar(1996)や中里見(1996)による中国語における体験話法の研究や，保坂(1977, 1981)などの日本語における体験話法の研究です．

　本書はドイツ語が中心でしたが，それ以外の言語における体験話法研究では Steinberg(1971), Roncador(1988), Fludernik(1993), Güldemann and Roncador(2002) そして http://www.ulb.ac.be/philo/serlifra/ci-dit/ の文献書誌が参考になります．また現在 Kullmann による国際文献(Internationale Bibliographie der Forschung zur Erlebten Rede)が進行中です．

人名の索引

A

阿部秋生 …………………………175
阿部知二……………………70,101
Aichinger, Ilse（アイヒンガー）…53
有田　潤 …………………………131f.
Ashmead, John
　The Mountain and the Feather
　……………………………………57
Augstein, Franziska
　Eichmann hat mitgedacht ……158
Austen, Jane（オースティン）…26,67
　Emma ………………………70,101

B

馬場謙一………………………………46
Bach, J.Sebastian（バッハ）……160
Bachmann, Ingeborg（バッハマン）
　Simultan ……………………119f.
Bally, Charles …………………………43
Banfield, Ann（バンフィールド）
　…………………………………43,140
Beatles, The（ビートルズ）………159
　Sie liebt dich …………………56
Becker, Jurek（ベッカー）
　Jakob der Lügner ……………48
Beethoven, Ludwig van（ベートーベン）………………………………160
Benjamin, Walter（ベンヤミン）
　………………………………35f.,41
Benl, Oscar（ベンル）……………175
Berend, Alice（ベーレント）
　Die Bräutigame der Babette...
　……………………………………88
Berggruen, Heinz（ベルクグリューン）
　Hauptweg und Nebenwege …28,99
　Der liebe Herr Afschar ………126
Böll, Heinrich（ベル）……40,67,72f.
　Wanderer, kommst du nach Spa...
　………………………………23,182f.
　Wo warst du, Adam ?…………109
　Ansichten eines Clowns
　…………………………………179,181f.
　Billard um halbzehn …………156f.
Brandstätter, Otto ………………170
Brecht, Bertolt（ブレヒト）
　Mahagonny ……………………33
Brendel, Alfred（ブレンデル）…159f.
　Störendes Lachen ……………159f.
Breslauer, Christine ………60,65,82
Broch, Hermann（ブロッホ）
　Die Schlafwandler …………84,120
Büchner, Georg（ビューヒナー）…25
Butor, Michel（ビュトール）………53
　La Modification ………………31

C

Cohn, Dorrit（コーン）……………22f.
Constantine, David………………68

D

Deutschkron, Inge（ドイッチュクローン）…………………………………52
　Ich trug den gelben Stern………45

D

Döblin, Alfred（デーブリーン）…115
　Berlin Alexanderplatz
　………………………5,48,112,118
道家忠道…………………………95
Dönhoff, M.Gräfin（デーンホフ）
　…………………………………12f.
Doerry, Martin（ドエリー）
　Das Leben der Lilli Jahn...　…39

E

海老原晃………………………178,181
Eichmann, Adolf（アイヒマン）…158
円地文子…………………………175
Engel, Ulrich……………………73

F

Fittko, Lisa（フィトコ）…………41
　Mein Weg über die Pyrenäen　…36
Flaubert, Gustave（フロベール）
　………………………9,14,16,26,31,67
　Madame Bovary　………………69,86
Fludernik, Monika（フルーデルニク）
　…32,33,43,44,55,56,57,58,87,
　　100,121,131,140ff.,144f.,159,
　　166,185
Frank, Anne（フランク）………39f.
Freeling, Nicholas
　Criminal Conversation…………143
Freud, Sigmund…………………133
Frisch, Max（フリッシュ）………53
　Burleske…………………………54
藤代幸一…………………………67
二葉亭四迷………………………175
　『浮雲』…………………………167f.

G

Geyer, Paul………………………14
Goethe, J.Wolfgang（ゲーテ）
　………………………44,70,101,132
　Die Leiden des jungen Werthers
　…………………………………80
　Unterhaltungen　………………53
　Wahlverwandtschaften
　………………………29,67f.,73,164
　Faust　……………………………137
Gotthelf, Jeremias（ゴットヘルフ）
　Die schwarze Spinne……………29
Gundolf, Friedrich（グンドルフ）
　Goethe……………………………132
Günther, Werner………………159

H

Haas, Wolf（ハース）…………37,131
浜崎長寿…………………………184
Hamburger, Käte（ハンブルガー）
　……22,35ff.,87,89ff.,94f.,97,112
Hauptmann, Gerhart（ハウプトマン）
　Vor Sonnenaufgang……………33
　Der Ketzer von Soana…………110
　Bahnwärter Thiel………………156
早崎守俊……………………48,112f.,118
Hein, Christoph（ハイン）
　Drachenblut……………………50
Heine, Heinrich（ハイネ）………159
Heinermann, Theodor……………124
Henze, Helene…………………70,101
Herdin, Elis（ヘルディン）
　………………6,26,34,71,105ff.,109,141
Herrmann, Peter…………………107

人名の索引

Hesse, Hermann（ヘッセ）
 Unterm Rad …………………153
 Narziß und Goldmund ………121
Heym, Georg（ハイム）
 Der Dieb ………………117, 120
 Der Irre ……………………114
平野卿子………………52, 96, 98
廣瀬幸生………………………166
Hilty, Gerold …………………60
Hitler, Adolf（ヒトラー）
 …………………………10f., 44, 79
Hoffmann, Gabriele（ホフマン）…40
 Heinrich Böll Leben und Werk
 …………………………………72
Hoffmeister, Werner ……22, 117, 124
Hollingdale, R.J. ………………68
Holz/Schlaf（ホルツ／シュラーフ）
 Die Familie Selicke ……………6
 Papa Hamlet …………………82
hor
 Vorwürfe macht Kahn nur einer
 ……………………………116
保坂宗重
 …23, 62f., 86, 109, 110, 113, 119,
 121, 162, 166, 175, 178, 180

I

井伏鱒二………………………175
 『黒い雨』…………………168f.
生田春月………………………165f.
井上　優………………………91f.
石川達三
 『自分の穴の中で』………170ff.
岩崎　卓………………………91

J

Jauß, Hans Robert ……………14
Jenninger, Philipp（イェニンガー）
 …………………10ff., 19, 43f., 154
 Gedanken über Deutschland…10ff.
Joyce, James（ジョイス）………130

K

Kafka, Franz（カフカ）
 …………………21, 117, 121, 148f.
 Der Prozeß ………………113f.
 Das Schloß ………17, 23, 113
 Amerika …………………62f.
 Das Urteil …………………102
 Die Verwandlung ……102, 125, 164
 Blumfeld …………………148
 Der Bau …………………149
 Brief an den Vater ……………7
Kahn, Oliver（カーン）………116
神田和恵………………………79, 95
Karpf, Fritz …………………159
Kästner, Erich（ケストナー）
 Das fliegende Klassenzimmer
 ………………………71, 93, 99
 Fabian ……………83f., 116f.
kau
 Das Morgen-Journal …………88
川村二郎………………125, 163, 164
川島淳夫………………………37, 121
Kayser, Wolfgang ………………89
菊盛英夫………………………85
金田一春彦……………………177
木下豊房………………………168
岸谷敞子………………………38, 166

— 209 —

北　杜夫 ……………………175
　『楡家の人びと』 ………………172
北村　薫 ……………………………53
Klein, W. Peter
　 Teletubbies …………………103
Kleist, Heinrich（クライスト）
　 Die Marquise von O . . . ………96
小森陽一 …………………………168
小西甚一 ……………………………91
Köhler, Horst ……………………157
工藤真由美 …………………166,174
工藤康弘 ……………………………67
Kullmann, Dorothea …………30,86
倉橋由美子 …………………………53
黒川武敏 ……………………………93
轡田　收 ……………………………14
-ky:
　 Zu einem Mord gehören zwei
　 ……………………47,64,81,82
　 Alle meine Mörder …………133

L

La Fontaine（ラ・フォンテーヌ）
　 ……………………………………16
Lämmert, Eberhard ………………22
Lampe, Jutta（ランペ）…………161
Laqueur, Renata（ラクー）………91
　 Bergen-Belsen Tagebuch 1944/45
　 ……………………………………88f.
Lebert, Benjamin（レーベルト）
　 Crazy ……………………………74
Lenz, Siegfried（レンツ）
　 Das Examen ……………………25
Lerch, Eugen（レルヒ）
　 ……27,58f.,124,128,135,144,152
Link, Caroline（リンク）
　 Jenseits der Stille ……73,99,150f.
　 Abenteuer Afrikas ……………106f.
Lips, Marguerite …………………124
Lorck, Etienne（ロルク）……16,124
Ludwig, Otto（ルートヴィヒ）
　 Zwischen Himmel und Erde …92f.

M

Mann, Heinrich（ハインリヒ・マン）
　 Der Untertan …………75,111f.,130
　 Die Jugend des Königs Henri
　 Quatre ……………………126f.
牧野成一 ……………………166,174
Mann, Thomas（トーマス・マン）
　 ……………………………92,140,184
　 Buddenbrooks ………4,26,58,59,74,
　 79,83,89,94f.,100,117,119,121,
　 123,124,128,129f.,133ff.,137f.,
　 145,152,163
　 Der kleine Herr Friedemann
　 ……………………………61f.,80
　 Tonio Kröger
　 ………………71,105,108,179,184
　 Tristan ……………………………76f.
　 Gefallen …………………………121
　 Der Bajazzo ……………………121
　 Der Zauberberg ………4f.,97f.,117
　 Königliche Hoheit ………………63f.
　 Lotte in Weimar …………………87
　 Goethe und Tolstoi ………………44
円子修平 ……………………90,163
松田　裕 …………………………162

人名の索引

松井三郎 …………………………162
松岡和子 …………………………33
松浦憲作 …………………………163
Matthias, Klaus …………………134
Maugham, W. Somerset（モーム）
　…………………………………170
Möllemann, Jürgen W. …………157
三瓶裕文 …………115, 166, 175, 185
三谷邦明 …………………………177
望月市恵 ……………………95, 163
森川俊夫
　…94, 100, 123, 125, 128, 134f., 153,
　163
Mozart, W. Amadeus（モーツァルト）
　…………………………………167
紫式部
　『源氏物語』 ……………………175f.

N

中田美喜 …………………………96
中川ゆきこ ………………162, 165
中山眞彦 …………………………175
奈良文夫 …………………………67
成瀬無極 …………………………163
Neuse, Werner …………………155
野口武彦 …………………………168
Noll, Ingrid（ノル） ……………67
　Der Hahn ist tot ……50, 111, 154f.
　Die Apothekerin ………52, 96, 98
野村眞木夫 ………………………166

O

小栗　浩 ……………75, 112, 127, 131
大沼雅彦 …………………………142f.

P

Pascal, Roy（パスカル） ………124
Perker und Sander ……………69, 87
Petersen, Jürgen H. ………………135
Petersen, Wolfgang（ペーターゼン）
　Das Boot ………………………3
Picasso, Pablo（ピカソ） ………28
Porter, H.T.Lowe-（ポーター）
　……………………………124, 163
Pressler, Mirjam（プレスラー）
　Die Lebensgeschichte der Anne
　Frank …………………………39f.

R

Riesel, Elise ………………127, 144f.
Roncador, Manfred von（ロンカドー
　ル） ………………58, 60, 81, 124
Ryan, Marleigh Grayer …………169

S

相良守峯 …………………………67
実吉捷郎 …………………………163
Sarieri, Antonio（サリエリ）
　……………………………167, 177
Scheffel, Helmut …………………32
Schiller, Friedrich（シラー） ……159
Schlink, Bernhard（シュリンク）
　Der Vorleser ………………50, 51f.
　Liebesfluchten …………………60
Schneider, Robert（シュナイダー）
　Schlafes Bruder ………………30
Schnitzler, Arthur（シュニッツラー）
　…………………………………115
　Sterben ……………………58, 85, 93
　Leutnant Gustl …………………53

Ein Abschied ……111
Schneppen, Anne
 Japans Fesseln ……103
Schönberg, Arnold（シェーンベルク）
 ……160
Schubert, Franz（シューベルト）
 ……160
Schwanitz, Dietrich（シュヴァニッツ）
 ……14, 43
 Der Campus ……9, 86
Seghers, Anna（ゼーガース）
 Das siebte Kreuz ……79
 Aufstand der Fischer von St. Barbara ……95
関口存男……131
千石 喬……95
Shakespeare, William（シェイクスピア）……159
 Romeo and Juliet ……33
柴田 翔……29, 68f., 164
柴田徹士……166
嶋崎 啓……65
清水 徹……32
春風亭小朝……167, 177
Sloterdijk, Peter（スローターダイク）
 Der Zauberbaum ……106
Socka, Anna……185
Sou, Khem（ソウ）
 Du hast mein Gewehr beleidigt ……41f.
Spitzer, Leo ……144
Stanzel, Franz K.（シュタンツェル）
 ……14, 16, 22, 38, 43, 127

Steinberg, Günter（シュタインベルク）
 ……7, 9, 16, 26, 31f., 43, 53, 57, 60, 74, 76, 78, 79, 83, 86, 105, 107, 109, 112, 119, 121, 124, 127, 131, 132, 148, 159, 161, 185
Storm, Theodor（シュトルム）
 Ein Fest auf Haderslevhuus ……155
Sudermann, Hermann（ズーダーマン）
 ……169
 Heimat ……34
 Der Katzensteg ……165f.
砂川有里子……166
Süskind, Patrick（ジュースキント）
 Das Parfum Die Geschichte eines Mörders ……85
鈴木康志 ……15, 107, 148, 162, 166, 175, 178, 184f.

T

高橋義孝……98, 118
高辻知義……78
玉上琢磨……176
谷 友幸……58, 85, 93
谷村淳次郎……162
多和田葉子……53
田山花袋……169
Tennyson, A. Lord（テニスン）……159
寺倉弘子……166
Thenard, Robert
 Leserbriefe ……38
Thibaudet, Albert……144
Thiel, Rudolf ……67
Thieroff, Rolf ……107
Thon, Luise ……124

Tolstoi, Lew（トルストイ）………44
辻　　理……………………………125
都筑道夫……………………………53

U

内垣啓一……………………………81

V

Verdi, Giuseppe（ヴェルディ）…159
Vološinov, Valentin………………124
Von der Grün, Max（フォン・ディア・グリューン）
　Wie war das eigentlich？ ……115

W

Wagner, Burkhardt（ヴァグナー）
　………………………………………9
Wagner, Richard（ワーグナー）
　Tristan und Isolde ……………76f.
Walzel, Oskar ……………………124
Weinrich, Harald（ヴァインリヒ）
　……………………………9, 19, 87

Weiss, Peter（ヴァイス）
　Die Ermittlung …………………74
Weizsäcker, von Richard（ヴァイツゼッカー）
　Von Deutschland ……………153f.
Wilhelm II.（ヴィルヘルム2世）…10
Widmer, Walter …………………87
Winkler, Emil ……………………124

Y

山田　齊……………………………69, 87
山田良治……………………………170
山口治彦…………………………140ff.
山口美知代……………………162, 166
山下　肇……………………………64
山崎章甫……………………………30
吉田一彦…………………………143f.

Z

Zola, Emile（ゾラ）…………………9
Zweig, Stefanie（ツヴァイク）…107

**
作品は引用したもののみ，（　）は本文で日本語表記したもの

事項の索引

ア
曖昧性 …………………2,12f.,177
アンチ模倣モデル………………43
意識の流れ………………………20
イディオム表現………………58f.
因由文（Kausalsatz）……………126
　denn ………………120,126f.
　weil ………………………131f.
イントネーション…2,4f.,42,121,140
映し手の叙法…………16,37f.,43,114
英語 ………16,20f.,26,31,43,56ff.,
　　　67ff.,100f.,131,142ff.,163
エコー表現（Echo Ausdrücke）
　………………………………137ff.

カ
格言的現在（Gnomen）
　………………60,81f.,117f.,127
過去完了…………61f.,62f.,64f.
過去形……………60f.,62f.,64f.,67f.
過去形群〔時制群Ⅱ〕…18f.,59,146f.
過去未来（futurum praeteriti）
　würde＋不定詞……65ff.,106f.,110
　would＋不定詞…………67ff.,100f.
　条件法………………………69f.
語り手 ……21,22f.,37f.,44,49,108
語り手の叙法 ………………16,37f.
語りの時制としての現在形………25
語る私 …………………22f.,38,49
間接話法（Indirekte Rede）
　…………………2,20f.,43,56,107

間接化…………………………1f.
間投詞…………………………121
擬似直接話法…………………168
疑惑・反語………………42,102ff.
現在完了…………………………61
現在形……………………25f.,60
現在形群（時制群Ⅰ）……18,146f.
語彙………………………19,114f.,121
構文………………………19,113f.,120
固有名詞 ………………49,51,167f.
コンテキスト ……105,118f.,125,130

サ
識別法（Kriterium）…………19,105ff.
識別困難な体験話法 …………123ff.
自分 …………………45,162f.,166
自由直接話法（Free Direct Speech
　(Discourse)） ………………2,20f.
自由間接話法（Free Indirect Speech
　(Discourse)） ………………14,20f.
主観性……………………………141
手話・読み取り ………………150ff.
条件文（wenn＋...過去形）
　………………………………24,109f.
心態詞……………………………114,166
接続法（Konjunktiv）
　……2,21,30f.,66,74,80f.,107,108f.
想定される直接話法 ……18f.,44f.,59
創造的再現 ………………………6f.
挿入句（Parenthese）…115f.,118,119f.

事項の索引

タ

ダイクシス（Deixis） ·················19
　morgen ·······················86f.,111f.
　Morgen war Weihnachten ···88ff.
　heute. jetzt ···························85f.
　gestern ························84f.,111f.
　hier································112f.
　dieser ································115
体験する私······················22f.,38,49
体験話法（Erlebe Rede）
　·························2,11f.,16,17f.,20f.
　3人称の体験話法 ············17f.,47f.
　1人称の体験話法 ···········21ff.,49f.
　2人称の体験話法 ······31f.,53f.,56f.
　現在形の体験話法 ···················25f.
　発言を再現する体験話法 ···26ff.,29
　戯曲における体験話法·········6,33ff.
　演説における体験話法 ···9ff.,153f.
　詩における体験話法·········56,159ff.
　ノンフィクションにおける体験話
　　法····································35ff.
　コミュニケーションにおける体験
　　話法································41f.
　浮き彫りの体験話法 ············146f.
　新聞の見出し文の体験話法 ···157f.
直説法（Indikativ）·········2,18,21,74
直接話法（Direkte Rede）
　······························2,20f.,43f.,155f.
同情・共感·······················40,154
Duden文法 ··················21,178ff.
導入文（Einführungssatz）
　···························2,11,18,115ff.,118
導入文欠如間接話法（Einführungs-
lose Indirekte Rede）
　（発言再現）···2,20f.,26f.,28,75,87,98
　（思考再現）···························29f.

ナ

内的モノローグ（Innerer Monolog）
　···2,20f.
二重の声（dual voice） ······166f.,177
日本語
　体験話法の日本語への翻訳 ···162ff.
　日本語における体験話法 ······166ff.
　日本文学の翻訳における体験話法
　···175ff.

ハ

非難・皮肉········4ff.,42,139,141,146
不定詞構文 ····························83f.
フランス語
　······16,21,26,31f.,43,69f.,86f.,131
変換（Transposition）
　人称の変換 ···················2,18,43ff.
　時称の変換 ···················7,18,59ff.
変換のない代名詞 ···57f.,84,118
vox populi（人々の声） ······11,152ff.

マ

未来·····································65ff.
命令形 ····················51,60,73ff.,84

ラ

歴史的現在 ····························150

ワ

話法の助動詞
　konnte ·························67f.,113
　mochte ···························120f.
　wollte·······················67f.,97ff.
　sollte ·····51,67f.,72f.,73ff.,102ff.

著者紹介

鈴木康志［すずき・やすし］愛知大学文学部教授（ドイツ語学）

目録進呈　落丁本・乱丁本はお取替えいたします。

| 平成17年 9 月 20 日 | ⓒ 第 1 版 発 行 |
| 平成25年 9 月 30 日 | 　 第 2 版 発 行 |

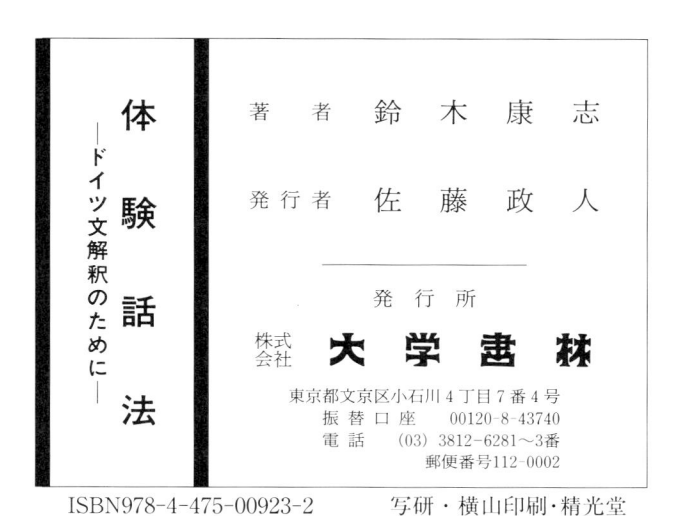

体 験 話 法
——ドイツ文解釈のために——

著　者　　鈴　木　康　志

発行者　　佐　藤　政　人

発　行　所
株式会社　大 学 書 林
東京都文京区小石川4丁目7番4号
振 替 口 座　00120-8-43740
電　話　(03) 3812-6281〜3番
郵便番号112-0002

ISBN978-4-475-00923-2　　写研・横山印刷・精光堂

大学書林
語学参考書

著者	書名	判型	頁数
乙政　潤　著	入門ドイツ語学研究	Ａ５判	200頁
乙政　潤　著	日独比較表現論序説	Ａ５判	202頁
浜崎長寿 乙政　潤　編 野入逸彦	日独語対照研究	Ａ５判	248頁
乙政　潤 ガイド・ヴォルデリング　共著	ドイツ語ことわざ用法辞典	Ｂ６判	374頁
新保雅浩 草本　晶　編	ドイツ語分類単語集	新書判	280頁
小島公一郎　著	ドイツ語史	Ａ５判	312頁
塩谷　饒　著	ドイツ語の諸相	Ａ５判	214頁
渡辺格司　著	低ドイツ語入門	Ａ５判	202頁
小柳篤二　著	新しい独文解釈法	Ｂ６判	416頁
工藤康弘 藤代幸一　著	初期新高ドイツ語	Ａ５判	216頁
橋本政義　著	ドイツ語名詞の性のはなし	Ａ５判	152頁
福元圭太 嶋崎　啓　著	ドイツ語 不定詞・分詞	Ａ５判	192頁
乙政　潤　著	ドイツ語オノマトペの研究	Ａ５判	400頁
塩谷　饒　著	ルター聖書	Ａ５判	224頁
古賀允洋　著	中高ドイツ語	Ａ５判	320頁
浜崎長寿　著	中高ドイツ語の分類語彙と変化表	Ｂ６判	176頁
髙橋輝和　著	古期ドイツ語文法	Ａ５判	280頁
石川光庸　訳著	古ザクセン語　ヘーリアント(救世主)	Ａ５判	272頁
藤代幸一・他著	中世低地ドイツ語	Ａ５判	264頁
浜崎長寿　著	ゲルマン語の話	Ｂ６判	240頁
下宮忠雄　著	ゲルマン語読本	Ｂ６判	168頁
山田　晟　著	ドイツ法律用語辞典(改訂増補版)	Ａ５判	910頁

― 目録進呈 ―